互联网销售

主　编　陶　杰
参　编　李随霞
　　　　韩丽英
　　　　杨甫刚

电子工业出版社
Publishing House of Electronics Industry
北京·BEIJING

内 容 简 介

本教材以获客篇、沟通篇、成交篇、维护篇四大核心模块为主线，系统构建互联网销售的全流程知识体系。教材融入"加快发展数字经济，促进数字经济和实体经济深度融合，打造具有国际竞争力的数字产业集群"的党的二十大精神，创新开展课程思政建设，着力培养兼具专业技能与社会责任感的新时代电商人才。

本教材采用"理论＋实践"的双轮驱动模式，以义乌市精可贸易有限公司的商业案例为载体，通过八大项目分配教学单元，系统讲解获客引流、客户沟通、成交转化、客户维护等互联网销售技能。

本教材可作为高等职业院校电子商务、网络营销、网络营销与直播电商、市场营销和财经类其他专业的教材，也可作为相关电商人员业务学习和培训的参考用书。

未经许可，不得以任何方式复制或抄袭本书的部分或全部内容。

版权所有，侵权必究。

图书在版编目(CIP)数据

互联网销售 / 陶杰主编. -- 北京：电子工业出版社，2025.7. -- ISBN 978-7-121-50946-9

Ⅰ．F713.365.2

中国国家版本馆 CIP 数据核字第 2025Z6805Q 号

责任编辑：吴琼
印　　刷：河北虎彩印刷有限公司
装　　订：河北虎彩印刷有限公司
出版发行：电子工业出版社
　　　　　北京市海淀区万寿路 173 信箱　邮编　100036
开　　本：787×1092　1/16　印张：12.5　字数：320 千字
版　　次：2025 年 7 月第 1 版
印　　次：2025 年 7 月第 1 次印刷
定　　价：49.80 元

凡所购买电子工业出版社图书有缺损问题，请向购买书店调换。若书店售缺，请与本社发行部联系，联系及邮购电话：（010）88254888，88258888。

质量投诉请发邮件至 zlts@phei.com.cn，盗版侵权举报请发邮件至 dbqq@phei.com.cn。

本书咨询联系方式：wuqiong@phei.com.cn，（010）88254541。

前　言

随着互联网的迅猛发展，互联网销售已成为商业领域的强大力量，不仅颠覆了传统的销售模式，还为无数企业和个人带来了前所未有的发展机遇。

然而，机遇与挑战并存。在激烈的市场竞争中脱颖而出，成为互联网销售领域的佼佼者，是每位有志于此的学生所追求的目标。为此，我们精心编写了这本教材，旨在为学生提供系统、全面且实用的学习资源。教材紧扣互联网销售的全流程，深入剖析获客、沟通、成交与维护这四大核心环节，既介绍了最新的销售理论和方法，又融入了"加快发展数字经济，促进数字经济和实体经济深度融合，打造具有国际竞争力的数字产业集群"的党的二十大精神。在课程思政建设中，注重培养学生的专业素养、创新意识、实践能力和社会责任感。

本教材以实践为导向，强调理论与实践相结合。我们希望通过对这本教材的学习，学生能够全面掌握互联网销售的核心技能和知识，为未来的职业生涯打下坚实的基础。同时，也希望学生能在学习过程中不断思考、创新和实践，成为互联网销售领域的佼佼者，为推动企业的可持续发展和社会的繁荣进步贡献自己的力量。

本教材项目一、项目二由韩丽英老师编写，项目四由李随霞老师编写，项目三、项目五、项目六、项目七、项目八由陶杰老师编写。教材在编写过程中得到了义乌市精可贸易有限公司的大力支持。最后，感谢所有参与本教材编写和审校工作的专家和同仁们的辛勤付出。

编者

目 录

获客篇

项目一 了解用户

任务一 认识互联网时代的用户………… 3
 一、全渠道时代的SoLoMoPe用户 … 3
 二、新媒体环境下的用户全渠道体验 4
 三、全渠道时代用户的渠道选择…… 5
任务二 了解互联网时代的用户行为…… 8
 一、自我呈现与消费动机…………… 8
 二、网络推荐与消费决策…………… 10
 三、网络嵌入与用户分享…………… 13
任务三 了解互联网时代新技术驱动下的
    用户消费行为 …………………… 16
 一、无人零售环境下的用户购买行为 16
 二、移动视频直播与购买决策……… 18
 三、AR技术应用与购买决策 ……… 20

项目二 读懂用户的心理与行为

任务一 读懂用户的心理………………… 27
 一、用户的自我概念………………… 27
 二、认知过程与用户心理…………… 28
 三、情感与用户心理………………… 29
 四、动机与需求……………………… 29
 五、个体差异与用户心理…………… 30
任务二 读懂用户的模仿与从众行为…… 32
 一、模仿行为………………………… 33
 二、从众行为………………………… 33
任务三 读懂用户的消费习俗与消费流行 37
 一、消费习俗………………………… 37
 二、消费流行………………………… 38
任务四 分析用户画像…………………… 41
 一、用户画像的形成………………… 41
 二、用户标签………………………… 42
 三、统一的数据看板………………… 42

项目三 获客策略

任务一 免费策略………………………… 48
 一、免费策略的概念………………… 48
 二、免费物料的选择………………… 49
 三、免费物料的策划………………… 50
任务二 短视频策略……………………… 52
 一、个人IP定位 …………………… 52
 二、高质量内容创作………………… 53
 三、短视频引流技巧………………… 54
任务三 直播策略………………………… 58
 一、直播流量平台…………………… 58
 二、直播内容策划…………………… 58
 三、直播引流技巧…………………… 59
任务四 图文策略………………………… 62
 一、了解图文策略…………………… 62
 二、图文编辑………………………… 63
 三、图文引流技巧…………………… 63

沟通篇

项目四 人工客服

任务一 打造第一印象…………………… 70

一、第一印象效应…………… 71
　　二、打造第一印象…………… 71
任务二　建立四个步骤………… 75
　　一、开场接待………………… 75
　　二、引导问题………………… 76
　　三、回应异议………………… 78
　　四、用户需求确认…………… 79
任务三　巧用八个技巧………… 83
　　一、语气助词要慎用………… 83
　　二、聊天节奏要适当………… 83
　　三、沟通时机要找准………… 84
　　四、用户问题正面答………… 84
　　五、产品卖点"软"强调……… 85
　　六、沟通主动权要掌握……… 86
　　七、用户需求深挖掘………… 86
　　八、话不说满留后路………… 87

项目五　智能客服

任务一　了解智能客服………… 93
　　一、智能客服的概念………… 93
　　二、智能客服的发展历程…… 93
　　三、智能客服的优势………… 94
　　四、智能客服的局限性……… 95
任务二　智能客服工具………… 98
　　一、ChatGPT ………………… 98
　　二、文心一言………………… 102
　　三、虚拟人…………………… 104
任务三　了解智能客服的应用场景… 108
　　一、电商客服………………… 108
　　二、银行客服………………… 111
　　三、旅游客服………………… 111
　　四、电话客服………………… 112
　　五、文本与内容创作………… 112

成交篇

项目六　氛围策略

任务一　场景打造……………… 120
　　一、场景的概念及作用……… 120
　　二、场景的模式……………… 121
　　三、场景的实施……………… 123
任务二　互动策略……………… 126
　　一、社交媒体互动策略……… 126
　　二、直播互动策略…………… 130
任务三　制造紧迫感…………… 134
　　一、紧迫感的心理机制……… 135
　　二、限时下单策略…………… 135
　　三、限量下单策略…………… 136

维护篇

项目七　评论策略

任务一　了解在线评论………… 143
　　一、在线评论概述…………… 144
　　二、在线评论发表动机……… 144
　　三、在线评论对用户购买决策的影响
　　　　………………………………… 145
任务二　引导正面评论………… 148
　　一、激励用户发表评论……… 149
　　二、回复评论………………… 151
　　三、提升评论质量…………… 151
任务三　规避负面评论………… 154
　　一、了解负面评论…………… 154
　　二、重视负面评论…………… 155
　　三、处理负面评论…………… 156

项目八　用户关系维护

任务一　用户信息管理………… 164

一、掌握用户信息……………… 164
　　二、收集用户信息……………… 166
　　三、管理用户信息……………… 167
任务二　用户分级管理……………… 172
　　一、用户分级…………………… 172
　　二、管理各级用户……………… 173
任务三　用户满意度管理…………… 177
　　一、用户满意度概述…………… 177
　　二、影响用户满意度的因素……… 178
　　三、提升用户满意度…………… 179

任务四　用户忠诚度管理…………… 183
　　一、用户忠诚度概述…………… 183
　　二、影响用户忠诚度的因素……… 186
　　三、提升用户忠诚度…………… 186
参考文献………………………………… 192

获客篇

项目一　了解用户

【知识目标】

1. 了解全渠道时代的 SoLoMoPe 用户。
2. 了解新媒体环境下的用户全渠道体验。
3. 了解全渠道时代用户的渠道选择过程。
4. 了解社交平台的自我呈现与消费动机。

【技能目标】

1. 探索网络推荐影响用户购买决策的作用机理。
2. 能够分析无人零售环境下的用户购买行为。

【思政目标】

1. 具备用户至上的服务理念、爱岗敬业的精神和较强的团队意识。
2. 具备紧跟时代步伐的意识，全面洞察新型用户。

【思维导图】

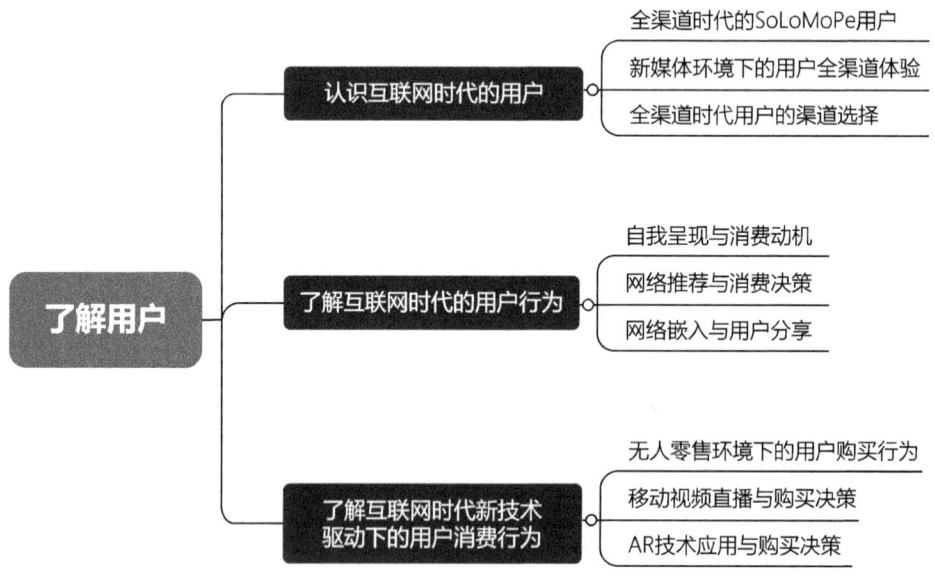

【引导案例】

社交电商黑马逆袭——拼多多

拼多多，一家以社交电商模式迅速崛起的黑马企业，凭借其独特的商业模式和用户至上的服务理念，在全渠道时代成功逆袭，成为中国电商市场的一股强大力量。

拼多多将社交电商模式发挥到了极致，这背后体现的是对流量和用户参与度的思维模式的把控。在拼多多模式中，一件衣服正价 68 元，通过拼团只需 58 元就可以购买。用户可以将拼团的商品链接发给好友，如果拼团不成功，就会退款。我们看到许多人会在朋友圈、微信群转发关于拼多多团购的链接，这无异于是通过社交网络实现了商品的裂变式传播。任何人都可以发起团购，动员身边的人购买，在这种熟人带动模式下，用户的参与感大大增强。

一、独特的社交电商模式

拼多多将社交与电商完美结合，通过用户分享、拼团等方式，实现了商品的裂变式传播。这种模式不仅降低了用户的购物门槛，还让用户在购物过程中享受到了社交的乐趣。同时，拼多多还通过丰富的互动活动，增强了用户与平台之间的黏性。

二、全渠道布局

拼多多不仅在线上渠道取得了巨大成功，还积极拓展线下渠道，与实体商家合作，打造线上线下一体化的购物平台。用户可以在线上浏览商品、参与拼团，也可以选择到线下门店自提或体验商品。这种全渠道布局满足了用户多样化的购物需求，提升了用户的购物体验。

三、用户至上的服务理念

拼多多始终坚持用户至上的服务理念，将用户的需求放在首位，始终以提升用户体验为目标。拼多多通过大数据分析，精准把握用户的购物习惯和喜好，为用户推荐合适的商品，还建立了完善的售后服务体系，为用户提供贴心的售后保障。这种用户至上的服务理念增强了品牌忠诚度和用户信任感，推动了拼多多业务的快速发展。

总而言之，拼多多的成功逆袭，得益于其独特的社交电商模式、全渠道布局及用户至上的服务理念。在未来，随着技术的不断进步和市场的不断变化，拼多多将继续深化全渠道布局，提升用户体验，为用户创造更多价值。同时，拼多多还将积极探索新的商业模式和创新点，以适应不断变化的市场环境，保持其竞争优势。

思考：

1. 通过分析拼多多社交电商案例，你认为互联网时代用户的特点是什么？
2. 拼多多的全渠道布局是如何提升用户体验的？

任务一　认识互联网时代的用户

【任务目标】

了解全渠道时代的 SoLoMoPe 用户。

【知识基础】

一、全渠道时代的 SoLoMoPe 用户

全渠道时代是指企业通过多种渠道（如实体店、电商平台、社交媒体、移动应用等）与用户进行互动和交易的时代。在此背景下，一个新的消费群体正在发展壮大——SoLoMoPe 用户，SoLoMoPe 即 Social（社交化）+Local（本地化）+Mobile（移动化）+Personalized（个

性化）。SoLoMoPe 用户是指那些活跃在社交媒体上，使用移动设备，关注本地化信息和服务，并期望获得个性化体验的用户。

SoLoMoPe 用户的概念强调了企业需要在全渠道战略中考虑用户的社交行为、移动设备使用习惯、本地化需求和个性化偏好，以提供更加精准和有价值的产品和服务。

"SoLoMoPe"这个术语的提出者并不明确。经资料查证，2011 年 2 月，著名风投公司合伙人约翰·杜尔首先提出了 SoLoMo 这一术语，他把当时最热的三个关键词整合到了一起——Social（社交化）、Local（本地化）和 Mobile（移动化）。在这一术语提出的短短数月之后，各种科技公司都在谈论它，SoLoMo 这一术语迅速风靡全球，基于 SoLoMo 的营销模式已经被公认为是未来互联网营销的发展趋势。

虽然"SoLoMoPe"这个术语的提出者并不明确，但它反映了当前全渠道销售和用户行为的重要趋势，即社交化、本地化、移动化和个性化的融合。企业可以通过理解和把握这一趋势，更好地满足用户的需求，提升用户体验，并在激烈的市场竞争中脱颖而出。随着时间的推移，消费群体的结构在不断变化，这也促进了消费市场的变革。每个时代都有其独特的消费特征和趋势，而新时代用户崛起，无疑为中国消费市场注入了新的活力，带来了新的机遇。

"90 后"注重个性化和品质化消费，愿意为高品质的产品和服务买单。同时，他们也是数字化消费的主力军，善于利用互联网和社交媒体获取消费信息和分享消费体验。而"70 后"和"80 后"则已经进入富足化阶段，成为最具消费实力的"新中产"人群。他们更加注重家庭和健康消费，愿意为自己和家人的健康投资。同时，他们也是旅游、文化、娱乐等领域的重要消费力量。

总之，新时代用户崛起和消费群体结构变化是中国消费市场发展的重要驱动力。我们需要密切关注市场动态，把握消费趋势，以更好地适应和引领中国消费市场的变革。

二、新媒体环境下的用户全渠道体验

SoLoMoPe 用户群体的崛起，加速了用户主权时代的到来。随着通信技术的发展，用户在面对铺天盖地的广告攻势时有了躲避和选择的主动权。加强品牌与用户的联系，让用户心甘情愿地靠近品牌，才是企业提高品牌忠诚度的王道。用户的主动参与性不再取决于渠道的数量和方式，而是由用户全渠道综合购物体验感决定。

（一）新媒体环境

当渠道与消费环节交织在一起时，用户就会产生体验。而新媒体的发展更是助推了渠道和消费环节的交融，消弭了渠道间的界限。"新媒体"主要指基于数字技术、网络技术及其他现代信息技术或通信技术的，具有互动性、融合性的媒介形态和平台。它以计算机、电视、手机等设备为终端媒体，能够实现个性化、互动化的传播，主要包括微信、微博、博客、微电影、社交网站等平台。

（二）用户体验维度划分

在用户搜寻、购买、使用产品或服务时，都会产生体验。用户体验维度主要从两个方面进行划分，一是产品属性，二是用户需求。从产品属性方面将体验划分为产品体验、价格体验、广告体验；从用户需求方面将体验期望划分为发展性需要和缺失性需要。

（三）用户体验的类型

（1）产品体验。产品体验产生于用户与产品的互动中，如用户搜寻、检验和评估产品等行为。当用户与产品有实体接触时，产品体验是直接的；当产品被虚拟地呈现或出现在广告中时，产品体验是间接的。

（2）购物和服务体验。当用户与商店实体环境、服务人员和政策，以及管理实践互动时，就会产生购物和服务体验。

（3）消费体验。当用户消费或使用产品时，就会产生消费体验。

（4）品牌体验。品牌体验是指用户被与品牌相关的物品、服务或活动等刺激所引发的一种主观内在（感官、情感、认知）反应和行为反应。

三、全渠道时代用户的渠道选择

在全渠道时代，用户的渠道选择非常多样化。这主要得益于互联网、移动设备和社交媒体的快速发展，它们为用户提供了更多便捷、个性化的购物和信息获取方式。

首先，线上渠道是许多用户的首选。电商平台、品牌官网、社交媒体等都提供了丰富的商品信息和多元的购买途径，用户可以根据自己的需求和喜好，在这些平台上轻松浏览、比较和购买商品。同时，线上渠道还提供了丰富的用户评价和反馈信息，可以帮助用户做出更明智的购买决策。

其次，线下渠道仍然具有不可替代的优势。实体店、购物中心、专卖店等为用户提供了直观的购物体验和即时的商品获取服务。用户可以通过试穿试戴等方式亲自感受商品的质地，并与店员进行面对面交流，以此获得更个性化的服务。此外，线下渠道还经常举办各种促销活动和体验活动，吸引用户参与。

最后，全渠道整合也成为越来越多用户的选择。用户不再局限于单一的线上或线下渠道，而是根据不同的场景和需求，灵活选择最合适的购物渠道。例如，用户可能先在社交媒体上了解商品信息，然后在电商平台上进行比较和购买，最后到实体店体验和取货。这种跨渠道的购物行为已经成为常态，这要求企业必须具备全渠道的运营和服务能力。

因此，在全渠道时代，用户的渠道选择非常多样化，企业需要根据用户的行为和需求，构建完善的全渠道体系，提供无缝的购物体验和服务。

【实用案例】

星巴克咖啡（Starbucks）的全球运营策略

作为全球知名的咖啡连锁品牌，星巴克的成功在很大程度上归功于其巧妙的全球运营策略，尤其是线上与线下渠道的紧密结合，为顾客带来了前所未有的无缝购物体验。

星巴克的线上渠道建设尤为出色。其开发了一款功能齐全的手机应用程序，用户不仅能通过它轻松查找附近的星巴克门店，还能提前下单、支付账单，甚至利用移动支付功能在店内享受快速结账的便捷。此外，这款应用程序还集成了积分累积、会员优惠及个性化推荐等功能，激励用户频繁使用，并显著增强用户黏性。在社交媒体方面，星巴克同样表现出色。其在微博、微信、Instagram等多个平台上积极发布新品信息、推送优惠活动，坚持与用户保持密切互动，从而大幅提升了品牌曝光度和用户参与度。

与此同时，星巴克的线下门店依然是其不可动摇的核心竞争力之一。星巴克深知门店环境和服务质量的重要性，因此始终致力于确保每位顾客都能在星巴克享受到高品质的咖啡，度过一段舒适的休闲时光。在门店内，顾客可以亲眼见证咖啡的制作过程，品尝到最新鲜的饮品，沉浸在星巴克独特的品牌氛围中。此外，星巴克还经常策划各种主题活动和社交聚会，以此吸引顾客到店消费，并进一步提升顾客对品牌的忠诚度。

最为关键的是，星巴克成功实现了线上与线下渠道的完美整合。例如，顾客可以通过手机应用程序提前下单并预约取餐时间，到店后无需排队，便能快速取餐。这种"线上预订、线下体验"的模式极大地提升了顾客的消费效率和满意度。不仅如此，星巴克还充分利用其大数据分析技术，深入挖掘顾客的消费习惯和偏好，以便为他们提供更加个性化的推荐和服务。例如，根据顾客的购买历史和口味偏好，星巴克会为他们精心推荐适合的新品或优惠活动。

综上所述，星巴克通过实施全渠道整合策略，成功将线上与线下渠道紧密结合，为顾客带来了前所未有的无缝购物体验。这种策略不仅大幅提升顾客的消费效率和满意度，还有效提高了品牌的忠诚度和市场竞争力。星巴克的成功再次证明，在数字化时代，只有不断创新并灵活整合各种渠道资源，才能在激烈的市场竞争中脱颖而出，赢得顾客的青睐。

【任务实施】

一、任务背景

用户小王计划购买一台单反相机，以提升自己的摄影技能并记录生活中的美好瞬间。在做出决策之前，他希望能获取更多的信息和建议，因此选择通过社交媒体和实体店两个渠道完成本次购物。

二、任务分析

（1）信息搜集：小王首先在微信群、微博和论坛等社交媒体上发布消息，向亲朋好友和摄影达人咨询购买单反相机的建议。这一步骤旨在收集多方面的信息和意见，为后续的购买决策提供参考。

（2）实地考察：在收集了足够的信息后，小王决定前往本地实体店苏宁易购进行实地考察。这一步骤的目的是亲自感受相机的手感、了解相机的操作步骤，并从店员那里获取更专业的建议和服务。

（3）购买决策：结合从社交媒体上收集的信息和在实体店的考察结果，小王将做出最终的购买决策。

在这段购物经历中，用户小王一共扮演了四个角色。

社交化用户（social consumer）：小王基于社交媒体，在征询好友的建议后做出购买决策。

本地化用户（local consumer）：小王基于本地位置的定位与服务，随时在其所在位置附近找到各类商家，并及时获取商家基于位置推送的优惠促销信息。

移动化用户（mobile consumer）：小王随时随地拿出移动终端来收集购物信息，逛任何一家店面，甚至直接付款购买商品。

个性化用户（personalized consumer）：小王根据自己的独特喜好来选择最合适的商品，而非盲目从众、随波逐流。

三、任务操作

（1）社交媒体咨询：小王在微信群、微博和论坛等社交媒体上发布求助信息，详细描述自己的需求和预算，并等待回复。

（2）整理信息：收到回复后，小王需要整理和分析这些信息，从中筛选出对自己有用的建议。

（3）实体店考察：小王前往苏宁易购实体店，与店员沟通其需求，并试用心仪的相机。

（4）综合评估：结合社交媒体上的信息和实体店的体验，小王对相机进行综合评估，并做出购买决策。

（5）完成购买：小王在苏宁易购实体店完成购买，并获取相应的售后服务和保障。

四、任务思考

（1）根据上述材料，说一说现代购物决策中线上线下结合的优势有哪些？

（2）结合小王购买单反相机的过程，谈一谈用户购买决策的复杂性体现在哪些方面？

五、任务总结

通过对社交媒体和实体店两个渠道的调研和比较，小王获得了关于单反相机的全面信息。他分析了不同相机的优缺点，并考虑了价格、性能、个人喜好和使用习惯等因素。最终，小王根据这些信息做出了购买决策，选择了一款适合自己的单反相机。这次任务让他学会了如何通过多种渠道获取信息和做出决策。

【拓展阅读】

SoLoMoPe 消费群倒逼零售业转型升级

SoLoMoPe 消费群是指社交化（Social）、本地化（Local）、移动化（Mobile）和个性化（Personalized）的消费群体。这一消费群体的兴起对零售业产生了深远的影响，推动了零售业的转型升级。

首先，SoLoMoPe 消费群注重社交化消费。他们倾向于在社交媒体上寻找购物灵感、分享购物体验，并与朋友、家人进行互动。这就要求零售业加强与社交媒体的融合，通过社交媒体平台提供个性化的购物推荐、打造社交化的购物场景，以吸引这一消费群体并满足其需求。

其次，移动化消费已经成为主流消费趋势。SoLoMoPe 消费群习惯使用手机等移动设备随时随地进行购物。这就要求零售业优化移动端的购物体验，提供便捷的移动支付、高效的物流配送等服务，以满足用户对随时随地购物的需求。

此外，本地化消费也是 SoLoMoPe 消费群的重要特点。他们更倾向于支持本地品牌、购买本地特色商品，并享受便捷的本地化服务。因此，零售业需要加强对本地市场的了解，深入挖掘本地用户的需求，提供符合本地用户习惯和偏好的商品和服务。

最后，个性化消费是 SoLoMoPe 消费群的显著特征。他们追求独特的购物体验，注重商品的个性化和定制化。因此，零售业需要加强对用户数据的收集和分析，了解用户的喜好和需求，提供个性化的商品推荐和定制服务，以满足用户对个性化和独特性的追求。

综上所述，SoLoMoPe消费群的兴起对零售业产生了巨大的影响，推动了零售业的转型升级。为了适应这一趋势，零售业需要加强与社交媒体的融合，深入了解本地市场，优化移动端的购物体验，以提供个性化的商品和服务。

任务二　了解互联网时代的用户行为

【任务目标】

1. 了解社交平台的自我呈现与消费动机。
2. 探索网络推荐影响用户购买决策的作用机理。
3. 了解网络嵌入与用户分享。

【知识基础】

一、自我呈现与消费动机

社交平台的自我呈现

（一）社交平台中的普遍现象：自我呈现

自我呈现的概念是由美国社会学家欧文·戈夫曼提出的。自我呈现，也称印象管理，是指人们试图管理和控制他人对自己所形成的印象的过程。人们通常倾向于以一种与当前的社会情境或人际背景相吻合的形象来展示自己，以确保他人对自己的印象符合自我期待。这种行为在社会交往中非常普遍，渗透于生活的方方面面，并对个体的社会互动产生重要影响。

此外，欧文·戈夫曼还将人们的互动比作舞台表演，即人们将自己看作是在舞台上表演角色，而观众就是周围的人。他们通过符号、语言、肢体动作和穿着等方式来表现自己，从而影响"观众"的看法。在自我呈现的过程中，人们通常会区分"前台"和"后台"。"前台"是人们公开展示的形象，是经过精心策划从而呈现出来的；而"后台"则是人们私下的行为和想法，是真实且未经策划的自我。

（二）移动社交化环境下的用户消费动机

电子商务环境给用户提供了三种基本的需要：兴趣、聚集和交流。首先，用户对网络活动抱有极大的兴趣，这种探索秘密的好奇心理驱使他们沿着网络提供的线索不断地向下查询，期望找到自己预想的结果。其次，虚拟社会为人们提供聚集的机会。这种聚集不受时间和空间的限制，有利于形成富有意义的社会关系。最后，聚集起来的用户自然产生交流的需求，随着交流的增加，对某些产品和服务有相同兴趣的用户聚集在一起，形成商品信息交易市场，这样会有更多的人产生网络消费需求。

1. 扮演角色的动机

网上购物可以满足用户个人角色扮演的需求，用户可借此机会扮演被社会认可或接受的某一角色，如母亲、家庭主妇、丈夫等。他们通过扮演自己喜欢的特定角色在网上购物，心理上能够得到极大的满足，从而增加了购物的兴趣。

2. 隐匿型动机

有些用户购物经验较少，对传统商店购物形式有着强烈的排斥，不愿意直面售货员或排斥因售货员过分热情而造成的压力，亦或是追求私密消费与独特品位。网上购物的隐秘性和产品的独特性恰可满足用户的这些需求。用户通过上网便可足不出户地采购到世界各地的商品。

3. 求乐型动机

网上商店通常装饰得色彩亮丽，商品琳琅满目，由此带来的视觉冲击和感官刺激可在一定程度上使用户心中原有的厌烦情绪和无聊感受得以转移或释放。网上购物使用户既买到了需要的商品，又得到了精神上的放松。随着微电子技术、软件技术和网络多媒体环境的发展，网上购物能够营造出身临其境的沉浸式体验，为用户带来更多的乐趣和享受。

4. 好奇型动机

好奇型动机是指寻找事物发生原因的一种消费动机，这种动机是用户动机中的重要组成部分。好奇是每个人都具有的一种心理，促使用户产生好奇心并且激发其购买欲望的商品，多是外观新奇、功能奇特或给用户带来意想不到的发现的商品。网络的诞生改变了人们的生活，网络构造了一个全球化的虚拟市场。在这个市场中，最先进的产品和最时尚的商品会以最快的速度与用户见面。以年轻人为主体的网络用户通过网络获取这些商品的信息，这些信息很容易激发用户的好奇心，而许多网络用户为了追求时尚、展现个性与发展自我，往往能快速接纳这些新商品。

5. 求廉型动机

追求廉价是用户另一种重要的消费动机。网上购物之所以发展良好，一个重要原因就是网上销售商品的价格普遍低廉。通过网络销售产品，可以减少经销商、代理商等中间环节，采用订单生产、减少库存的方式降低成本，加上网上折扣店和拍卖店的出现，使得网上的同类商品价格相对而言要比传统商店中的商品便宜。因此，许多网络用户正是被这一点吸引，选择网络购物。这种低价策略吸引了许多喜欢买便宜商品的人上网寻找自己需要的商品。

6. 方便型动机

方便型动机是为了减少体力与心理上的付出而出现的消费动机。传统购物要经历往返店铺、挑选商品、结算付款、包装、取货等一系列的过程。用户为购买商品不仅耗费时间和精力，还可能面临交通拥堵的压力或逛大型商场而产生的体力消耗。而网上商店全年365天、全天24小时的营业模式、网上支付或货到付款的支付方式、送货上门等服务形式，可以给用户带来许多的便利。对于注重效率，希望节省时间、精力和体力的用户而言，网上购物无疑是更优的选择。

7. 表现型动机

表现型动机是指用户购买商品来达到宣扬自我、夸耀自我的一种消费动机。这种消费动机因个性不同而出现较大的差异，有些用户的表现型动机十分微弱，有些用户的表现型动机十分强烈。目前网络用户多以年轻、高学历群体为主，这些青年人正处于从青少年向中年过渡的时期，心理上兼具不成熟与成熟的特质。展现自我意识是青年人在消费中的心理需求，因此，他们更喜欢能够展现个性的商品，往往把所购商品与个人性格、理想、身份、职业、兴趣等标签联系在一起。他们喜欢追求标新立异、强调个性化表达，而不愿落入"大众化"，"与众不同"的消费心理较"追求流行"更为突出。网络上提供的产品包括许多新颖的产品，即新产品或者是时尚类产品，并且这些产品一般来说是在本地传统市场中暂时无法买到或不容易买到的产品。然而，网络购物能比较容易地满足他们的这一需求，即可以实现他们展示自己的个性和与众不同的品位的需要。

8. 心理平衡型动机

心理平衡型动机是指由于用户本人在某些方面存在不足，要通过消费商品来弥补个人的不足以取得心理平衡的消费动机。例如，一位身材矮小的用户，因感到自卑而购买高端品牌的增高鞋或定制内增高皮鞋。其通过消费来弥补身高不足所带来的心理落差，从而达到心理平衡。

【实用案例】

用户小张的心理平衡和自我呈现

小张是年轻上班族的一员，他注意到同事们经常在网络上分享自己的购物心得和新购入的时尚单品。他开始感觉到自己有些落伍，因为他不常参与这样的网络购物和分享。为了融入这个信息化的社交环境，小张也开始尝试通过网络购买一些流行的服装和配饰。不仅如此，他还发现通过网络购物可以更容易地找到符合自己个性风格的商品，从而提升自我形象。随着时间的推移，小张在网络购物中找到了自信，他开始更加积极地分享自己的购物体验，这不仅让他更好地融入了社交圈，还进一步增强了他的自信心。

这个案例揭示了网络购物在当代社会中所起到的复杂作用，网络不仅是商品交换的场所，更是个体追求心理平衡、实现自我呈现和社交融入的重要平台。对于小张来说，网络购物已成为一种生活方式，成为一种与自我成长和社交互动紧密相连的实践活动。

二、网络推荐与消费决策

（一）网络推荐

狭义的网络推荐是指一种软件或网络中的虚拟顾问，通过收集、处理使用者的信息和偏好等，为用户提供各类推荐信息，引导用户便捷地开展网上购物。畅销排行榜是其中特殊的一类推荐服务。广义的网络推荐包括网站从专业、商业和用户等角度，为用户提供的各种人工推荐服务，如专家推荐、编辑推荐等。

（二）消费决策

广义的用户购买决策是指用户为了满足某种需求，在一定购买动机的支配下，在可供选择的两个或者两个以上的购买方案中，经过分析、评价、选择并实施最佳购买方案，以及提供购后评价的活动过程。它是一个系统的决策活动过程，包括需求的确定、购买动机的形成、购买方案的抉择和实施、购后评价的提供等环节。狭义的用户购买决策是指个体、群体及组织为满足需求和欲望，对产品、服务进行挑选、购买、使用和处理的过程。

（三）网络推荐对用户决策的影响

网络推荐系统能主动了解用户偏好，再结合商品属性信息，有针对性地为每位用户提供个性化推荐服务，能够降低用户信息搜索的成本，帮助用户更加快捷地找到合意商品、发现新奇商品，从而提高用户决策质量。网络推荐系统影响用户决策的因素主要涉及两个方面：网络推荐系统本身的特性及网络推荐系统推荐信息的特性。

1. 网络推荐系统本身的特性

网络推荐系统本身的特性对用户决策有重要影响,以下从四个方面进行分析。

（1）页面设计。页面设计清晰、简洁的网络推荐系统的易用性强,用户更容易在网络推荐系统中获取有效信息,因此更受用户青睐。一些网络推荐系统在展示推荐商品列表时,会按照特定商品属性及其重要性对推荐商品进行排序或直接提供热销榜,在推荐页面中设计排序功能可提升用户的操控感、信任度和满意度。

（2）推荐原因解释功能。一些网络推荐系统会对推荐原因加以解释,如"我们提供这个推荐是因为您已购买……"推荐原因解释能够提高推荐的透明度,提升用户对网络推荐系统的信任度与满意度,进而强化其推荐采纳意向。

（3）互动功能。当用户对推荐结果不满意时,一些网络推荐系统允许用户随时修改其偏好及其他个人信息,并根据用户修改后的信息动态调整推荐结果,进行实时的偏好反馈。用户对具备类似互动功能的网络推荐系统评价更高。

（4）展示推荐商品详细信息功能。一些网络推荐系统在展示推荐商品时,会展示其详细信息,如用户评分、评论数量、预测偏好分值等,这能够进一步加深用户对推荐商品的感官认知并加快信息吸收速度,并且能够提升用户对网络推荐系统的信任度、满意度和感知有用性。

在使用不同类型的网络推荐系统时,由于每一种网络推荐系统的机制不同,其对用户决策产生的影响也不同。当前网商应用最广、用户接触最频繁的网络推荐系统为协同过滤推荐系统和基于内容的推荐系统。协同过滤推荐系统首先会找出相似的用户,然后根据这些用户的偏好信息,为当前用户提供推荐建议。基于内容的推荐系统会根据商品属性的相似性,为当前用户推荐与他们的历史偏好相似的商品。网络推荐系统类型可能与产品类型、用户心理特征等产生交互作用,从而共同影响网络推荐系统对用户的营销效果。

网络推荐系统对用户决策所起的作用不仅会受到网络推荐系统本身特性的影响,还会受到来自推荐交互特征、提供者信用、用户特征和产品特征等维度的影响。

【实用案例】

亚马逊推荐系统

亚马逊作为全球最大的电商平台之一,拥有庞大的商品库和用户群体。亚马逊的推荐系统会根据用户的购买历史、浏览记录、搜索关键词等行为数据构建用户兴趣模型。通过协同过滤和基于内容的推荐算法,向用户推荐他们可能感兴趣的商品。亚马逊的推荐列表不仅展示商品信息,还提供评分、用户评价、推荐理由等额外信息,以增强用户信任感。据称,推荐系统为亚马逊贡献了 20%~30% 的收入,显著提升了销售额并增强了用户黏性。

2. 网络推荐系统推荐信息的特性

用户直接接触到的推荐服务是一条条的推荐信息,因此网络推荐系统推荐信息的特性很有可能影响用户决策。以下从三个方面进行分析。

（1）推荐数量。为刺激用户购买更多商品以提高销售额,网商总是想方设法向用户推荐尽可能多的商品。当推荐列表中有多件推荐商品时,单凭推荐单件商品的高准确性不一定能够提高用户的整体满意度,还要考虑所推荐商品与品牌的数量能否满足用户的需求。若总是向用户重复推荐某类商品或某些品牌可能使其感到厌倦。同时，推荐数量也并非越多越好，因为推荐商品过多会增加用户的信息搜索成本与认知努力，降低其决策质量，导致其对网络推荐系统的评价降低。因此，适中的推荐数量可能产生更好的营销效果。

（2）推荐信息质量。推荐信息质量主要涉及准确性、新颖性两个方面。准确性是指网络推荐系统推荐的产品和品牌是否与用户的偏好相匹配。准确性会影响感知信息质量，用户更喜欢也更信任准确性高的推荐信息。新颖性是指网络推荐系统能够为用户推荐其之前未曾听说过的商品。向用户推荐热门商品，能够降低用户的购买风险，但这可能让用户感到厌倦，因为用户要么已经购买过热门商品，要么已经熟知热门商品，所以推荐信息的新颖性就显得更加重要。当用户对已经熟知的推荐感到厌倦时，新颖的推荐信息能够改善用户对再购买的态度，提高其再购买的意向。

（3）推荐产品类型。对于用户而言，推荐产品类型也是至关重要的，产品的新老程度和用户对产品的熟悉程度将影响推荐效果。当推荐建议和用户对产品已有的印象不一致甚至有冲突时，用户会忽略甚至抵制推荐。此外，当推荐用户不熟悉的产品时，用户往往会产生抗拒心理，降低对推荐系统的满意度和信任度。但在推荐熟悉的产品的同时适当推荐不熟悉的产品，用户则会增加对不熟悉产品的关注，提升购买不熟悉产品的可能性。

【实用案例】

智能衣橱——网络推荐系统助力个性化时尚选择

李女士是一位对时尚充满热情的白领，她每天忙于工作的同时，也渴望在穿衣打扮上展现自己的独特品位。然而，面对琳琅满目的服装商品和不断变化的潮流趋势，李女士常常感到选择困难，她既想节省时间，又想找到真正适合自己的服装。这时，一款名为"智能衣橱"的网络推荐系统走进了她的生活。

1. 网络推荐系统特性分析

个性化算法："智能衣橱"采用了先进的机器学习算法，通过分析李女士的浏览历史、购买记录、收藏夹内容及她填写的个人偏好问卷，构建出了精准的用户画像。这一特性使得系统能够深入理解李女士的时尚偏好、风格倾向及潜在的购物需求。

实时更新："智能衣橱"能够实时跟踪市场上的新品发布状况和潮流趋势，结合李女士的个人偏好，动态调整推荐列表。这种实时性保证了李女士每次打开"智能衣橱"都能看到"新鲜"且符合她品味的推荐商品。

交互性设计：为了提升用户体验，"智能衣橱"还设计了丰富的交互功能，如滑动查看更多推荐、点击商品查看详细信息、一键加入购物车等。同时，系统还允许用户对推荐结果进行反馈（如喜欢/不喜欢），以便不断优化推荐算法。

2. 推荐信息特性分析

精准匹配：基于李女士的个人画像，"智能衣橱"推荐的每一件商品都经过精心筛选，确保在款式、颜色、材质等方面与她的偏好高度匹配。这种精准匹配降低了李女士在海量商品中筛选的时间成本，提高了购物效率。

多样化选择：除了推荐李女士已经熟悉或喜爱的风格外，"智能衣橱"还会根据她的偏好探索边缘领域，向其推荐一些新颖但又不失格调的商品。这种多样化选择帮助李女士拓宽了时尚视野，发现了更多潜在的喜好。

详实信息：每件推荐商品都附有详细的描述、多角度的图片展示及用户评价等信息。这些信息为李女士提供了全面的参考依据，有助于她做出更加明智的购买决策。

自从使用了"智能衣橱"网络推荐系统，李女士的购物体验得到了显著提升。她不再为每天穿什么而烦恼，也不再需要花费大量时间在网上漫无目的地浏览商品。相反，她能够轻松地找到符合自己品位的服装，并在购物过程中享受到发现新奇商品的乐趣。更重要的是，"智能衣橱"的个性化推荐让她在同事和朋友中脱颖而出，展现了自己的独特时尚品位。

三、网络嵌入与用户分享

（一）网络嵌入

网络嵌入最初被用来描述市场的经济社会结构形式，解释现代社会经济中的一些问题。随着研究的深入，学者们将网络嵌入的概念进一步扩展，认为集体或个人的行为具有社会嵌入性，即这些行为嵌入在其与外部环境建立的各种关系网络之中。具体而言，这一理论强调经济主体的行为会受到其所处社会网络的影响，因此主张将人的行为置于社会网络背景中进行解释。同时，社会网络中的组织行为也应通过嵌入其中的个体行为来理解和阐释。

网络嵌入性是指社会成员在社群关系网络中的相互联结状态，这种结构性特征会通过特定的中介机制对个体或组织的行为绩效产生间接影响。网络嵌入性高的行动者，由于社会联系比较多，获得的信息、资源和体验相对丰富，在社群中具有更强的控制力，更容易形成领袖角色和"主人"意识，同时，他们更容易获得较强的归属感（"家"的感觉）、自我认同感和自我效能感，会更愿意为社群作出贡献。

（二）用户分享

移动社交环境中的知识分享行为，从社交网站本质上来说属于一种在线社群的社交网站行为，在在线社群情境中，虽然交流方式由传统的面对面交流转变为互联网线上交流，但其中知识的本质并没有发生变化。在线社群中的知识大部分蕴含于保存的文档、讨论对话、群组信息、活动过程中。

在线社群的出现为知识分享提供了一种全新的技术手段，个体在在线社群中分享、搜寻知识，知识分享是在线社群的核心活动，对在线社群来说至关重要。如果没有用户的知识分享，在线社群就不能得到长久持续的发展。

知识分享是成员对组织的知识贡献。知识分享行为是指个体或组织将自己所掌握的信息、经验、技能等知识分享给他人或群体的行为。真正的知识分享表现在一方愿意帮助他人去发展某种新的能力、解决某些实际问题或者协助执行某些政策或程序。随着网络信息技术的发展，越来越多的用户通过互联网追求与分享知识。互联网使得一群有相同兴趣、专长的人能够聚集成虚拟社群，这种社群围绕特定的话题进行知识的分享与交流，如人大经济论坛、小木虫论坛等。在线社群的真正意义是它把具有共同兴趣和需求的人们聚集在一起，通过网络建立起互动的基础，能够满足用户沟通、分享信息及娱乐的需求。在线社群是人们进行知识分享、经验分享、交换想法、建立人际关系的沟通渠道，也是满足人们交友、探讨课题、收集信息与休闲娱乐的虚拟空间。通过在线社群进行知识分享的观念已渐为时势所趋，虚拟社群打破了时间和空间的限制，为人们分享知识提供了极大的便利。

【实用案例】

知乎社群的网络嵌入与用户分享行为

知乎,作为一个知名的中文社交问答平台,本质上是一个充满活力和具备丰富知识的在线社群。在这个社群中,用户通过提问、回答、点赞、评论等互动方式,形成了丰富多样的关系网络,展现了网络嵌入的深刻影响,并促进了知识的广泛分享。

1. 网络嵌入的体现

多样化的关系网络:知乎用户之间通过关注、被关注、互动等建立了复杂的关系网络。这些网络不仅基于共同的兴趣和话题,还基于专业背景、社交圈子等多种维度。这种多维度的网络嵌入使得用户得以在社群中建立丰富的社会联系,进而更容易获得多样化的信息和资源。

领袖角色的形成:在知乎上,一些活跃用户由于其高质量的回答和深入的见解,逐渐在社群中形成了领袖角色。这些用户通常拥有更多的社会联系和更丰富的经验,他们的行为和观点往往对社群产生重要影响。这种领袖角色的形成是网络嵌入性高的直接体现。

强烈的归属感和自我认同感:知乎用户通过长期的互动和分享,逐渐形成了对社群强烈的归属感和自我认同感。他们愿意为社群作出贡献,分享自己的知识和经验,这正是网络嵌入性高的体现。

2. 用户分享的重要性

知识分享的核心地位:在知乎社群中,知识分享是核心活动。用户通过分享自己的专业知识和独特见解,为社群提供了丰富的知识资源。这些分享不仅满足了其他用户的知识需求,还促进了社群内部的交流和互动。

社群发展的关键因素:知乎社群的持续发展离不开用户的知识分享。如果没有用户的积极参与和分享,社群将失去活力和吸引力。因此,鼓励用户分享知识是知乎社群管理者的重要任务之一。

形成良性循环:知乎通过算法推荐和社群机制,使得优质的内容能够得到更广泛的传播和认可,这种机制进一步激发了用户的分享热情,形成了良性循环。随着用户分享量的增加,社群活跃度持续攀升,这种正向循环不断吸引新用户加入并参与分享。

综上所述,知乎社群作为一个典型的在线社群,充分展现了网络嵌入对用户行为的影响以及用户分享对社群发展的重要性。知乎通过深入理解和应用这些原理,得以持续吸引和留住用户,成为一个充满活力和价值的社交平台。

【任务实施】

一、任务背景

某科技公司近期推出了一款集健康监测、运动追踪、智能提醒等多重功能于一体的新型智能手环。为了深入了解用户对该手环的评价与需求,以便实施后续的产品优化和市场推广,公司决定在小红书社交媒体平台上开展用户调研。

二、任务分析

本次任务旨在通过小红书社交媒体平台,收集用户对该智能手环的评价和需求,以便为产品优化和市场推广提供数据支持。

三、任务操作

(一)深入体验小红书平台

使用小红书,体验其各项功能,包括浏览、搜索、购物、分享等。评估小红书的用户体验和内容质量,了解其在年轻用户群体中的受欢迎程度。

(二)收集小红书平台数据

(1)用户数量:了解小红书的月活跃用户数,评估其社区规模。

(2)活跃度:了解小红书的日活跃用户数,分析用户活跃度的分布情况,重点关注年轻用户和都市人群的比例。

(3)分享数量和质量:了解小红书的分享者数量,以及他们每天发布的原创内容的数量和质量。

(三)开展用户调研

设计包含多方面内容的问卷,针对智能手环用户开展线上或线下调研。选择代表性用户进行面对面访谈,深入了解他们对智能手环的评价和需求。

(四)调研内容

(1)用户选择小红书的原因:了解用户得知小红书的途径及其加入小红书的主要动机。

(2)用户在小红书平台上的主要行为:了解用户在小红书上关于智能手环的浏览、搜索、购物、分享等行为的频率和偏好。

(3)用户对智能手环的满意度:了解用户对智能手环的整体满意度,收集关于功能实用性、舒适度、外观设计等方面的评价和需求。

(五)实训

完成调研报告并分享成果。

四、任务思考

(1)如何设计问卷和访谈问题,以更全面地了解用户对智能手环的评价和需求?

(2)如何根据调研结果提出具体的产品优化和市场推广建议?

五、任务总结

本次任务通过深入调研小红书平台用户,成功收集了用户对智能手环的评价和需求,为产品优化和市场推广提供了有力的数据支持。未来,公司将继续关注用户需求变化,不断优化产品,提升市场竞争力。

【拓展阅读】

社交媒体和互联网论坛在用户行为研究中的重要作用

在互联网时代，社交媒体和互联网论坛成为人们表达观点、分享经验、交流互动的重要平台。对于企业和研究机构来说，这些平台不仅是推广产品和服务的渠道，还是了解用户行为、需求和反馈的重要途径。

首先，社交媒体和互联网论坛汇聚了大量即时的用户声音。用户在这些平台上可以自由地发表对产品的评价、使用体验、改进建议等，这些信息对于企业和研究机构来说具有极高的参考价值。通过分析这些信息，企业可以及时了解用户对产品的满意度以及用户的使用习惯和潜在需求等，从而有针对性地优化产品设计、提升用户体验。

其次，社交媒体和互联网论坛上的用户互动为企业提供了与用户直接沟通的机会。企业可以通过回复评论、参与讨论等方式与用户建立联系，收集更详细、更深入的反馈。这种互动不仅有助于企业更好地了解用户需求，还可以增强用户对企业的认同感，提升用户对企业的忠诚度。

最后，社交媒体和互联网论坛上的用户行为数据是研究用户行为的重要信息来源。通过分析用户在论坛上的发帖量、回复量、点赞量等指标，可以了解用户的活跃度、参与度及兴趣偏好等信息。这些数据可以为企业制定更精准的市场策略、优化产品功能提供有力支持。

总之，社交媒体和互联网论坛在用户行为研究中发挥着重要作用。企业和研究机构应该充分利用这些平台上的资源，深入挖掘用户声音和数据，以更好地满足用户需求，提升产品竞争力。

任务三　了解互联网时代新技术驱动下的用户消费行为

【任务目标】

1. 分析无人零售环境下的用户购买行为。
2. 了解移动视频直播中影响购买决策的因素。
3. 了解 AR 技术在购买决策中的运用。

【知识基础】

一、无人零售环境下的用户购买行为

（一）无人零售环境下的消费群体

关于无人零售环境下的用户购买行为研究，有学者根据用户光顾无人零售商店的动机将用户分为四类。第一类是目的型用户。这类用户事先有计划，有实际的购物需求，注重商品的使用价值，目的性非常明确。第二类是时间型用户。这类用户时间观念强，无人零售商店不用排队等候结账，可以节省购物时间，因此他们更喜欢光顾无人零售商店；同时，无人零售商店 24 小时营业，不受时间限制，能够随时满足购物需求，这也符合 SoLoMoPe 用户全

项目一 了解用户

天候的特点。第三类是开放型用户。这类用户对新鲜事物持乐观态度，接受能力强，喜欢充满科技感、新鲜感的购物环境，热衷于独特的购物体验。第四类是便利型用户。这类用户更注重快捷的体验，不喜欢复杂的购物流程，追求高效购物。无人零售商店的地理位置无限接近用户，便于用户在最短的距离内购买日常消费品。

（二）影响无人零售环境下的用户购买行为的因素

影响无人零售环境下的用户购买行为的因素大致有六个。

第一是商品价格。商品价格是影响用户购买行为的重要因素。零售业大部分的成本都来自运营成本、租金成本和人力成本，而无人零售商店节省了大量的人力成本，在一定程度上增加了利润、提升了效率。此外，无人零售商店在相同库存条件下的占地面积更小。

【实用案例】

缤果盒子无人零售

15平方米的缤果盒子，可放置400~500个SKU（库存量单位），库存量可达七八千件，相当于三四十平方米传统便利店的库存量。相比于传统便利店，缤果盒子无人零售商店的运营成本大幅降低，而其造价（10万元）仅为传统店铺的1/4。无人零售商店的商品价格普遍比传统便利店低10%左右，真正实现了物美价廉。

第二是店铺选址。店铺选址也是影响用户购买行为的重要因素。无论是共享单车、快递还是外卖，企业都在尝试解决店铺"最后一公里"的问题。同样，无人零售也在不断靠近用户，力求出现在用户触手可及的范围内。

【实用案例】

自动贩卖机的选址

自动贩卖机通常放置在学校、企业、商场、交通枢纽、影院、图书馆、景区等人流量较大的公共区域；开放货架多设立在办公室的茶水间和休息区，离办公室人群足够近，可以即时满足他们的需求；无人便利店主要设立在社区和商区，提供各类食品和应急商品。这三种无人零售形式的共同特点是店铺选址足够靠近用户，实现了全方位覆盖，能够24小时满足用户的即时消费需求。

第三是产品种类。产品种类及组合也会对用户购买行为产生重要影响。产品的种类越多、组合越丰富，用户的选择范围就越大，购买概率也就越高。由于面积的限制，无人零售商店的产品品类相对比较有限，不如传统便利店丰富，但基本的日常用品和应急物品都会供应。除此之外，目前无人零售商店提供的商品大多是不需要太多服务讲解的产品，因此用户可以自助选购。

第四是支付方式。移动支付时代，越来越多的用户出门不再携带钱包，他们在购买商品时通常使用支付宝或微信扫码支付。无人贩卖机和开放货架支持直接扫码支付，无人便利店用户首次进入需要绑定手机开通免密支付，离开时由系统自动扣款，之后再次购物时，用户甚至可能连手机都不需要携带，非常方便。

第五是时间成本。在传统便利店购物普遍存在的问题是要排队结账，比较耗时。而无人零售商店有效解决了这一问题，无人贩卖机和开放货架采用扫码支付方式，用户可在付款后直接取走商品；无人便利店更是给用户提供了一种"即拿即走，无须排队结账"的消费体验。相较而言，无人零售商店具备时间成本最低、购物耗时较短、便捷程度最高的优势。

第六是用户特质。用户自身的性格特质也会对购买行为产生影响。谨慎型用户对新事物持观望的态度，受外界影响小，有较强的自我抑制力；开拓型用户则不同，他们对新鲜事物有强烈的好奇心，勇于尝试和体验；从众型用户会根据身边社交圈的行为及新事物的流行程度来决定自己的购买行为。

（三）无人零售环境下的用户购买决策过程

用户购买决策过程是影响无人零售环境下的用户购买行为的关键。用户购买决策过程通常指的是用户在购买商品或服务的过程中所涉及的步骤，一般分为五步：问题确认、信息搜寻、方案评价、购买决策及购后行为。

无人零售商店提供的主要是日常消费品，某些参与程度较低的产品不一定会经历所有的步骤，而只需完成问题确认、信息搜寻、购买决策三个步骤即可。参与程度相对较高的产品则会经历完整的五个步骤。具体来说，在新零售模式下，购买决策过程如下。

第一步是问题确认，即用户因为来自内部或者外部的刺激，意识到自己对某一种商品有需求。内部的刺激来自库存数量不足，或者对现有的产品不满意；外部的刺激来自市场上出现的新事物或者营销广告。无人零售商店属于新事物，是需求确认的诱因，能吸引用户的注意，同时也能满足补充存货的需求。

第二步是信息搜寻，即从多方面收集信息。用户可通过网络、广告或者朋友的口碑宣传等不同渠道获取无人零售商店的相关信息并整合不同来源的数据。

第三步是方案评价，用户对收集到的各个渠道的信息进行分析和评估，确定要购买的产品，通过多方信息评估对无人零售商店做出评价。

第四步是购买决策，即基于信息分析和方案评价做出最终的购买决策。相对而言，无人零售商店的产品价值普遍不高，购买风险较小，即使决策失误也不会造成较大的损失，因此用户会相对快速地做出购买决策。

第五步是购后行为，即用户在使用商品或服务后会将实际体验与预期进行比较，得出满意或者不满意的结果。用户在无人零售商店的消费体验会影响其下次的购买行为，若满意则会重复购买并向朋友推荐，若不满意则会投诉或劝阻他人光顾。

二、移动视频直播与购买决策

（一）移动视频直播

移动视频直播通过提供优质观看体验和增强认同感两种途径来吸引用户驻足。从观看体验角度来看，移动视频直播中的互动性容易让用户沉浸其中，产生心流体验。心流体验是指个体完全投入某项活动中的整体感受。当个体处于心流状态时，其会被所做的事深深吸引，心情非常愉悦，甚至忽略时间的流逝。移动视频直播中的交互情景与游戏系统内的多玩家互动相似，直播平台为用户提供了交流场所和工具，用户聚集在一起，通过发送弹幕、私信、打赏的方式与主播及其他用户展开实时、持续的互动，这种互动容易让用户放松身心并沉浸其中。从认同感角度来看，在移动视频直播中，用户通过发送弹幕、私信、打赏等方式与主播进行互动，分享兴趣，交流信息。当用户长时间停留在某一直播间时，这种持续互动可能源于两种导向：一是关系导向，即用户发现自己与直播间内的其他用户有相同之处，产生群体身份与自我认同的感知重叠；二是兴趣导向，即用户因欣赏主播的个人特质或内容而产生持续关注的意愿。

（二）移动视频直播与电商的结合

移动视频直播与电商的结合，实际上是两种不同业态的互补与融合，它们共同打造了一种全新的购物体验。这种结合不仅提升了用户的购物体验，还为电商平台和主播带来了更多的商业机会。

移动视频直播具有实时性、互动性和真实性等特点，能够吸引大量用户观看和参与。而电商平台则拥有完善的商品供应链和支付体系，能够提供丰富的商品选择和便捷的购物流程。当两者结合时，就形成了一种新的购物模式——直播电商。

对于用户来说，在直播电商中，主播通过实时视频向他们展示商品，并详细介绍商品的特点、用途和优惠信息。他们可以在观看直播的过程中随时提问，与主播及其他用户互动，并通过电商平台直接购买商品。这种购物模式不仅提升了用户的购物体验，让他们能够更加直观、全面地了解商品，还增强了购物的趣味性和社交性。

对于电商平台来说，移动视频直播为其带来了新的流量入口和销售渠道。通过与知名主播展开合作，电商平台可以吸引更多的用户观看直播并购买商品，从而提升销售额和品牌影响力。同时，移动视频直播也为电商平台提供了强大的数据支持，帮助其更好地了解用户需求和市场趋势。

对于主播来说，移动视频直播与电商的结合为他们提供了更多的商业机会。他们不仅可以通过直播销售商品获得佣金收益，还可以通过与品牌商家的合作获得推广的机会。此外，一些知名的主播还可以利用自身的影响力打造个人品牌，进一步拓展商业领域。

总之，移动视频直播与电商的结合为用户、电商平台和主播都带来了诸多好处。这种全新的购物模式将在未来继续发展壮大，成为电商行业的重要趋势之一。

（三）移动视频直播中影响用户购买决策的因素

用户购买决策是指用户谨慎地评价某一产品、品牌或服务的属性并进行选择、购买某一特定产品的过程。

在消费过程中，用户购买决策受到个人因素和外部因素的共同作用。个人因素包括知觉、记忆、个性、学习、情绪、兴趣、购买力等；外部因素包括文化背景、社会环境、家庭状况、企业形象、营销活动等。在直播中，除了以上因素，主播对用户的购买决策也会产生举足轻重的影响。这是因为在移动视频直播中，影像内容聚焦在主播身上，使其自带明星光环，从而有效地提升了主播的个人影响力。在用户眼中，主播不仅拥有丰富的阅历和生活经验，还在直播间内扮演着意见领袖的角色，这使得主播传播的信息更具有说服力和可信度。同时，主播的网络知名度远高于普通人，用户对其存在猎奇心理。通过实时互动，用户可以加深对主播的了解、关注和情感的投射。因此，在移动视频直播中，用户很容易建立对主播的信任感和认同感，进而推动购买决策的制定。

【实用案例】

移动视频直播中的主播影响力与用户购买决策

某知名电商平台举办了一场由知名主播小李主持的家居用品视频直播活动。小李凭借幽默风趣的主持风格和丰富的生活经验，在移动视频直播领域积累了大量粉丝。在这场直播中，他主要推荐了一款新上市的智能扫地机器人。

小李在直播间内展示了其独特的魅力和丰富的阅历，扮演了意见领袖的角色。他详细展示了扫地机器人的各项功能，并分享了自己使用后的真实感受。观众在实时互动中感受到了小李的明星光环，认为他具备较高的可信度和较强的说服力，因此更加关注并信任他所推荐的产品。

在直播过程中，小李与观众进行了实时的互动和交流，回答了观众的问题，并分享了生活中的趣事。这种互动加深了观众对小李的了解，引发了情感上的投射，从而使观众更容易建立对小李的信任感。

由于小李的网络知名度远高于普通人，观众对他存在一定的猎奇心理。在直播的实时互动中，观众被小李吸引，纷纷下单购买他推荐的扫地机器人，以感受这款产品的独特魅力。

这场直播活动取得了巨大成功。在小李的推荐下，智能扫地机器人成为当晚的热销产品。观众表示，他们是被小李的魅力和真诚打动，从而做出了购买决策。这场直播不仅提升了电商平台的销售额，还进一步扩大了小李在移动视频直播领域中的影响力。

综上所述，移动视频直播中的主播会对用户购买决策产生重要影响。他们通过扮演意见领袖的角色、与观众建立情感共鸣和信任感，并利用观众的猎奇心理，有效促进了购买决策的制定。因此，在移动视频直播领域，主播的选择和培养对于电商平台的成功来说至关重要。

三、AR技术应用与购买决策

（一）AR技术应用

AR技术应用为销售过程中与用户的各个接触点创造了有利的环境，特别是在零售、移动和在线方面。

1. 零售

虚拟试衣间：顾客可以在店内使用AR技术虚拟试穿衣物，而无须实际更换服装。这不仅节省了时间，还提升了购物体验。

产品展示：借助AR技术，零售商可以在店内展示更多种类的商品，而无须备有实际库存。顾客可以通过AR技术查看商品的详细信息，如尺寸、颜色和材质等。

交互式导购：AR导购可以帮助顾客找到他们需要的商品，提供个性化的购物建议，并回答顾客的问题。

2. 移动

移动应用：通过AR移动应用，顾客可以在家中或任何地方浏览和试用商品。这种沉浸式的购物体验可以吸引更多顾客，增加销售额。

位置服务：结合地理位置服务，AR技术可以为顾客提供附近的商店信息、优惠活动和导航服务。

社交媒体集成：通过社交媒体平台上的AR功能，用户可以分享他们的虚拟试穿或试用体验，从而提升品牌的曝光度，积累品牌的口碑。

3. 在线

虚拟展示厅：在线商店可以利用 AR 技术创建虚拟展示厅，使顾客在网上浏览商品时获得更真实的体验。

3D 模型查看：顾客可以通过旋转、缩放和查看产品的 3D 模型，更详细地了解商品。这有助于降低退货率并提高顾客满意度。

虚拟助手：AI 和 AR 的结合可以创建虚拟助手，帮助顾客在线解决问题，提供购物建议。

总而言之，AR 技术通过提供更丰富、更具互动性和更个性化的购物体验，为销售领域带来了巨大的创新和价值。从吸引顾客、提高转化率到提升品牌忠诚度，AR 技术都发挥着重要的作用。随着技术的不断发展和普及，我们可以期待 AR 在销售领域产生更多的创新应用。

（二）AR 的媒体特性与购买决策

1. 交互性

AR 技术的交互性允许用户与虚拟内容进行实时互动。在购买决策中，这种交互性为用户提供了独特的体验，使他们能够以更直观、更自然的方式了解产品。例如，通过 AR 技术，用户可以在家中虚拟摆放家具，实时查看摆放效果，并与之交互，如打开抽屉、调整灯光等。这种交互方式不仅为用户提供了更好的产品体验，还帮助用户更准确地判断产品是否符合自己的需求和期望。

2. 视觉化

AR 技术的视觉化特性使其能够将抽象的信息以直观、可视化的方式呈现给用户。在购买决策中，这意味着用户可以在购物前就以真实的比例和视觉效果查看产品。例如，在服装购买中，用户可以通过 AR 技术虚拟试穿衣物，实时查看衣物穿在自己身上的效果，包括颜色、尺寸和搭配等。这种视觉化体验不仅增加了购物的乐趣，提升了购物的便利性，还降低了购物风险，使用户能够更自信地做出购买决策。

3. 个性化

AR 技术的个性化特性使其能够根据用户的个人喜好和需求提供定制化的体验。在购买决策中，这意味着用户可以根据自己的偏好和需求来筛选和体验产品。例如，通过 AR 技术，用户可以在家中虚拟装修房间，根据自己的喜好选择不同的壁纸、地板、家具等。这种个性化体验不仅提高了用户的参与度和满意度，还使得购买决策更加符合用户的个人风格和需求。

4. 实时性

AR 技术的实时性特性使其能够为用户提供最新的信息和服务。在购买决策中，这意味着用户可以随时获取关于产品的最新信息，如价格变动、促销活动等。例如，通过 AR 技术，用户可以在商店内实时查看产品的库存情况、价格比较及用户评价等。这种实时性不仅提高了购买决策的效率和准确性，还使得用户能够更灵活地应对市场变化，抓住最佳的购买时机。

综上所述，AR 技术的交互性、视觉化、个性化和实时性这四点特性在购买决策中发挥着重要作用。它们共同为用户提供了更丰富、更直观、更个性化的购物体验，使购买决策更加准确、高效。

【实用案例】

AR试衣应用——直观视觉与个性化服务重塑用户的购物体验

在移动互联网和AR技术的双重推动下，一款极具创新性的AR试衣应用应运而生，为用户带来了颠覆性的购物体验。这款应用充分利用了手机的摄像头功能，让用户能够实时查看自己穿上不同服装的效果，从而将线上购物体验提升到了一个新的高度，并极大地提高了用户的购物满意度和购买决策的效率。该应用的核心功能与创新点主要体现在以下几个方面：

一是实时试穿效果展示。用户只需简单打开手机摄像头，即可在屏幕上看到自己穿上各种服装的实时效果。无论是服装的款式、颜色还是尺码，都能得到准确无误的呈现，为用户提供了极大的便利。

二是个性化推荐服务。应用会根据用户的身材数据、购物历史和偏好，智能推荐适合的服装款式和搭配方案。这一功能让每位用户都能轻松找到属于自己的独特风格，极大地增强了购物的个性化功能，提高了购物的满意度。

三是便捷的购物流程设计。从试穿到购买，所有步骤都在应用内一站式完成。用户无需跳转至其他平台或应用，即可享受流畅无阻的购物体验。

这款AR试衣应用对提升用户购物体验和购买决策水平的作用是显而易见的。

首先，它提供了直观的视觉体验。在传统的线上购物方式中，用户只能依靠图片和文字描述来想象服装的穿着效果。而这款AR试衣应用则让用户能够实时看到自己穿上服装的样子，从而大大减少了购物过程中的不确定性和犹豫。

其次，个性化服务助力用户更快地做出购买决策。应用根据用户的个人数据和偏好提供定制化的服装推荐服务，让用户更容易地找到适合自己的服装款式和搭配方案。

最后，由于用户能够在购买前实时查看试穿效果，更容易选到合适的服装款式和尺码，这大大降低了因尺码不合适或款式不喜欢而导致的退货率，从而进一步提高了用户的购物满意度。

这款AR试衣应用自推出以来，凭借其独特的试穿体验和个性化的服务赢得了广大用户的热烈欢迎和高度评价。用户纷纷表示，这种新型的购物方式让他们能够更加便捷地找到适合自己的服装，极大地增加了购物的乐趣，提升了购物的效率。同时，对于电商平台而言，这款应用不仅为其带来了销售额的显著增长和用户黏性的提升，更为电商行业注入了新的活力，带来了新的机遇。

【任务实施】

一、任务背景

随着科技的飞速发展，人工智能、大数据、云计算等新技术正深刻改变着企业的运营模式和用户的购买行为。企业积极应用这些新技术，旨在提升产品服务质量、优化用户体验、增强市场竞争力。同时，当用户面对众多选择时，新技术的介入也影响了他们的信息获取途径、决策过程及购买行为。因此，调研企业的人工智能等新技术的应用对用户购买决策的影响，对掌握市场动态、指导企业策略的制定具有重要意义。

二、任务分析

探究企业如何应用人工智能等新技术优化产品服务与用户体验,分析新技术应用对用户购买决策过程的具体影响,识别用户在新技术环境下其购买决策的关键影响因素和偏好变化,提出企业如何利用新技术提升用户购买意向转化率的策略建议。

三、任务操作

(1)明确调研内容,设计详细的调研方案。

①用户购买决策过程分析:研究信息搜索、比较评估、购买决策、售后服务等阶段的变化。

②用户行为与偏好调研:分析用户对新技术的接受度、使用频率、满意度及新技术对购买决策的影响。

③市场竞争环境分析:探讨新技术如何改变行业竞争格局,影响用户的选择偏好及对品牌的忠诚度。

(2)设计针对用户和企业的问卷,收集定量和定性数据。选取有代表性的用户和企业进行深度访谈,获取一手资料。通过网站、App等渠道收集用户行为数据,分析用户购买路径和购买意向转化率。

(3)组建调研团队,明确成员职责和任务分工。向目标用户和企业发放问卷,收集数据并进行初步整理。

(4)结果呈现。撰写一份详细的调研报告,明确指出新技术在提升用户体验和促进消费方面的具体作用,并给出相应的优化建议。

四、任务思考

未来,企业应如何进一步利用新技术来吸引用户参与和提升品牌影响力?

五、任务总结

本次任务旨在调研企业如何应用新技术来优化产品服务与提升用户体验,并分析新技术应用对用户购买决策的具体影响。同时,任务还着重识别用户在新技术环境下其购买决策的关键影响因素和偏好变化,并为企业提供利用新技术提升用户购买意向转化率的策略建议。

【拓展阅读】

数字技术驱动新消费

中国拥有全球最庞大的移动互联网用户群体,同时也是全球最大的电子商务市场。零售作为一种与生活紧密相关的古老行业,在新技术不断涌现的新消费时代,正迎来巨大的变革挑战。

信息传输技术的发展和移动设备的普及,使用户的选择更加多样化,消费的场景更加随机化,从零售商到用户的正向传递链条被移动互联网无处不在的消费信息切断,掌握更多玩法的线上电子商务凭借大数据更加了解用户,而传统的线下零售却在逐渐远离用户,正面临着诸多挑战。

数字化时代的到来，使数字化转型成为解决传统线下零售运营问题的必由之路。大型零售商正在逐步利用数字化技术实现革新，完成营销、交易、物流、支付、技术赋能。例如，盒马鲜生借助在大数据、互联网、智能化设备等方面的优势，打造了"盒马App+传统商超+外卖"的线上线下融合的新零售模式，不仅形成了供应链、仓储、物流的数字化体系，还利用庞大的消费数据实现了更加精准的营销和更有导向性的商品供应。面对数字革命的到来，诸多中小型零售商也需要更加多样化、适合多种消费场景的数字化工具来完成变革，进而实现精准营销，满足新时代用户的新需求。

　　零售消费行业正迎来前所未有的机遇与挑战。随着传统线上电商的流量红利见顶，主流电商平台的新增用户营销成本不断上升，线下渠道凭借更低的获客成本正逐渐成为流量新入口。从长远看，在消费需求全面释放的背景下，线上线下渠道正在从对立走向融合，线上无处不在的电商网络、线下大型商超与小型立体消费场景相互叠加的立体零售消费网络正逐渐形成，商超、便利店等线下消费的重要场景正在成为巨头竞逐的新战场。

　　可以期待的是，随着5G商业化的不断推进和物联网技术的大规模普及，用户与商品、用户与零售商、制造商与零售商、商品与商品之间的隔阂将不断消弭。无处不在的消费场景正借助数字技术解决传统消费行业在成本、效率、透明度、营销与连接等方面面临的诸多问题。

　　在数字消费时代，数据是发展的基础，诸多原本被忽视的数据价值将被重新发掘。线上线下消费边界的不断消弭使得一个更加完整多样的消费数据链逐渐形成，这将为营销、支付、物流、交易等消费环节赋予更强大的主动变革能力，使其更加贴近实际消费场景。

　　未来，数字技术将推动零售消费行业进入全新的数字化消费时代，消费场景也将变得更加多样化。

【知识与技能训练】

一、单选题

1.（　　）群体的崛起，加速了用户主权时代的到来。
A. SoLoMoPe用户　　B. 移动用户　　C. 社交用户　　D. 个性化用户

2.（　　）是指用户购买商品来达到宣扬自我、夸耀自我的一种消费动机。
A. 隐匿型动机　　B. 求乐型动机　　C. 好奇型动机　　D. 表现型动机

3. 在无人零售环境下，（　　）是影响用户购买行为的重要因素。
A. 商品价格　　B. 用户特质　　C. 支付方式　　D. 时间成本

4. 无人零售商店提供的主要是（　　）。
A. 个性化商品　　B. 日常消费品　　C. 奢侈品　　D. 服装类商品

5. 对新鲜事物有强烈的好奇心，勇于尝试和体验的是（　　）用户。
A. 谨慎型　　B. 从众型　　C. 开拓型　　D. 冲动型

二、多选题

1. 全渠道时代的 SoLoMoPe 用户具有（　　　）特点。
   A. 社交化　　　B. 移动化　　　C. 本地化　　　D. 个性化　　　E. 互动化
2. 新媒体环境具有（　　　）特征。
   A. 数字化　　　B. 融合性　　　C. 互动性　　　D. 网络化　　　E. 社交化
3. 从产品属性方面看，体验划分为（　　　）。
   A. 产品体验　　B. 价格体验　　C. 发展性需要　D. 广告体验　　E. 缺失性需要
4. 电子商务环境给用户提供了（　　　）三种基本的需要。
   A. 兴趣　　　　B. 聚集　　　　C. 隐匿　　　　D. 交流　　　　E. 好奇
5. 根据用户光顾无人零售商店的动机可将用户分为（　　　）。
   A. 目的型用户　B. 时间型用户　C. 开放型用户　D. 便利型用户　E. 隐匿型用户

三、判断题

1. （　　）用户的主动参与性不再由渠道的数量和方式决定，而是取决于用户所能感受到的全渠道综合体验。
2. （　　）在用户搜寻产品、购物和接受服务，以及消费产品或品牌时，体验都会产生。用户在体验的过程中，上一个环节的体验不会影响下一个环节的使用意愿。
3. （　　）知识分享对于在线社群来说可有可无，没有用户分享知识，在线社群也能长久持续地发展。
4. （　　）页面设计清晰、简洁的网络推荐系统的易用性高，用户能更容易地在系统中找到有用信息，满意度也会提升。
5. （　　）无人便利店用户首次进入需要绑定手机开通免密支付，离开时由系统自动扣款，之后用户再次购物时手机可能都不需要携带，非常方便。

项目二　读懂用户的心理与行为

【知识目标】

1. 了解认知过程与用户心理、情感与用户心理、动机与需求、个体差异与用户心理之间的关系。
2. 了解用户的模仿与从众行为。
3. 掌握用户的消费习俗与消费流行。
4. 了解用户画像。

【技能目标】

1. 学会分析不同年龄段男女用户群体的心理。
2. 能够预测与分析消费流行的整体状况。

【思政目标】

1. 具备良好的人际沟通能力和用户心理活动洞察力。
2. 具备精益、专注、创新的意识，能够读懂用户的购买心理与行为。

【思维导图】

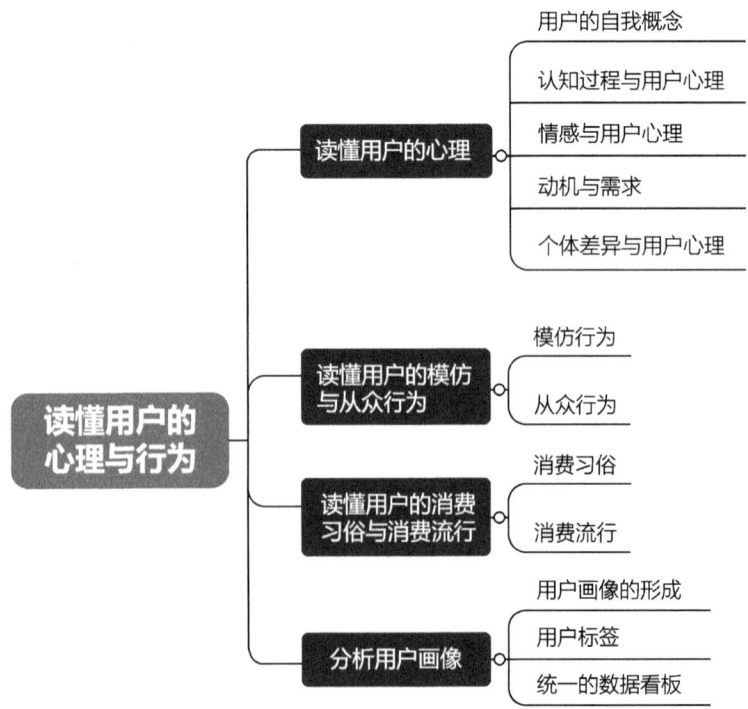

【引导案例】

某电商平台的用户行为分析

某电商平台发现，尽管其网站上的商品种类繁多，但用户往往仅浏览少数几个类别的商品，并且在浏览过程中经常跳出页面。为改善用户体验和提高订单转化率，该电商平台决定对用户的行为进行深入分析。

数据分析显示出以下特征：一是用户心理，用户在浏览商品时，往往受到"怕买错"和"怕错过"心理的影响，这导致他们只关注自己熟悉的类别，并且在看到心仪的商品时会担心被抢购一空。二是行为特征，用户浏览商品的时间较短，平均停留时间不超过30秒，同时，他们在搜索商品时使用的关键词往往与商品的实际描述不符，这导致搜索结果不能满足他们的需求。

基于以上分析，该电商平台采取了以下措施：

（1）优化商品分类：根据用户的浏览记录和购买历史，重新调整商品分类，将用户最关注的类别放在显眼的位置。

（2）增强搜索功能：优化搜索算法，使其更贴近用户的搜索习惯，提高搜索结果的准确性。

（3）推出推荐系统：基于用户的浏览记录和购买历史，为他们推荐相似的商品，增加用户的停留时间，提高转化率。

通过这些改进，该电商平台的用户满意度和转化率都有了显著的提升。

这个案例告诉我们，读懂用户的心理与行为对于优化产品和服务来说至关重要。只有深入了解用户的需求和期望，才能更好地满足他们的需求，进而提升产品的竞争力和市场占有率。

思考：

1. 除了"怕买错"和"怕错过"的心理，用户还有哪些其他主要的购物心理？
2. 用户行为分析对电商平台来说还有哪些作用？

任务一　读懂用户的心理

【任务目标】

深入理解用户的心理需求、行为动机和决策过程，以便更好地满足用户的需求，提升用户体验。

【知识基础】

一、用户的自我概念

自我概念是指个体对自身一切的感受、了解的总和。每个人都会逐步形成对自身的看法，如是丑是美、是胖是瘦、是能力一般还是能力出众等。自我概念回答的是"我是谁"和"我是什么样的人"这类问题，它是个体自身体验和外部环境综合作用的结果。

罗杰斯认为，人类行为的目的是保持与自我概念或自我形象的一致性。如果理想自我、实际自我和自我形象不一致，自身就会产生紧张感与焦虑感。用户做出的许多决定，实际上会受到自我形象的引导。用户倾向于选择那些与其自我概念相一致的产品和服务，而避免选择与其自我概念相抵触的产品和服务。例如，当购买衣服、车或香水时，用户会结合自己的身份来考虑。正因如此，研究用户的自我概念对企业而言特别重要。

当然，用户不只拥有一种类型的自我概念，而是拥有多种类型的自我概念。

（1）实际的自我概念，是指用户实际上如何看待自己。

（2）理想的自我概念，是指用户希望如何看待自己。

（3）期待的自我概念，是指用户期待在将来如何看待自己，是介于实际的自我与理想的自我之间的一种形式。由于期待的自我折射出个体期望改变"自我"的现实机会，它对营销人员来说或许比理想的自我和实际的自我更具有价值。

（4）社会的自我概念，是指用户感受到别人是如何看待自己的。

（5）理想的社会自我概念，是指用户希望别人如何看待自己。

自我概念的多样性意味着在不同的情境下，用户可能选择不同的自我概念来指导其态度与行为。例如，在家里或在与家庭成员交往时，其行为可能更多地受实际的自我概念的支配；在电影院或博物馆时，其行为则可能更多地受理想的社会自我概念的支配。

二、认知过程与用户心理

用户的认知过程与他们的心理密切相关，两者在多个层面上相互影响。

（一）信息处理

当用户与产品或服务交互时，他们的认知过程会涉及信息的接收、处理和存储。用户的心理会影响他们如何解释和记忆这些信息。例如，如果用户对某个品牌有好感，他们可能更容易记住与该品牌相关的信息。

（二）决策制定

用户的心理会影响他们的决策过程。例如，情感、动机和信念都会影响用户的购买决策。了解用户的心理便可以识别出哪些因素会影响用户的决策，从而优化产品或服务的设计。

（三）感知与认知

用户的感知与认知过程是他们与产品或服务交互的基础。用户的心理会影响他们对产品或服务的感知，涉及外观、功能、易用性等方面。

（四）情绪与认知

情绪在用户的认知过程中起着重要作用。积极的情绪可以提升用户的认知能力和决策质量，而消极的情绪可能导致用户对产品或服务产生负面看法。了解用户的情绪状态有助于更好地了解用户的需求和期望，从而提供更好的用户体验。

（五）用户习惯与认知

用户的习惯也会影响他们的认知过程。例如，如果用户习惯使用某种特定的产品或服务，他们可能对新产品或新服务的设计感到困惑或不满。了解用户的习惯可以在设计新产品或新服务时更好地贴合用户的认知习惯，从而提升用户体验。

总之，用户的认知过程与他们的心理密切相关。为了提供更好的用户体验，需要深入了解用户的心理需求和期望，并将其融入新产品或新服务的设计中。

三、情感与用户心理

情感是用户心理的重要组成部分，它与用户的认知过程、行为决策及整体的用户体验紧密相连。理解情感与用户心理的关系对于产品设计和服务提供来说至关重要。

（一）情感的作用

（1）影响认知：情感会影响用户对信息的接收、解释和记忆。积极的情感可以促进用户对信息的积极解读和记忆，而消极的情感可能导致用户对信息产生负面看法。

（2）驱动行为：情感是用户行为决策的重要驱动力。当用户感到满意、愉悦或受到激励时，他们更有可能采取积极的行动，如购买产品、分享经验或继续使用服务。相反，消极的情感可能导致用户放弃使用产品或服务。

（3）塑造体验：情感在塑造用户体验方面起着关键作用。积极的情感体验可以提升用户对产品的喜好度和忠诚度，而消极的情感体验则可能导致用户的不满和流失。

（二）情感与用户心理的关联

（1）需求与期望：用户的心理需求和期望与他们的情感体验密切相关。当用户的需求得到满足或期望得到实现时，他们更有可能产生积极的情感反应。相反，如果需求得不到满足或期望落空，用户可能感到失望或不满。

（2）认知评估：用户对产品或服务的认知评估也会影响他们的情感体验。如果用户认为产品或服务是有价值的、易于使用的或可靠的，他们便更有可能产生积极的情感反应。相反，如果用户认为产品或服务存在缺陷或不足，他们可能感到不满或失望。

（3）个体差异：不同用户的心理特征和情感反应也可能存在差异。例如，有些人可能更容易产生积极的情感反应，而另一些人可能更容易受到消极情感的影响。了解这些个体差异，便能更好地满足不同用户的需求，实现不同用户的期望。

（三）情感驱动的设计策略

（1）识别关键情感：识别与产品或服务相关的关键情感，如愉悦、满意、信任等，并将这些情感作为产品设计、服务优化的目标。

（2）创造积极的情感体验：通过优化页面设计，提供个性化的服务，建立有趣的互动等方式，为用户创造积极的情感体验。

（3）应对消极情感：对于可能引发消极情感的问题或场景，需要提前预见并采取相应的策略来减轻或消除消极情感。例如，提供清晰的错误提示、设置用户支持渠道等。

总之，情感与用户心理紧密相连，理解二者的关系对于产品设计和服务提供来说至关重要。通过关注用户的情感需求、创造积极的情感体验及应对消极情感，可以提升用户的满意度和忠诚度。

四、动机与需求

动机与需求在用户心理中占据核心地位，它们是驱动用户行为的根本力量。理解动机与需求的关系，对于产品设计和服务提供来说至关重要。

（一）动机

动机是驱动用户行为的具体力量，它源于用户的需求，并受到外部环境和个人内在因素的影响。动机可以是明确的,如购买某个产品以满足特定需求;也可以是模糊的,如追求某种情感上的满足或体验。

(二)需求

需求是用户心理的基本驱动力,它反映了用户对某种满足或解决问题的渴望。需求可以是内在的,如社交、安全、自尊等心理需求;也可以是外在的,如物质需求、功能性需求等。

(三)动机与需求的关系

(1)需求产生动机:用户的需求是动机产生的源泉。当用户意识到某种需求时,他们会寻找满足这种需求的方式,从而产生相应的动机。

(2)动机驱动行为:一旦动机形成,就会驱使用户采取行动以满足需求。这些行为可以是购买产品、使用服务、参与互动等。

(3)环境与个体差异:环境和个人因素会影响动机的形成和强度。不同的文化背景、社会环境和个人经历可能导致相同的需求而产生不同的动机。

总之,动机与需求在用户心理中相互关联、相互影响。理解这种关系,并据此制定设计策略,有助于更好地满足用户需求,激发他们的购买或使用动机,从而提升产品或服务的市场表现力和用户满意度。

五、个体差异与用户心理

个体差异在用户心理中扮演着重要的角色。每个用户都是独一无二的,他们的心理特征、需求、动机和行为模式都因个体差异而有所不同。这些差异可能源于性别、年龄、文化背景、个性特点、生活经验等多个方面。

(1)需求差异:不同的用户可能有不同的需求。例如,一些用户可能更注重产品的性能和功能,而另一些用户可能更看重产品的设计和外观。

(2)动机差异:用户的动机也可能因个体差异而有所不同。一些用户可能更容易受到外部诱因的影响,而另一些用户可能更注重内在需求的满足。

(3)认知与决策过程:个体在信息处理、问题解决和决策制定方面的差异也会影响他们的行为表现。一些用户可能更擅长逻辑分析和理性决策,而另一些用户可能更依赖直觉和情感。

(4)情感反应:情感反应是个体差异的重要表现。不同的用户可能对同一产品或服务有不同的情感反应,这取决于他们的个人经历、价值观和期望等主观因素。

总之,个体差异在用户心理中扮演着至关重要的角色。企业需要深入了解不同用户群体的心理特征、需求、动机和行为模式,以便制定更具针对性的策略,满足用户的个性化需求,并提升产品或服务的市场表现力和用户满意度。

【实用案例】

深入理解用户心理与行为,优化电商购买体验与决策路径

近期,某电商团队发现,用户在购买高价值商品时的决策过程较长,导致转化率偏低。为解决这一问题,该电商团队开始对用户决策行为进行深入研究。

通过用户调研,该电商团队发现许多用户在购买高价值商品时,更希望获得更多保障。

他们的主要担忧集中在商品的质量和售后服务等方面，因此在购买时会犹豫不决。通过进一步观察用户行为，该电商团队发现他们在浏览商品详情页时，会仔细阅读商品描述和用户评价，甚至会去搜索相关的评测文章或视频。这表明用户想要尽可能多地了解商品，以降低购买风险。

通过深入分析用户的决策过程，该电商团队发现用户在购买高价值商品时，会经历一个相对复杂的决策流程，从初步了解商品，到对比不同商品，再到考虑自己的实际需求和预算，再最终做出购买决定。在此过程中，任何疑虑都可能导致用户放弃购买。

基于这些发现，该电商团队优化了商品详情页的设计，增加了更多的用户评价、晒单和专业评测内容，以便向用户提供更丰富的信息。同时，该电商团队还推出了"无忧购"服务，为用户提供更长的退换货期限和更优质的售后服务，以增强用户的信任感。

通过实施这些改进措施，用户购买高价值商品的转化率得到了显著提升，用户对平台的满意度也有所提高。这证明，深入理解用户的心理需求、行为动机和决策过程，对更好地满足用户需求、提升用户体验及推动业务发展具有重要意义。

【任务实施】

一、任务背景

随着电子商务的蓬勃发展，微店作为一种新兴的销售渠道，正逐渐成为众多品牌和产品展示与销售的重要平台。在此背景下，一家专注于销售时尚手表的微店应运而生，其旨在通过线上平台吸引更多年轻、追求时尚的用户。文文是一个对时尚事物充满浓厚兴趣的潮男，成为这家微店的重点推荐对象。如何精准地引起文文的注意，并最终促成交易，成为这家微店当前的首要任务。

二、任务分析

（1）目标用户分析：文文作为潮男，对时尚有着敏锐的洞察力，他追求个性与独特，注重产品的设计与品质。

（2）市场需求分析：时尚手表市场竞争激烈，但仍有大量年轻用户在追求高品质、设计独特的时尚手表产品。

（3）微店优势分析：微店平台具有成本低、易传播、互动性强的特点，适合进行精准营销和个性化推荐。

（4）挑战分析：如何在众多竞争对手中脱颖而出，精准触达目标用户文文并激起其购买欲望，是本次任务面临的主要挑战。

三、任务操作

（1）选品：在抖音等平台搜索3~5款时尚手表。

（2）个性化推荐：根据文文的时尚偏好，为他推送具有独特设计元素、高品质的时尚手表，并强调产品的独特性和与文文个性的匹配度。

（3）内容营销：发布一系列关于时尚手表的优质内容，如搭配指南、潮流趋势分析等，通过社交媒体平台分享给文文，以吸引其对产品的关注并激发其兴趣。

（4）互动营销：在微店平台开展互动活动，如限时折扣、晒单赢奖品等，鼓励文文参与并分享，以此增强其购买动力，提升其忠诚度。

（5）口碑营销：利用文文作为潮男的影响力，鼓励他在购买后分享使用体验，通过口碑传播吸引更多潜在用户。

四、任务思考

（1）案例中的文文有着怎样的心理特点？

（2）作为客服人员，我们应采取什么样的对策应对具有这一心理的用户？

五、任务总结

用户心理涉及多个方面，包括认知、情感、动机、需求等。了解这些基本概念和理论，有助于深入地理解用户的心理和行为模式。

【拓展阅读】

"00后"用户的心理分析

"00后"的消费心理整体呈现出多元化、个性化和追求体验等特点。

（1）追求个性化和独特性："00后"强调个性和独特性，他们在消费时更倾向于选择能够展现自我风格和特点的产品或服务。他们注重品牌的文化内涵和个性特征，也更加注重产品的外观设计、功能特点等方面的个性化和差异化。

（2）注重体验和情感共鸣："00后"消费时不仅关注产品的物质价值，更注重产品的体验和情感共鸣。他们更加关注产品的情感属性和文化内涵，希望产品能够与自己产生情感共鸣。

（3）注重社交互动和分享："00后"是在社交媒体和网络环境下成长起来的一代，他们更加注重社交互动和分享。在消费过程中，他们愿意通过社交媒体分享自己的消费体验和感受，同时也愿意参考他人的建议和推荐。这种社交化的消费方式不仅增加了他们的消费乐趣，也影响着他们的消费决策。

（4）对品质和安全性的要求更高："00后"更加注重产品的品质和安全性，他们在消费时会更加关注产品的生产工艺、原材料来源等方面。他们愿意为高品质的产品或服务支付更高的费用，同时也更加关注产品的环保性和可持续性。

总之，"00后"的消费心理呈现出多元化、个性化和追求体等特点。在营销过程中，企业应该注重产品的个性化和差异化，提供高品质的产品和服务，同时也应该关注用户的社交互动和分享的需求，与用户建立更加紧密的联系。

任务二　读懂用户的模仿与从众行为

【任务目标】

1. 了解模仿和从众行为产生的原因。
2. 了解模仿和从众行为的特点。
3. 了解从众行为的表现形式。

【知识基础】

一、模仿行为

模仿是指个人、组织和群体受到非控制的社会刺激而产生的一种心理行为。达尔文认为，模仿是人的本能之一，也是人的社会化的主要手段。

模仿不仅仅是简单地仿效他人的某些外部特征和行为方式，还会形成一定的思想、兴趣、行为习惯、风格。社会生活中之所以产生模仿，主要原因有两个：其一是获得心理满足；其二是满足好奇心。由于模仿者所模仿的是模仿对象的价值行为，模仿者通过模仿可以获得一种自在感和满足感，甚至通过模仿来减弱甚至消除内心的自卑感。

（一）模仿的产生

消费模仿是一种常见的社会心理现象。从外在表现上看，模仿是在非强制因素作用下按照某参照对象所产生的相同或类似行为的活动。从内在本质上看，模仿是用户的一种学习方式，是一个学习的过程。

模仿可以是有意、主动的，也可以是无意、被动的。当被模仿对象具有榜样作用，且社会或团体加以提倡时，这种模仿就会自觉进行。在社会生活中，还有许多模仿是无意识的，如小孩模仿大人的行为，再如经常接触某个群体的成员，会不自觉地带有该群体的行为特征等。知名演员或运动员的发型、服饰、生活方式，之所以能很快在某些人群中流行，正是因为模仿心理在起作用。

（二）模仿的特点

模仿是一种普遍存在的社会心理和行为现象。用户可以模仿的内容非常丰富，如服装、发型、家居或饮食习惯等。消费活动中的模仿行为大致有以下特点。

（1）模仿行为的发出者，即热衷于模仿的用户，对消费活动大多有广泛的兴趣，喜欢追随消费时尚和潮流，经常被其他人的生活方式所吸引，并力求依据他人的生活方式改变自己的消费行为和消费习惯。他们大多对新事物反应敏感，接受能力强。

（2）模仿是一种非强制性行为。引起模仿的心理冲动不是通过社会或群体的命令强制发生的，而是用户自愿将他人的行为视作榜样，并主动加以模仿。模仿的结果会给用户带来愉悦、满足的心理体验。

（3）模仿是用户理性思考的表现，也是用户感性驱使的行为结果。成熟度较高、消费意识明确的用户，通常会对模仿的对象进行深思熟虑，认真选择；而消费观念模糊、目标不明确的用户，其模仿行为往往带有较强的盲目性。

（4）模仿行为发生范围广泛，形式多样。所有用户都可以模仿他人的行为，也都可以成为他人模仿的对象。而消费领域的一切活动，都可以成为模仿的内容。

（5）模仿通常以个体或少数人的形式出现，因而规模一般较小。当模仿规模扩大，发展成多数人的共同行为时，就会衍生成从众行为或消费流行。

二、从众行为

从众行为是指个体在群体的压力下改变个人意见而与多数人取得一致认识的行为倾向。从众是社会生活中普遍存在的一种社会心理和行为现象。

在消费领域中表现为用户自觉或不自觉地跟从大多数用户的消费行为，以保持自身行为与多数人行为的一致性，从而避免个人心理上的矛盾和冲突。这种个人因群体影响而跟从多数人消费行为的方式，就是从众消费行为。

（一）从众产生的原因

从心理学上看，产生从众行为的主要原因是求同心理作用。用户之间相互暗示、模仿、循环反应的过程，就是心理学研究证实的求同心理过程。求同心理构成了从众的心理基础。从众产生的具体原因有以下三个。

1. 寻求社会认同感和安全感

在社会生活中，人们通常有一种共同的心理倾向，即希望自己归属于某一较大规模群体，为大多数人所接受，以便得到群体的保护、帮助和支持。尤其是当个体对情境缺乏把握时，更需要参照他人的表现以获得安全感。

2. 个人判断力缺乏信心的表现

有些用户由于缺乏自主性和判断力，在复杂的消费活动中犹豫不定、无所适从，他们认为多数人的意见值得信赖。因而，从众便成为他们最便捷、最安全的选择。

3. 对偏离群体的恐惧

当个体的表现与众不同时，就会担心面临群体的强大压力乃至严厉惩罚。这时，他的选择通常只有两个：脱离这个群体或改变自己原有的行为。多数人不愿意脱离或偏离群体的，总是希望自己在群体中被接纳、受欢迎。因此，个体往往会选择从众。

有研究表明，个体是否产生从众心理或从众行为，与群体规模、群体凝聚力、群体中领袖人物的权威性有关，同时也受个人的个性特征、文化背景、性别差异等因素影响。

（二）从众的表现形式

用户从众行为的形式包括顺从和接纳。顺从是指由外在力量驱使而表现出来的从众行为，主要是为了获得奖励或避免惩罚。如果顺从行为是由明确的命令所引发的，可称其为服从；如果是内心真正接受、真诚、内在的从众行为，可称其为接纳。具体来看，从众行为主要有三种表现形式。

（1）从心理到行为的完全从众。当用户对某种商品不了解时，由于受到群体的暗示或认为多数人行为能提供有效信息，用户就会产生从众行为。

（2）内心接受，但行为上不从众。用户对形成的消费潮流从心理上已完全接受，但在形式和行为上予以保留。

（3）内心拒绝，但行为上从众。这是一种权宜从众行为。某些用户对商品抱有抵触心理，但又无力摆脱群体的压力，从而不得不采取从众行为。

（三）从众的特点

1. 从众一般是被动接受的过程

许多用户为寻求保护，避免因行为特殊而引发的群体压力和心理不安，被迫选择从众。在这一过程中，用户会产生复杂的心理感受，除安全感、被保护感等积极体验外，还会伴有无奈、被动等消极的心理体验。

2. 从众涉及的范围有限

从众的产生需要一定的客观环境和诱因刺激。例如，在社会环境不稳定、人心慌乱的情况下，个体容易追随多数人的消费行为，或者出现舆论误导，用户不明真相，因无从判断而盲目从众。

3. 从众引发消费流行

从众现象通常从少数人的模仿、追随开始，继而扩展成多数人的共同行为。多数人的共同行为形成后，又会刺激和推动更多用户在更大范围内做出相同或相似的消费行为，从而形成更大规模的流行浪潮。因此，从众是消费流行现象出现的基础。

【实用案例】

模仿与从众——时尚潮流下的消费决策

时尚界的新品，如包、鞋子等，常会迅速引发购买热潮。近期，某国际知名品牌推出的一款设计独特、风格前卫的手提包，在社交媒体上迅速走红，成为众多时尚达人和明星的"宠儿。"

这款手提包因其独特设计和高调品牌迅速吸引了时尚爱好者和意见领袖的关注，他们在社交媒体上的展示无形中使其成为被模仿的对象，而模仿动机则源于对美的追求、对社交认同的渴望及对品质生活的向往——用户希望通过拥有同款手提包与成功人士建立联系，从而获得认可和羡慕。

随着时尚达人和明星频繁使用这款手提包，其在社交媒体的曝光率也在增加，进而形成群体效应。普通用户往往会迫于从众压力，选择购买同款手提包以融入时尚潮流。这种倾向源于人们与生俱来的社交需求，在时尚领域，未能跟上潮流可能被视为"过时"或"不合群"，这种潜在的社会评价进一步强化了用户的从众心理。

时尚界的模仿与从众行为传播效率较高，商品一旦受关注便能迅速走红。用户的购买决策受情感因素影响，模仿与从众能够带来满足感、认同感和归属感等积极的心理体验。品牌商常利用这些消费心理推广新产品，通过邀请代言人、制造话题等方式引发用户的模仿与从众行为。

模仿与从众行为在引领时尚潮流中起着重要作用，既能推动商品传播和销售增长，又能反映用户心理特点和行为规律。品牌商应制定有效的营销策略以吸引用户，同时，用户也应保持理性思考，避免盲目跟风。

【任务实施】

一、任务背景

现实生活中，人们往往更愿意到人多的商店购物、去热门的地方旅行、选择人气旺的餐馆用餐，这体现出对多数人行为的信任。因为人们自然地认为，那么多人选择某个地方自有他们的理由，而自己行为的合理性也可能包括在其中。近年来，有些商家为了让用户产生从众行为而人为地制造出人多排队的现象，甚至雇佣"托儿"来排队，以此制造商品热卖的假象。

二、任务分析

生活中，许多人都有这样一种心理倾向：看到有人排队就想跟过去，看到有人扎堆儿就想凑上去。在心理学上，这种心理倾向被称为"从众心理"，也叫"趋众心理"，是指个体为适应团体或群体的要求而改变自己的行为和信念的心理现象。本任务旨在分析从众心理对消费决策的影响，并探讨用户在面对商家制造的从众假象时应采取的应对策略。任务分为三个阶段：理解从众行为的心理机制、分析商家利用从众心理的策略、提出用户应对从众假象的建议。

三、任务操作

（一）理解从众行为的心理机制

收集关于从众行为的心理学资料，了解人们为何倾向于跟随多数人的行为；分析从众心理对消费决策的影响。

（二）分析商家利用从众心理的策略

收集现实中商家利用从众心理进行营销的案例，如雇佣"托儿"排队，制造人多排队的假象等；分析这些策略是如何利用从众心理吸引用户的；探讨这些策略的实际影响，包括是否增加了销售额、是否提高了用户的满意度等。

（三）提出用户应对从众假象的建议

提出建议，帮助用户在面对商家制造的从众假象时保持理性；鼓励用户根据自己的实际需求和预算做出决策，而不是盲目跟随多数人的选择；建议用户关注商品的品质、口碑和服务质量等因素，而不仅仅是商家的营销策略。

（四）实训

以小组为单位，撰写调研报告并分享成果。

四、任务思考

（1）在现实生活中，你是否曾经因为从众心理而做出过消费决策？请分享你的经历。

（2）你认为商家利用从众心理进行营销是否道德？为什么？

五、任务总结

本次任务探讨了从众行为的心理机制及其在消费决策中的影响，分析了商家利用从众心理的营销策略（如排队假象）及其效果。通过案例研究，揭示了这些策略对用户选择和销售额的作用。

【拓展阅读】

用户羊群效应

"羊群效应"指用户行为上的模仿与从众，它有助于消除用户的疑虑，增强用户的安全感。同时，这种效应还可以使用户产生紧迫感，如"别人都已经购买了，我也应该买"。这可以带动许多人购买,产生连锁反应。"羊群效应"在现实生活中的案例如下。

(1)商品人气指数与收藏指数。商品人气指数与收藏指数越高,说明其关注度就越高。

(2)商品购买咨询。商品购买咨询越多,说明具有相同购物意向的潜在用户越多。

(3)商品购买记录与商品评价。

(4)销售排行榜或相关商品推荐。

(5)广告语:"奶茶一年卖出7亿杯。"

任务三　读懂用户的消费习俗与消费流行

【任务目标】

1. 了解消费习俗对用户购买心理与购买行为的影响。
2. 能够预测与分析消费流行的整体状况。

【知识基础】

一、消费习俗

消费习俗是指一个国家或地区、一个民族历代沿袭而成的消费习惯,它是社会风俗的重要组成部分。不同国家、不同地区的用户在长期的生活实践中形成了多种多样的消费习俗。消费习俗不但直接影响人们的日常生活,而且对人们的消费心理也具有重要的影响。

消费习俗是基于习惯心理的经常性消费行为。某种消费习惯如果符合多数人的消费心理,就会得到普及,逐步成为大多数人的消费习俗。消费习俗一旦形成,便具有历史继承性和相对稳定性,不会轻易改变或消失。消费习俗往往与社会活动相结合,涉及节日、饮食、服饰、娱乐消遣等多个领域的消费活动。例如,春节是我国全民庆贺新春的节日,中秋节是我国居民阖家团圆的传统节日,这些节日都伴有许多约定俗成的消费习俗,形成了独特的消费模式。

(一)消费习俗对用户购买心理的影响

(1)使用户购买心理表现出特定意义与特定范围的一致性。受到消费习俗的影响,某个消费区域内的大多数用户会在特定的时间或特定的场合表现出相似的消费心理与消费行为,即特定范围内的消费心理的一致性。

(2)维持消费心理的相对稳定性。在消费习俗的影响下,用户的消费心理表现出一定程度的稳定性,这是由于消费习俗会影响用户的消费习惯,而消费习惯又会促使用户产生重复性购买行为,以此维持消费心理的相对稳定性。例如,每逢春节,我国居民普遍会表现出购买"年货"的消费心理倾向,期望欢度新年。

(3)强化用户的消费偏好。在消费习俗的长期影响下,用户会逐渐形成特定的消费偏好,这种偏好不仅会影响用户的购买决策,还会不断强化其已有的消费习惯。例如,受饮食文化的影响,在我国的湖南、湖北地区,居民对于辣椒的需求量较大;在四川地区,居民对于花椒、麻椒和辣椒的需求量较大;在江南地区,居民对于食品中的糖类需求略高于其他地区。

（二）消费习俗对用户购买行为的影响

（1）使用户的消费行为与消费习惯的变化趋缓。用户遵从消费习俗，从而维持了消费活动的习惯性与稳定性，这在很大程度上延缓了用户的消费行为和消费习惯的变化速度。

（2）由消费习俗引起的购买行为具有普遍性。在消费习俗的影响下，某一特定消费群体会表现出相似的消费行为，即消费行为的普遍性与一致性。这种受消费习俗影响的普遍性消费行为，外在表现为在一定时期内对某类产品具有普遍需求。例如，在中国的传统节日元宵节期间，购买元宵、花灯、烟花等商品的人数较平时明显增多；在端午节期间，购买糯米、粽叶等商品的人数显著增加；在我国大部分地区，婚庆消费也是一种较为普遍的现象。

（3）消费习俗不同于消费流行。消费流行是指在一段时间里，用户集中表现出的某种消费行为，具有模仿性、短暂性和骤发性的特点；而消费习俗一旦形成，就会固定下来，对用户的消费行为产生长期影响，常表现出重复性的特点。例如，在元宵节赏花灯、闹元宵；在端午节赛龙舟、吃粽子；在中秋节吃月饼、赏月等。

消费习俗对用户的消费心理与消费行为具有显著影响，因此，企业在从事生产经营活动时，需要尊重并适应目标市场用户的消费习俗，以避免营销活动失败。在进行跨国、跨地区经营时，企业更需要深入了解不同国家或地区用户的消费习俗，针对其差异性，生产出符合不同地区用户需求的产品。

二、消费流行

（一）消费流行对用户购买心理的影响

1. 强化从众心理

用户因社会认同压力或群体归属需求倾向于跟随大众选择，例如，"网红同款"商品的热销现象，正是由于用户通过购买流行产品来避免被边缘化，从而获得"不落伍"的安全感。

2. 彰显自身个性

流行产品常被赋予身份标签，如"轻奢""科技极客"，用户通过消费实现自我表达与社会阶层认同，如购买明星代言的联名款以彰显个性。

3. 依赖认知捷径

流行趋势降低了用户的决策成本，大众偏好被视为"质量信号"。例如，某奶茶品牌因排队现象而被视为"必尝单品"，用户默认流行即优质，这种认知使自身在信息筛选时花费更少的精力。

4. 激发稀缺焦虑

限时限量营销，如"季节限定""联名预售"，制造出一种紧迫感，触发损失厌恶心理，促使用户为避免错过红利而加快做出购买决策。

5. 情感体验溢价

流行消费往往与情绪共鸣绑定，如节日主题商品、怀旧复刻产品等。用户为获得参与流行话题的愉悦感或唤起情感回忆，往往愿意支付更高溢价。

（二）消费流行对用户购买行为的影响

1. 行为驱动

决策加速。社交内容（如直播、测评）推动"秒级下单"现象，服装直播中35%的订单属于冲动消费，这类非计划性购买往往由"网红标签"触发，用户为追赶潮流而大幅度缩短决策周期。

情感溢价。拼多多砍价、微信小程序等社交裂变渠道兼具低价优势与社交信任属性；线下网红店借"打卡经济"转化线上流量，用户愿为参与感付出时间成本。

2. 消费模式

复购分化。快消品（如盲盒、联名饮料）依靠用户的收集欲拉动高频复购；耐用品（如设计款家电）在潮流退却后复购骤降，属于典型的"一次性消费"特征。

共享兴起。Z世代（网生代，通常指1995—2009年出生的人）中，48%的人通过闲鱼进行租赁或二手交易体验潮流单品，降低试错成本。

3. 供需博弈

企业响应。快时尚品牌（如Shein）实现7天极速上新；瑞幸咖啡通过数据营销将转化率提升了22%。

用户反制。"反流行"社群（如豆瓣小组）倡导功能消费，小众圈层（如汉服、露营爱好者）自创潮流倒逼品牌调整策略。

4. 社会效应

地域扩散。喜茶等品牌从一线城市首发，逐步向下沉市场实现渗透，实现长尾留存。

阶层穿透。奢侈品联名款（如Gucci）通过降价策略吸引年轻群体，实现"大众化流行"。

【任务实施】

一、任务背景

随着现代人对咖啡文化的喜爱程度日益加深，用户不再仅仅满足于传统咖啡的口感，而是开始追求更加多元化、更具创新性的咖啡体验。在此背景下，瑞幸咖啡推出了酱香拿铁这一创新产品，将中国白酒元素融入传统咖啡中，为用户带来全新的味觉享受。为深入了解酱香拿铁的市场反响并推动其消费流行，特制定本次调研任务。

二、任务分析

（1）市场需求分析：随着用户对咖啡品质和文化内涵需求的提高，创新性的咖啡产品具有巨大的市场潜力。酱香拿铁作为跨界融合的产品，符合年轻用户追求新鲜感和个性化的需求。

（2）产品特点分析：酱香拿铁融合了茅台酒的酱香风味与咖啡的醇厚口感，既保留了咖啡的经典特质，又增添了独特的白酒风味，具有鲜明的差异化特点。

（3）目标用户分析：酱香拿铁的目标用户主要是追求时尚、喜欢尝试新事物的年轻用户，他们对咖啡文化有着浓厚的兴趣，并愿意为高品质、创新性的咖啡产品买单。

三、任务操作

（1）品牌宣传：通过线上线下多种渠道进行品牌宣传，强调酱香拿铁的创新性和独特性，吸引目标用户的关注。邀请知名博主、KOL 进行试喝体验并分享心得，增加产品的曝光度和话题度。

（2）限时优惠：推出限时优惠活动，如新品尝鲜价、买一赠一等，降低用户的购买门槛，刺激其购买欲望。同时，设置分享奖励机制，鼓励用户将购买体验分享给亲朋好友，扩大产品口碑传播范围。

（3）营销推广：通过明星代言、短视频广告营销手段等，在特定场景下进行营销推广，如职场、咖啡馆等，营造酱香拿铁的饮用氛围，增强用户的代入感和购买意愿，邀请目标用户参与活动并感受酱香拿铁的独特魅力。

（4）社交媒体互动：利用社交媒体平台与用户进行互动，回答用户的问题，收集反馈意见，并根据反馈进行产品改进和营销策略调整。同时，鼓励用户分享自己的饮用体验、晒单照片等，营造用户自发传播的良好氛围。

（5）分小组完成调研报告并分享成果。

四、任务思考

如何通过挖掘酱香拿铁的文化故事来提升其附加值和品牌形象？

五、任务总结

瑞幸咖啡通过准确把握消费趋势、提升市场知名度、营造饮用氛围和增强用户代入感等多项措施，成功地将酱香拿铁打造成一款备受用户喜爱的创新咖啡产品，为瑞幸咖啡未来的产品创新和消费流行塑造提供了有益的参考和借鉴。

【拓展阅读】

可口可乐本地化营销

作为一家全球性品牌，可口可乐深谙如何将自身的产品与当地的文化和习俗相结合，以打造出更具有吸引力和情感共鸣的营销活动。

首先，可口可乐非常擅长利用新年的传统文化元素进行营销。例如，在中国的春节期间，可口可乐会推出具有中国特色的广告，将自身品牌与中国传统春节中的民俗文化及元素（如鞭炮、春联、十二生肖等）结合起来。这种将传统文化与品牌相结合的策略，不仅传递了中国人的传统价值观念，还增强了用户对品牌的认同感和归属感。

其次，可口可乐在新年营销中注重本地化策略。根据不同国家和地区的文化差异和用户需求，可口可乐会推出不同的产品和营销活动。例如，在中国，可口可乐会推出具有中国特色的产品包装和广告，而在其他国家，则可能推出符合当地文化和习俗的产品和活动。这种本地化策略使得可口可乐能够更好地融入当地市场，与用户建立更加紧密的联系。

最后，可口可乐在消费流行方面也非常敏锐。通过不断推出新的产品和营销活动，可口可乐不断引领着消费潮流。例如，近年来，可口可乐不断推出新的口味和系列产品，如"无糖""零卡路里"等健康型产品，以及限量版的"分享瓶""环保瓶"等创新型产品。这些新产品的推出不仅满足了用户的多样化需求，也进一步巩固了可口可乐在市场中的地位。

综上，可口可乐本地化营销和消费流行方面表现出色。通过精准把握市场需求和用户心理，可口可乐不断推出具有吸引力且容易引发情感共鸣的营销活动，赢得了用户对品牌的喜爱和忠诚。

任务四　分析用户画像

【任务目标】

1. 了解用户画像的形成。
2. 掌握用户标签的类型。
3. 能够查看和分析数据看板。

用户画像

【知识基础】

一、用户画像的形成

（一）用户画像的概念

用户画像是根据用户属性、用户偏好、生活习惯、用户行为等信息抽象出来的标签化用户模型。通俗来说，就是给用户打标签，这些是通过分析用户信息得出的高度精练的特征标识。用户画像既能让人更容易理解用户特征，又能方便计算机进行信息处理。

（二）用户画像的形成

用户画像的形成主要基于对用户的数据分析，包括但不限于用户注册信息、行为数据、社交媒体数据及用户关系管理（CRM）数据。这些数据来自多个渠道，如App、企业微信、公众号、小程序、抖音等。

1. 用户注册信息

当注册一个网站或应用时，用户通常需要填写一些个人信息，如年龄、性别、职业等。这些信息可以作为用户画像的基本属性。

2. 行为数据

通过用户在网站或应用上的行为数据，如浏览记录、搜索关键词、点击链接、购买记录等，企业可以了解用户的兴趣、偏好和行为习惯。

3. 社交媒体数据

通过用户在社交媒体平台上的活动、点赞、评论等数据，企业可以了解用户的社交圈子、兴趣爱好及观点倾向。

4. 用户关系管理（CRM）数据

企业通常会在其 CRM 系统中保存与用户的交互记录、服务请求、投诉反馈等信息，这些数据对生成用户画像极具价值。

基于这些数据信息，企业可以开始生成用户画像，包括用户的基本属性（如年龄、性别、职业、地域等），以及依据用户的行为数据和标签化数据得出的用户对不同主题、产品或服务的兴趣和偏好。

用户画像的本质是对用户需求的描述，是一种刻画用户需求的模型。用户画像是通过给用户打标签的方式，利用一些高度概括、易于理解的特征来描述用户，既能让人更容易理解用户，又能方便计算机进行信息处理。

二、用户标签

（一）用户标签的定义

用户标签是对用户的属性、行为、偏好等特征的标准化定义，用于描述用户特征。这些标签是基于对用户数据进行分析和统计后得出的，可以帮助企业更好地理解和洞察用户需求，从而为用户提供更精准的产品和服务。

（二）用户标签的类型

（1）基本属性标签包括用户的年龄、性别、职业、地域等基本信息。

（2）行为标签则记录了用户在网站或应用上的行为数据，如浏览记录、购买记录、搜索关键词等。

（3）偏好标签则反映了用户的兴趣和偏好，如用户喜欢哪种类型的电影、音乐或商品等。

（4）预测标签则是基于算法和模型计算得出的，用于预测用户未来的行为或需求。

（三）用户标签的建立

用户标签的建立需要依赖于大数据技术和机器学习算法，通过对海量用户的数据进行分析和挖掘，提取出有价值的特征信息，进而形成用户标签体系。这些标签不仅可以帮助企业更好地了解用户，还可以用于用户画像的构建、精准营销、个性化推荐等多个方面，为企业的业务发展提供有力支持。

需要注意的是，用户标签的准确性和有效性至关重要，因此需要不断地更新和优化标签体系，以保证其能够准确反映用户的特征和行为。同时，企业也需要遵守相关法律法规和隐私政策，确保用户数据的安全和隐私。

三、统一的数据看板

通过将各渠道的用户相关数据集成到统一平台上，业务运营人员不再需要每天分别登录各个平台查看集成进来的各渠道用户数据和转化数据情况。

（1）App：可查看每日新增注册用户数、日活跃用户量、付费用户数、付费订单量、日活跃用户渠道分布、订单渠道分布、GMV 变化情况等。

（2）企业微信：可查看用户总数、用户去重数、用户来源渠道、性别分布、每日新增用户数、群总数、群用户去重数等。

（3）公众号：可查看粉丝总数、粉丝去重数、新增粉丝数、渠道来源数等。

（4）小程序：可查看每日新增用户数、用户的画像分布特征、用户的访问行为特征、用户的留存情况等。

（5）抖音：可查看每日新增用户数、用户新增趋势、每日评论互动数、互动评论趋势、订单渠道占比、用户画像数据（年龄、性别、兴趣、地域等分布情况）等。

【任务实施】

一、任务背景

在当今这个信息爆炸的时代，个性化推荐和服务成为提升用户体验的重要手段。无论是社交媒体、电商平台还是内容提供商，都希望通过精准的用户画像来推送更符合用户需求的信息和产品。因此，用户为自己打上一系列准确的标签，不仅有助于各类平台更好地了解其需求，使自己享受到平台提供的更个性化的服务，还能让自己在日常生活中更高效地筛选和获取所需信息。

二、任务分析

给自己打标签，写出个人的属性、偏好、生活习惯、购买行为四个方面的详细信息，对信息进行分类整理并打标签。

三、任务操作

（1）收集信息：通过自我反思和日常记录，收集四个方面的详细信息。

①个人属性：包括年龄、性别、职业、教育背景等基本信息，这些是构建用户画像的基础。

②个人偏好：包括兴趣爱好、音乐口味、电影类型、阅读习惯等，这些决定了个人喜欢的内容和服务类型。

③个人生活习惯：包括作息时间、饮食习惯、运动频率等，这些会影响个人日常的消费行为。

④个人购买行为：包括购买频率、品牌偏好、价格敏感度等，这些反映了影响个人做出购买决策的因素。

（2）分类整理：将收集到的信息按照属性、偏好、生活习惯、购买行为四个维度进行分类整理。

（3）选择标签：在每个维度下，选择最能代表自己的几个关键词，将其作为标签。例如，在偏好维度下，可能选择"科幻电影爱好者""跑步爱好者"等作为标签。

（4）在 A4 纸上画出标签的思维导图，以个人为单位完成实训任务。

四、任务思考

如何利用个人标签优化社交媒体内容推荐和提升电商平台的购物建议精准度？

五、任务总结

本次任务让我们体会到了用户画像在个性化推荐和服务中的重要性。通过给自己打标签，我们能够更好地了解自己，同时也能帮助各类平台提供更加精准的个性化服务，从而提升用户体验。

【拓展阅读】

市场趋势和用户行为分析

市场趋势分析主要关注整体市场的发展方向、潜在机遇及潜在风险，包括对宏观经济环境、行业动态、技术进步、政策法规等方面的深入研究。通过市场趋势分析，企业可以更好地把握市场脉搏，为战略规划和市场营销提供决策支持。

用户行为分析则侧重于研究用户的购买决策过程、消费偏好、需求变化等，包括了解用户的购买动机、购买决策的影响因素、消费心理等方面。通过用户行为分析，企业可以更加深入地了解目标市场的需求和特点，从而制定更加精准的市场营销策略。

在进行市场趋势和用户行为分析时，企业需要运用多种方法和工具，如开展市场调研、用户调查，运用数据分析软件等。这些手段可以帮助企业收集并分析大量的市场和用户数据，进而得出有价值的结论和见解。

对于现代企业来说，开展市场趋势和用户行为分析已经成为一项不可或缺的任务。只有深入了解市场和用户的需求与特点，企业才能在激烈的市场竞争中立于不败之地。

【知识与技能训练】

一、单选题

1. 用户感受到别人是如何看待自己的，这是用户（　　）。
   A. 实际的自我概念　　　　　　　　　　　B. 理想的自我概念
   C. 期待的自我概念　　　　　　　　　　　D. 社会的自我概念

2. 用户的认知过程与他们的心理密切相关，两者在多个层面上相互影响。如果用户对某个品牌有好感，他们可能更容易记住与该品牌相关的信息。这是属于用户的（　　）层面。
   A. 信息处理　　　　　　　　　　　　　　B. 决策制定
   C. 感知与认知　　　　　　　　　　　　　D. 情绪与认知

3. 有些人可能更容易产生积极的情感反应，而另一些人可能更容易受到消极情感的影响。了解这些个体差异能更好地满足不同用户的需求，实现不同用户的期望。这是用户心理与情感关联中的（　　）。
   A. 个体差异　　　　　　　　　　　　　　B. 认知评估
   C. 需求与期望　　　　　　　　　　　　　D. 驱动行为

4. 关于消费习俗对用户购买心理的影响的案例中，每到春节时，我国的居民会表现出购买"年货"的消费心理倾向，期望欢度新年，这体现了（　　）。
   A. 用户购买心理表现出特定意义与特定范围的一致性
   B. 维持消费心理的相对稳定性
   C. 强化用户的消费偏好
   D. 用户的消费行为与消费习惯的变化趋缓

5. 在用户标签的类型中，不属于基本属性标签的是（　　）。
   A. 年龄　　　　　　　　　　　　　　　　B. 职业
   C. 购买记录　　　　　　　　　　　　　　D. 地域

二、多选题

1. 用户不是只有一种类型的自我概念，而是拥有多种类型的自我概念，下列哪些选项是正确的自我概念类型（　　　）。

   A. 实际的自我概念
   B. 理想的自我概念
   C. 期待的自我概念
   D. 社会的自我概念
   E. 理想的社会自我概念

2. 关于动机与需求的关系，下列表述正确的是（　　　）。

   A. 用户的需求是动机产生的源泉。当用户意识到某种需求时，他们会寻找满足这种需求的方式，从而产生相应的动机
   B. 一旦动机形成，就会驱使用户采取行动以满足需求。这些行为可以是购买产品、使用服务、参与互动等
   C. 环境和个人因素会影响动机的形成和强度。不同的文化背景、社会环境和个人经历可能导致相同的需求而产生不同的动机
   D. 动机与需求在用户心理中相互关联、相互影响
   E. 理解二者的关系，并据此制定设计策略，可以帮助更好地满足用户需求，激发他们的购买或使用动机，从而提升产品或服务的市场表现力和用户满意度

3. 从众行为的表现方式有（　　　）。

   A. 从心理到行为的完全从众。当用户对某种商品不了解时，由于受到群体的暗示或认为多数人行为能提供有效信息，用户就会产生从众行为
   B. 内心接受，但行为上不从众。用户对形成的消费潮流从心理上已完全接受，但在形式和行为上予以保留
   C. 内心拒绝，但行为上从众。这是一种权宜从众行为。某些用户对商品抱有抵触心理，但又无力摆脱群体的压力，从而不得不采取从众行为
   D. 有些用户由于缺乏自主性和判断力，在复杂的消费活动中犹豫不定、无所适从，他们认为多数人的意见值得信赖。因而，从众便成为他们最便捷、最安全的选择
   E. 在社会生活中，人们通常有一种共同的心理倾向，即希望自己归属于某一较大规模群体，为大多数人所接受，以便得到群体的保护、帮助和支持

4. 下面对消费流行的表述正确的是（　　　）。

   A. 消费流行是指在一定时期和范围内，大部分用户呈现相似或相同行为表现的一种消费现象
   B. 消费流行产品的种类越来越多
   C. 单个产品消费流行的持续时间越来越短
   D. 消费流行的影响范围越来越广，传播速度越来越快
   E. 由于受到现代通信技术的影响，消费流行可能在长时间内发展为全国范围内的消费流行

5. 用户画像的形成主要基于对用户的数据分析，下列哪些数据是用户在网站或应用上的行为数据（　　　）。

   A. 浏览记录
   B. 搜索关键词
   C. 点击链接
   D. 点赞
   E. 购买记录

三、判断题

1.（   ）个体差异在用户心理中扮演着重要的角色。每个用户都是独一无二的,他们的心理特征、需求、动机和行为模式都因个体差异而有所不同。

2.（   ）不同用户可能对同一产品或服务有不同的情感反应,这取决于他们的个人经历、价值观和期望。

3.（   ）从众是指个人、组织和群体受到非控制的社会刺激而产生的一种心理行为。

4.（   ）知名演员或运动员的发型、服饰,甚至生活方式,之所以能很快在某些人群中流行,就是因为从众心理在起作用。

5.（   ）经常接触某个群体的成员,就会不自觉地带有该群体的行为特征。这是模仿,是无意识的。

项目三　获客策略

【知识目标】

1. 掌握免费策略、短视频策略、直播策略、图文策略等获客渠道的基本原理及其实施方法。
2. 理解不同获客渠道的特点，以及它们在互联网销售中的应用场景。

【技能目标】

能够独立策划和完成基于免费策略、短视频策略、直播策略、图文策略的获客活动。

【思政目标】

1. 培养诚信意识，确保在获客过程中遵守法律法规，杜绝虚假宣传和欺诈行为。
2. 增强社会责任感，在策划获客活动时能够充分考虑到社会影响和公共利益。
3. 树立正确的市场观念，以用户为中心，注重长期效益，避免短视行为。

【思维导图】

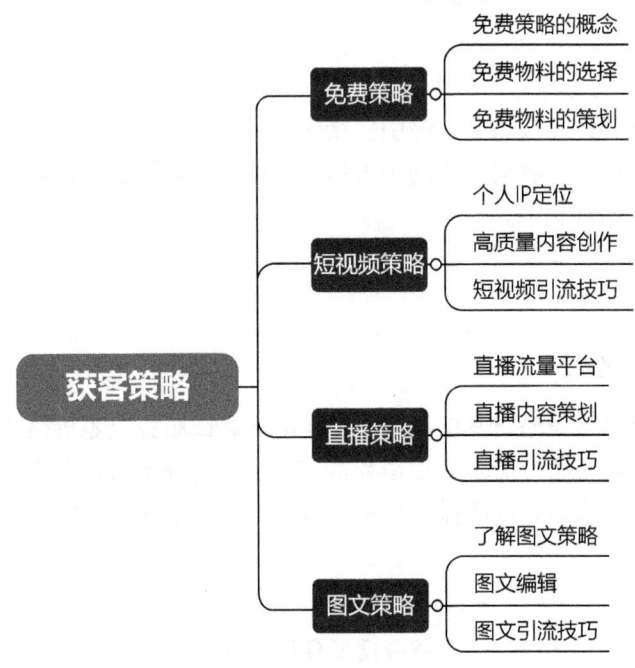

【引导案例】

7天AI编程营：一场免费策略引发的流量风暴

当某教育平台带着599元的AI课程闯入成人赛道时，高昂的获客成本与极低的转化率，让团队意识到：在红海市场撕开缺口，必须用免费策略重构用户决策链条。

团队将正价课拆解为"7天免费AI编程营"：学员不仅能学习Python基础，更能亲手开发"AI自动生成数据报告"项目。每周三晚8点限时开放报名通道，配合"邀请3人组队解锁简历优化课"的社交裂变机制，首期放出5000名额10分钟告罄。

团队在社交平台上发布"代码生成器"系列短视频，每集片尾抛出悬念："代码已开源，点击评论区领取。"线上铺开"会计转行AI工程师"的学员逆袭故事，文末暗藏报名入口。私域流量池同步启动"老带新现金裂变"，成功邀请1人奖励50元，实现口碑传播。

开营第三天，班主任在社群抛出"9.9元解锁高阶课"彩蛋（原价299元），利用沉没成本效应促成转化。最后一天举办"AI项目路演"，直播间涌入众多企业HR围观，实时发放的Offer让焦虑感与成就感交织。

这场战役以断崖式获客成本，斩获众多精准用户。当体验营学员复购1200元的《机器学习实战课》时，团队验证了核心逻辑：免费策略的本质是"用钩子产品筛选支付意愿，用场景体验制造认知落差"。

思考：

免费获客策略如何在降低用户决策门槛的同时，精准筛选高价值用户？

任务一 免费策略

【任务目标】

1. 通过提供免费的产品或服务，吸引大量潜在用户。

2. 通过实施免费策略，收集用户的个人信息，如邮箱地址、电话号码等，将其用于后续的精准营销和用户关系管理中。

【知识基础】

一、免费策略的概念

免费策略是一种销售策略，其核心是将企业的产品或服务以零价格或近乎零价格的形式提供给用户使用，以满足用户需求的促销和推广手段。这种策略旨在吸引潜在用户，提高品牌知名度，并通过其他渠道获取收益，为未来市场发展打下基础。

【实用案例】

谷歌搜索免费获客

谷歌搜索作为全球知名的搜索引擎，向全球用户提供免费的搜索服务。用户可以通过输入关键词来查找相关的网页、图片、视频、新闻等信息，无需支付任何费用。这种免费的基础服务使得谷歌能够迅速积累大量的用户群体，从而成为互联网用户获取信息的重要渠道。

谷歌搜索通过强大的算法和技术支持，实现了对搜索结果的精准匹配。用户输入的关键词会被智能分析，搜索结果会按照相关性和重要性进行排序，确保用户能够快速找到所需信息。这种精准匹配不仅提高了用户的搜索效率，也提升了用户体验，从而进一步巩固了谷歌在用户心中的地位。

虽然谷歌搜索本身不直接提供付费的广告位或推广服务来获取用户，但它凭借通过其强大的搜索功能和庞大的用户基础间接为众多企业和个人吸引了大量用户。

为了提升在谷歌搜索结果中的排名和获客效果，许多企业和个人会采用SEO（搜索引擎优化）策略。SEO策略包括关键词研究、网站结构优化、内容优化、外链建设等多个方面。通过实施这些策略，企业和个人可以增强网站或内容的相关性和重要性，从而在谷歌搜索结果中获得更好的排名和展示效果。这种间接的获客方式虽然需要一定的专业知识和技能投入，但一旦成功实施，将为企业带来可观的用户流量和业绩提升。

综上所述，谷歌搜索通过其免费的基础服务和强大的搜索功能，间接地为众多企业和个人吸引了大量用户。虽然谷歌搜索本身不直接提供付费的广告位或推广服务来获取用户，但它通过优化网站内容、提高品牌曝光度和认知度及实施SEO策略等方式，使得企业和个人仍然可以在谷歌搜索中获得良好的获客效果。

在传统营销中，免费策略通常是短期和临时性的，用于新产品推广、库存清理等活动。然而，在互联网销售中，免费策略已经成为一种长期并行之有效的企业营销策略，尤其在数字产品和服务领域，如软件、应用、内容等。

免费策略的本质是通过提供有价值的产品或服务，让用户获得实际利益，从而建立品牌忠诚度，促进口碑传播，最终实现销售和盈利的目标。然而，免费策略并不适用于所有产品或服务，企业需要根据产品特性、市场需求和竞争状况等因素来综合考虑是否采用此策略。

此外，免费策略还需要与其他营销策略（如产品差异化、渠道优化、用户关系管理等）相结合，才能发挥最大效用。同时，企业也需要注意免费策略可能带来的风险和挑战，包括成本压力、服务质量保障、用户隐私保护等问题。

二、免费物料的选择

免费物料的选择在获客策略中至关重要。当考虑提供免费物料时，企业需要仔细权衡多个因素，确保这一策略既能吸引目标受众，又能与企业的长期目标和品牌形象保持一致。

首先，免费物料应与企业的产品或服务密切相关。例如，如果销售家居用品，企业可以提供免费的《家居设计指南》或《××万元以下家装宝典》。这样的免费物料不仅能够吸引潜在用户，还能展示企业的专业知识和用户关怀。

其次，物料应具有实用性和吸引力。免费物料应该是目标受众真正需要的，而不是无关紧要的赠品。例如，一家健康食品公司可以提供免费的《××营养食谱》，这既符合其品牌定位，又能吸引对健康饮食感兴趣的用户。

此外，成本效益也是选择免费物料时需要考虑的重要因素。企业需要评估提供免费物料的成本与其所能带来的潜在收益之间的平衡。选择成本较低但效果显著的物料，如数字化的内容（电子书、白皮书、在线课程等），其可以帮助企业在控制成本的同时实现营销目标。

最后，可持续性也是一个不容忽视的因素。选择的免费物料应尽可能环保、可回收或易于获取，以减少对环境的负面影响。这不仅有助于提升企业的社会形象，还能吸引越来越多关注环保的用户。

综上所述，通过提供免费产品或服务吸引用户关注并降低尝试门槛，再通过增值服务、充值优惠、会员制度等方式实现盈利和用户留存。这种策略的核心在于利用免费的资源快速积累用户基础并构建长期的用户关系。

【实用案例】

超市充值与赠品活动

某连锁超市线上商城在开业期间推出"充值领豪礼"活动：用户通过小程序充值500元赠送50元无门槛电子券＋线上粮油专区兑换券（可兑换5升金龙鱼调和油），充值1000元加赠品牌小家电电子提货券。其同步开展"社交裂变"活动，设计会员积分兑换体系的分享海报（参考模板），用户转发活动海报集满88个赞可免费领取10枚鸡蛋兑换券（线下门店核销）。

该超市将实体赠品转化为电子权益，通过小程序自动发放优惠券与兑换码，采用AI识别技术实现集赞验证与自动核销，形成完整的线上销售闭环。

三、免费物料的策划

免费物料是获客策略中的关键环节，涉及多个步骤。

（一）明确目标与受众

确定目标：明确要通过免费物料实现什么目标，如提升品牌知名度、吸引潜在用户或促进销售等。

定义受众：了解目标受众及他们的需求和兴趣。

（二）物料选择

选择方向：根据目标受众，选择符合品牌形象和营销战略的免费物料。

选择类型：确定物料的类型，如宣传册、样品、试用装、数字内容（电子书、视频教程）等。

（三）搜集与准备

内部资源：利用企业内部的设计团队、产品团队或市场团队等资源，创建和准备物料。

外部合作：考虑与外部供应商、合作伙伴或创意机构合作，获取专业支持和高质量内容。

版权与许可：确保使用的所有内容（如图片、文字、设计）均已获得版权或使用许可。

（四）分发

分发渠道：确定分发免费物料的渠道，如线上平台（网站、社交媒体、电子邮件营销）、线下活动（展会、研讨会、门店）等。

【任务实施】

一、任务背景

在当前竞争激烈的市场环境中，理发店、美容店、饭店和健身房等本地服务行业需要通过有效的宣传手段来吸引新用户并维系用户的忠诚度。传统的宣传方式如传单、海报等，成本较高且效果有限，而电子宣传资料以其低成本、易传播、可追踪的优势成为一种新的选择。因此，本任务旨在制作一系列免费宣传的电子资料，帮助这些服务行业提升品牌知名度并吸引更多用户。

二、任务分析

（1）目标受众：明确各行业的目标用户群体，如年龄、性别、兴趣等，以便定制内容。

（2）宣传内容：突出各店铺的特色服务、优惠活动、环境氛围、用户评价等元素。

（3）设计要求：电子资料需视觉吸引人、易于阅读、适应不同屏幕尺寸、便于社交媒体分享。

三、任务操作

以小组为单位完成下列任务。

（1）市场调研：收集各店铺的基本信息、特色服务和近期促销活动，了解竞争对手的宣传策略。

（2）内容策划：针对每家店铺制定个性化的宣传方案，包括文案撰写、图片选择或拍摄、视频制作等。

（3）设计制作：使用专业的设计软件或在线工具，制作电子宣传册、海报、视频等多媒体资料。

（4）优化调整：根据初步反馈对设计进行必要的调整，确保内容的质量和吸引力。

四、任务思考

如何制作出适配多平台且视觉吸引力强的免费电子宣传资料，以有效提升本地服务行业的品牌知名度和用户吸引力？

五、任务总结

在本次任务中，针对理发店、美容店、饭店和健身房等本地服务行业，制作了一系列免费宣传的电子资料，旨在帮助这些店铺提升品牌知名度并吸引更多用户。

【拓展阅读】

免费策略的心理学基础

免费策略的心理学基础主要涉及人们对"免费"的心理反应和行为倾向。以下是一些关键的心理学原理，它们构成了免费策略的基础。

损失厌恶：人们通常有强烈的损失厌恶心理，即相比获得同等价值的收益，人们对损失的感受更为强烈。免费策略就是利用了这一点，因为当某样东西免费时，人们会觉得如果不接受就意味着损失，而这种对损失的厌恶会驱使他们采取行动。

互惠原理：人们在接受他人的恩惠或礼物后，会产生一种回报的义务感。当企业提供免费的产品或服务时，用户会感受到企业的慷慨，并可能在未来通过购买其他产品或服务来回报这种慷慨。

社会证明原理：人们往往会根据他人的行为来决定自己的行为。如果看到很多人都在使用某种免费的产品或服务，那么其他人也可能受到这种社会证明的影响，认为这种产品或服务是值得尝试的。

> 好奇心理和尝试心理：免费的产品或服务往往能激发人们的好奇心理和尝试心理。人们可能想："既然是免费的，为什么不试试呢？"这种心理可以促使人们去尝试新的产品或服务。
>
> 综上所述，免费策略通过利用人们的损失厌恶、互惠原理、社会证明原理及好奇心理和尝试心理等心理学原理，可以有效地吸引用户的注意力、激发用户的兴趣，从而促进产品或服务的销售和推广。

任务二　短视频策略

【任务目标】

1. 打造短视频个人IP账号。
2. 精心策划和制作短视频内容，吸引用户观看。

短视频策略

【知识基础】

短视频获客策略是一个综合性的营销方案，旨在通过短视频平台吸引和转化潜在用户。

一、个人IP定位

个人IP定位是一个关键步骤，它能确定个人在某个领域或行业中的独特位置，便于目标用户识别和联系。

（一）自我分析

首先，明确个人的兴趣、专长和经验，如在某个领域是否有深入的了解或独特的见解。其次，评估个人的技能和资源，并规划如何利用这些优势为用户创造价值。

（二）市场调研

研究目标市场或目标用户，了解用户的需求、痛点和期望。分析评估竞争对手的优势和劣势，寻找个人可以填补的市场空白。

（三）确定定位

根据自我分析和市场调研的结果，选择一个或几个想要专注的领域，确定个人IP将要解决的问题或提供的价值。

（四）强化定位

通过持续提供高质量的内容和服务来强化个人IP定位。与用户进行真实的互动，建立稳固的关系，成为用户信任和依赖的KOL。

个人IP定位不能一蹴而就，其需要时间、耐心和持续的努力来建立和维护。随着个人的成长和市场环境的变化，个人IP定位也需要相应调整。

【实用案例】

教育行业专家张老师的 IP 定位

1. 个人特色与定位

张老师是教育行业的一位资深专家,拥有丰富的教学经验和独特的教学方法,深受学生和家长的喜爱。在短视频平台上,张老师决定凸显自身的教学经验和教学方法,打造"易懂教育专家"的个人 IP。

张老师的 IP 内容主要聚焦于教育行业热点、学习技巧、家庭教育等。他计划通过短视频分享教学心得,解答学生和家长的疑问,并提供实用的学习建议和学习方法。

2. 目标受众

张老师的目标受众包括学生、家长及对教育行业感兴趣的用户。学生希望通过他的短视频获取学习技巧;家长希望了解如何更好地辅导孩子;而对教育行业感兴趣的用户则希望从他那里获取行业最新动态和见解。

3. 实际执行效果

张老师精心策划每期的短视频内容,确保短视频既有趣又内容丰富。他结合教学经验,创作了一系列关于学习技巧、家庭教育、教育行业趋势的短视频。由于这些视频内容实用、观点新颖,张老师迅速吸引了大量观众。

张老师注重与观众互动,还积极回复评论,解答问题,并根据反馈优化内容。他还定期开直播,与学生和家长面对面交流,分享更多心得和经验。

通过努力,张老师的短视频账号收获了大量忠实粉丝。他的作品在平台上获得了高强度的曝光和广泛好评,张老师也因此提升了个人品牌知名度,并吸引了教育机构的合作。更重要的是,他成功地将自己的教学经验和教育理念传递给更多人,帮助他们在学习和家庭教育方面取得了显著进步。

4. 总结

这个案例展示了教育行业专家通过短视频平台打造个人 IP 的过程。张老师凭借自己的教学经验和独特的教学方法,成功在短视频平台上吸引了大量学生和家长的关注。通过精心策划的内容创作和积极的互动与反馈,他不仅提升了个人品牌知名度,还实现了教育理念的广泛传播和社会价值的最大化。对于教育行业的其他从业者来说,这个案例具有一定的参考价值和借鉴意义。

二、高质量内容创作

(一)明确主题

要明确短视频的主题,首先需要思考短视频要传达的核心信息或展示的核心内容是什么。主题可以是某个特定的场景、人物、故事或概念。例如,旅游爱好者可以选择某个旅游景点作为短视频的主题,展示其美景、风土人情和独特魅力;美食家则可以选择某种特定的美食作为主题,介绍其制作方法、历史背景及独特风味。明确主题后,还需要思考如何通过创意呈现这个主题,以吸引用户的注意并激发兴趣。

（二）确定目标受众

确定目标受众是短视频策划的重要步骤。需要分析短视频面向的人群特征，包括其兴趣爱好、年龄层次和需求。例如，若短视频的主题是旅游景点的介绍，目标受众可能是热爱旅行、喜欢探索不同文化的年轻群体；若选择美食为主题，目标受众则可能是对美食有浓厚兴趣的群体，包括烹饪爱好者、美食探店达人等。

根据目标受众的需求和喜好，选择合适的拍摄风格、剪辑技巧和配乐等，来制作更符合其口味的短视频内容。这不仅能提高视频的观看率和分享率，还能增加与目标受众的互动和黏性。

有时也可先锁定一个特定的受众群体，再根据其需求和喜好确定视频的主题。这种情况下，目标受众的需求和喜好将成为创作视频的重要参考依据。

总之，主题和受众是相互关联、相辅相成的。在确定它们的先后顺序时，可以根据实际情况和需求进行灵活调整，以确保视频创作的顺利进行。

（三）内容制作

首先，根据主题和目标受众，选择合适的拍摄场景、道具及出镜人员。确保这些元素都能够与主题相契合，并能吸引用户的注意力。

其次，编写生动有趣且引人入胜的脚本。脚本应该围绕主题展开，通过故事情节、对话和场景设置等方式，将主题生动地呈现给用户。同时，脚本中还可融入一些幽默、悬疑或感人的元素，以激发用户的观看兴趣。

此外，在拍摄过程中，需要注意摄像技巧、光线和音效处理等细节。灵活运用多角度拍摄、镜头切换和特效处理技术，增强画面表现力。同时，选择合适的背景音乐和音效，增强视频的氛围感和感染力。

最后，在后期制作阶段，需要对视频进行剪辑、调色和配音等处理。通过精确的剪辑和调色，让视频更加流畅和美观。而配音则可以为视频增添更多的情感和细节，让用户更好地理解和感受视频的内容。

三、短视频引流技巧

（一）优化视频标题与描述

优化视频标题与描述是提升短视频可见性和吸引用户的重要步骤。为视频添加吸引人的标题和描述，可以帮助用户在搜索时更快找到视频。同时，合理使用关键词有助于提高视频的搜索排名。

首先，视频标题要简洁、清晰，并能准确反映视频内容。好的标题应该能够激发用户的好奇心，同时包含关键词以提高搜索排名。避免使用过于冗长或复杂的标题，否则可能让用户感到困惑或失去兴趣。

其次，视频描述也是一个非常重要的部分。描述应该补充标题的信息，提供更多的背景和细节，帮助用户更好地理解视频内容。同时，描述中也应该包含相关关键词，以提升视频在搜索结果中的排名。

此外，描述还可以引导用户进行下一步操作，如点赞、评论或分享。

最后，在撰写标题和描述时，要围绕目标受众的需求和喜好，尽量使用用户可能搜索的关键词和短语。通过不断优化标题和描述，可以提升视频在平台上的可见性，并吸引更多的用户观看。

（二）利用社交媒体进行推广

通过分享到微信、QQ等社交媒体平台，扩大视频的传播范围。此外，还可以与其他相关领域的意见领袖或网红合作，共同推广视频内容。

首先，确保短视频内容适合在社交媒体上分享。视频应具有、有吸引力且易于理解。同时，可在视频中添加社交媒体账号信息，以便用户关注。

其次，选择合适的社交媒体平台进行推广。每个平台都有自己的特点和受众群体，所以要根据目标受众和内容类型选择合适的平台。例如，娱乐或创意类内容可以选择抖音和微博进行推广，而教育或知识分享类内容则可以选择知乎和B站进行推广。在社交媒体上推广时，要定期发布内容并保持活跃，积极与粉丝互动，回复评论并分享用户反馈。这不仅可以加强与粉丝的联系，还可以提升社交媒体影响力。

此外，还可以考虑与其他社交媒体用户或网红开展合作。通过内容互推，可以实现受众资源共享，增强视频的曝光度。

最后，定期分析社交媒体数据，了解受欢迎的内容类型推广策略。根据这些数据调整推广计划，以便更有效地吸引和留住用户。

（三）互动与回应

互动与回应在社交媒体和短视频平台上至关重要。它们不仅是建立和维护用户关系的关键，还能提升短视频的影响力和可见性。

首先，当用户在短视频下方留言或评论时，博主应尽量做到及时回复，用友好和亲切的语气回复他们的问题、建议或反馈。这种互动会让用户感到被重视，从而使博主得到用户的喜欢和信任。

其次，除了在评论区互动外，博主还可以通过举办问答、投票或挑战等活动来激发用户的参与热情。这些活动不仅能提升短视频的互动率，还能帮助博主更深入地了解用户的兴趣和需求。

此外，在互动过程中，要保持开放和包容的心态。对于用户的批评或建议，要虚心接受并表示感谢。这种积极的态度能塑造账号的良好形象，从而获得更多用户的关注和支持。

最后，可以在互动中引导用户关注其他社交媒体账号或分享更多相关内容。通过跨平台互动，将用户从一个平台引流另一个平台，从而扩大账号的受众范围并增加粉丝数量。

（四）数据分析与优化

数据分析与优化在短视频引流中扮演着至关重要的角色。通过对数据的深入分析，可以更准确地了解用户的行为和偏好，进而优化短视频内容和推广策略。

首先，要密切关注关键指标，如观看次数、点赞数、评论数、分享数和用户留存率等。这些数据可以直观地反映用户对短视频的喜爱程度和互动程度。例如，如果某个视频的观看次数和点赞数特别高，说明这个短视频受到了用户的热烈欢迎，博主可以考虑制作更多类似的短视频。

其次，通过数据分析工具深入挖掘用户的行为模式。利用数据分析工具可以了解用户是如何发现短视频的、在哪个时间段最活跃，以及喜欢什么样的内容类型。这些数据可以帮助博主更精准地定位目标受众，并调整短视频的发布时间和内容，更好地满足用户的需求。

最后，还可以利用 A/B 测试等方法来比较不同版本短视频的呈现效果。通过对比不同的标题、描述、缩略图或内容类型的视频表现，找出哪些元素更能吸引用户并提高转化率。这种优化方法可以帮助提升短视频的质量和增强短视频的吸引力。

【任务实施】

一、任务背景

随着短视频平台的兴起，短视频已成为人们获取旅游信息和旅游体验的重要方式。西湖作为中国传统的旅游胜地，拥有丰富的文旅资源。本次短视频策划任务旨在通过精心制作的短视频内容，展示西湖的自然美景和人文魅力，吸引更多游客前来游玩，并推动西湖文旅产业的发展。

二、任务分析

（1）目标受众：以短视频平台用户为主要受众群体，特别是旅游爱好者、文化追寻者和年轻人群。

（2）内容定位：结合西湖的自然景观、历史文化和民俗风情，打造有趣、高质量的短视频内容，突出西湖的独特魅力和文旅体验。

（3）平台选择：选择用户活跃度高、内容传播效果好的短视频平台，如抖音、快手等，作为本次策划的主要发布渠道。

（4）竞品分析：研究同类文旅短视频的内容和形式，了解用户喜好和市场需求，为本次策划提供参考和借鉴。

三、任务操作

（一）前期准备

（1）实地考察西湖各个景点，收集有关自然风光、历史建筑、民俗表演等素材。

（2）策划短视频的内容和形式，确定拍摄脚本和镜头安排。

（二）拍摄制作

（1）按照策划好的脚本和镜头安排，在西湖各个景点进行实地拍摄。

（2）运用专业的摄影技巧和剪辑手法，突出景点的美丽和特色。

（3）结合历史文化背景，通过配音、文字解说等方式，讲述西湖的故事。

（4）添加合适的背景音乐和特效，增强短视频的观赏性和吸引力。

（三）后期发布与推广

（1）在选定的短视频平台上发布制作好的短视频，并设置吸引人的标题和标签。

（2）利用社交媒体进行推广，分享到微博、微信等平台，扩大短视频的传播范围。

（3）与旅游达人、意见领袖合作，邀请他们观看并转发短视频，提高短视频的曝光度和影响力。

（四）数据分析与优化

（1）监控短视频的播放量、点赞数、评论数等指标，评估短视频的呈现效果。

（2）根据观众反馈和数据分析结果，及时调整、优化短视频的内容和发布策略。

（五）实训

分小组完成任务，每组 5~6 人。

四、任务思考

（1）短视频策划的关键是什么？

（2）利用短视频展示人文景观时，需要挖掘哪些内容？

五、任务总结

在本次短视频策划任务中，我们深刻认识到创意创新和内容深度对提升短视频吸引力和传播效果的重要性。

【拓展阅读】

如何利用 AI 制作短视频

利用 AI 制作短视频的过程可以大致分为以下几个步骤：

首先，需要选择一个合适的 AI 视频制作工具。目前市面上有许多可用的 AI 视频生成、制作和编辑工具，如剪映、度加剪辑等。这些工具具有丰富的功能，包括文字生成视频、智能配音、智能编辑等。

其次，进行视频内容创作。可以通过输入文字或上传已有的文章、博客等内容，让 AI 工具生成相应的视频。这些工具通常具备高度自定义选项，允许调整视频的风格、配色、音乐等元素，以满足特定需求。

在视频生成后，可以进行必要的编辑和调整，包括剪辑、添加字幕、调整音频等。一些高级的 AI 视频工具还提供智能推荐和优化功能，帮助进一步完善视频内容。

完成编辑后，可以将视频导出并分享到各大社交媒体平台。这些平台通常拥有庞大的观众群体和强大的传播能力，有助于提升视频曝光度。

此外，在利用 AI 制作短视频的过程中，还可以结合一些营销策略来提高视频的曝光度和影响力。例如，可以通过与其他创作者或品牌进行合作、参与平台的活动或挑战、使用热门话题标签等方式来增加视频被发现的机会。

需要注意的是，虽然 AI 工具为视频制作带来了极大的便利和效率提升，但仍需创作者的创意和审美指导工具使用，以确保生成的视频内容具有吸引力和独特性。

最后，随着技术的不断发展，AI 视频工具的功能在不断优化，性能也在不断提升。因此，建议创作者保持对新技术和新工具的关注，以便及时利用最新的技术成果来提升自己的创作水平和效率。

任务三 直播策略

直播策略

【任务目标】

通过学习,能够在社交媒体或直播平台上策划产品的互动方案并吸引潜在用户。

【知识基础】

一、直播流量平台

直播流量平台主要分为公域直播平台和私域直播平台两大类。

公域直播平台包括淘宝直播、京东直播、抖音直播、快手直播等,这些平台拥有庞大的用户基础,可以为主播带来更多的曝光和流量。但公域直播平台竞争激烈,流量获取成本较高,且用户黏性相对较低。

私域直播平台则是企业自主经营的直播平台,包括自建直播系统和在第三方平台上搭建的企业直播间。私域直播平台可以更好地满足企业的个性化需求,实现直播内容的定制化,同时用户黏性和转化率也相对较高。常见的私域直播平台有微赞直播、保利威直播等。

在选择直播流量平台时,企业需要根据自己的实际情况和目标受众进行选择。如果需要快速扩大曝光和影响力,可以选择公域直播平台;如果更注重用户黏性和转化率,以及直播内容的个性化定制,则可以选择私域直播平台。

同时,为了更好地利用直播流量平台,企业还需要制定合适的直播策略,包括直播内容规划、直播时间选择、互动方式设置等,以吸引更多用户观看直播并提升实际转化效果。

二、直播内容策划

直播内容策划是直播成功的关键因素之一,它涉及直播的主题、目标、受众、内容、形式等多个方面。

(一)确定主题和目标

明确直播的主题和目标有助于确定直播的受众和内容。主题包括产品推介、品牌宣传、活动报道等,目标包括提高品牌知名度、促进产品销售、增加用户互动等。

(二)分析受众需求和兴趣

了解受众的需求和兴趣是直播内容策划的重要一环。策划方可以通过市场调研、用户画像等方式,分析受众的年龄、性别、地域、职业等特征,以及他们的消费习惯、兴趣爱好等信息,从而确定直播的内容和形式。

(三)设计内容

根据主题和目标,以及受众的需求和兴趣,设计直播的具体内容。主要包括以下几个方面:

(1)产品展示:如果是产品推介类直播,要详细介绍产品的特点、功能、使用方法等,同时展示产品的外观和效果。

(2)互动环节:设置互动环节可以增强受众的参与感和黏性。例如,可以通过抽奖、问答等方式与受众进行互动。

(3)嘉宾邀请:邀请相关领域的专家或知名人士作为嘉宾,增强直播的权威性和吸引力。

（4）场景布置：根据直播主题和内容，布置相应的场景和道具，增强直播的视觉效果和代入感。

（四）选择合适的形式

根据直播内容和受众特点，选择合适的直播形式。例如，可以选择单人主讲、双人对话、多人讨论等不同的形式。同时，也要考虑直播的时长和节奏，避免直播过长或过短影响受众的观看体验。

（五）制定推广方案

最后，要制定直播的推广方案，包括直播前的预热宣传、直播中的实时推广及直播后的回顾总结等。可以通过社交媒体、广告投放、邮件营销等方式进行推广，吸引更多的受众观看直播。

综上所述，直播内容策划需要综合考虑多个方面，包括主题、目标、受众、内容、形式和推广等。只有做好充分的策划和准备工作，才能打造出一场成功的直播活动。

三、直播引流技巧

直播引流是提升直播曝光度和增加观众数量的关键环节。

（一）社交媒体预热

利用微信、微博、抖音等社交媒体平台提前发布直播预告，吸引粉丝关注。同时，可以在预告中设置悬念或透露部分直播内容，激发观众的好奇心。

（二）优化直播间标题和封面

确保直播间标题简洁明了，准确反映直播内容；封面图要美观大方，吸引用户点击。

（三）合作推广

寻找与直播内容相关的其他主播或品牌进行合作，互相宣传，实现资源共享和互利共赢。

（四）直播时段选择

根据目标受众的活跃时间选择合适的直播时段，确保更多潜在观众能看到直播。

（五）互动环节设置

在直播中设置互动环节，如问答、投票、抽奖等，提高观众的参与度。

（六）优质内容输出

持续输出高质量、有趣、丰富的直播内容，满足观众的需求和期待。这不仅能吸引更多新观众，还能留住老观众。

（七）口碑传播

鼓励观众在社交媒体上分享直播链接或给出好评，通过口碑传播吸引更多潜在观众。

（八）付费推广

如果预算允许，可以考虑通过付费推广方式（如购买广告位、投放信息流广告）等来提升直播曝光度和增加观众数量。

【任务实施】

一、任务背景

随着美妆行业的蓬勃发展，直播成为推广美妆产品的重要渠道。本次任务旨在策划一场美妆直播活动，以提升品牌知名度，促进产品销售。

二、任务分析

（1）目标受众：明确直播面向的主要观众群体，如年轻女性、美妆爱好者等。
（2）竞品分析：调研市场上同类美妆直播的特点与优势，以寻求差异化策略。
（3）产品特性：深入了解所推广美妆产品的特点、功效及适用人群。

三、任务操作

（1）直播内容策划：确定直播主题，如"秋季美妆新风尚"。设计直播流程，包括产品介绍、使用演示、互动环节等。准备直播脚本，确保内容连贯、有趣。
（2）主播与嘉宾选择：根据品牌形象与直播主题，挑选合适的主播与嘉宾。确保主播具备丰富的美妆知识、良好的沟通能力和强大的亲和力。
（3）技术准备：检查直播设备，确保画质、音质清晰。测试网络环境，确保直播流畅不卡顿。
（4）宣传推广：利用社交媒体、美妆论坛等渠道提前发布直播预告。设计吸引人的宣传海报和文案，激发观众兴趣。
（5）分小组完成直播实操，每组5~6人。

四、任务思考

（1）直播前可通过哪些方式让粉丝知晓直播并提高获客率？
（2）如何设置有趣的互动环节，提高观众参与度和留存率？

五、任务总结

本次美妆直播活动策划任务通过深入的目标受众分析、竞品分析和产品特性分析，制定了详细的直播内容策划、主播与嘉宾选择、技术准备和宣传推广方案。在直播过程中，通过有趣的互动环节吸引观众参与。企业在直播活动中需要不断持续优化直播内容，提升互动性，使其为品牌知名度和产品销售贡献更多力量。

【拓展阅读】

提前宣传直播的方式的创意选择

一、社交媒体平台宣传

（一）短视频预热

利用抖音、快手等短视频平台发布预热视频，通过口播或场景展示的形式告知观众直播的时间、主题和内容。视频内容可以突出直播的亮点和看点，吸引观众的注意力。例如，可以展示直播中的爆款产品、特邀嘉宾或独特互动环节等。

（二）图文预告

在微博、微信公众号等社交媒体平台上发布图文预告，详细介绍直播的时间、地点、嘉宾阵容、活动流程等信息。图文预告可以配以精美的海报或图片，提升视觉效果。

二、个性化互动宣传

（一）倒计时海报

设计一系列倒计时海报，每天或每隔几天发布一张，增强观众的期待感。海报内容可以包含直播的亮点、嘉宾介绍或互动环节预告等。

（二）互动问答

在社交媒体平台上举办互动问答活动，邀请观众提问与直播相关的问题。主播或工作人员可以选择部分问题在直播中回答，增强观众的参与感和归属感。

三、合作宣传

（一）跨界合作

与其他领域的知名人士或品牌进行跨界合作，共同宣传直播活动。例如，美妆品牌可以与时尚博主、明星等开展合作，共同推广新品发布会的直播活动。

（二）KOL 或网红推荐

邀请具有影响力的 KOL 或网红在直播前进行推荐，利用其粉丝基础扩大宣传范围。

四、创意内容宣传

（一）悬念预告

在预热宣传中设置悬念，如暗示将有神秘嘉宾出现或揭晓重大消息。这种方式可以激发观众的好奇心，促使他们关注直播。

（二）故事化宣传

将直播内容与有趣的故事相结合，通过故事化的方式进行宣传。例如，可以讲述一个关于新品研发、生产或测试过程中的小故事，引发观众的情感共鸣。

五、利用明星效应

如果条件允许，可以邀请明星参与直播活动，利用其知名度吸引观众的关注。在宣传中突出明星的参与，提升直播的吸引力和话题度。

六、其他创意方式

（一）直播预告片

制作一段精美的直播预告片，展示直播的精彩瞬间和亮点内容。在社交媒体平台和直播平台投放预告片，吸引更多观众的关注。

（二）直播日历

如果直播活动具有系列性，可以制作一份直播日历，列出所有直播的时间和内容。观众可以根据日历提前安排时间观看直播，增强观看的连续性和稳定性。

综上所述，提前宣传直播的方式多种多样，可以根据直播的主题、目标受众和平台特点选择合适的创意宣传方式。通过综合运用多种宣传手段，可以有效提升直播的曝光度和观众的参与度。

任务四　图文策略

图文策略

【任务目标】

1.通过学习，了解不同图文获客平台的特点和优势，以及它们各自的用户群体和营销价值。
2.能够将图文内容作为营销手段，吸引潜在用户的关注并引导其转化。

【知识基础】

一、了解图文策略

（一）图文策略的概念

图文策略是一种内容营销策略，主要通过图片和文字的结合来传达信息，吸引目标受众的注意力，并达到营销的目的。这种策略在各种社交媒体平台上被广泛应用，如微博、抖音、小红书等。

图文策略的核心在于选择高质量的图片和撰写吸引人的文字说明。图片可以直观地展示产品或服务，引起目标受众的兴趣和好奇心。文字说明则可以对图片进行解释和补充，提供更多的信息和背景，引导目标受众进一步了解产品或服务。

（二）图文流量平台

图文流量平台主要包括微信公众号、微博、头条号、百家号、企鹅号、大鱼号、网易号、搜狐号、一点号、小红书、知乎等社交平台。这些平台拥有庞大的用户群体和高度活跃的社交功能，通过在这些平台上发布高质量的图文内容，企业或个人可以有效地吸引目标受众的关注并与其进行互动，提高品牌知名度和曝光率。

具体来说，微信公众号是一个相对封闭但用户黏性较高的社交平台，适合打造深度内容和培养忠实粉丝；微博是一个信息流转速度极快的开放式社交平台，适合进行品牌宣传、话题营销和互动推广；头条号、百家号等平台依托强大的算法推荐系统，可以将内容精准推送给目标受众，从而提高内容的曝光率并增加内容的阅读量；小红书以图文笔记和短视频为主要内容形式，注重内容的真实性和实用性，吸引了大量年轻用户的关注；知乎则是一个以问答和专栏为主要内容形式的知识分享平台，聚集了大量专业领域的优秀作者并包含大量的高质量内容。

二、图文编辑

图文编辑主要是设计和编辑图文内容，使之符合各种传播渠道的要求，以有效传达信息并吸引读者。

（一）内容策划

根据目标受众和传播目的策划和设计图文内容，包括选题、文案撰写、图片选择和处理等。

（二）图文排版

使用专业的图文编辑软件或工具，对文字、图片、色彩、布局等元素进行排版和设计，使内容更加易读、画面更加美观。

（三）图片处理

对图片进行裁剪、缩放、调色等处理，以满足不同平台对图片尺寸、格式和质量的要求。

（四）内容优化

根据读者反馈和数据分析，对图文内容进行改进和优化，提升阅读体验和传播效果。图文编辑需要具备扎实的文字功底、良好的审美能力和熟练的图文编辑技能。此外，还需要了解不同传播渠道的特点和要求，以及目标受众的阅读习惯和喜好。

三、图文引流技巧

图文引流技巧主要是指通过发布和优化高质量的图文内容来吸引目标受众，并将其转化为潜在用户或实际用户。

（一）明确目标受众

在创建图文内容之前，首先要明确目标受众，了解其兴趣、习惯和需求。这将有助于作者创作出更符合受众口味的内容，提升内容吸引力和转化率。

（二）制作高质量内容

图文内容的质量是吸引受众的关键。要确保文字准确、流畅，图片清晰、美观。同时，内容要有价值，能够解决受众的问题或满足其需求。

（三）优化标题和封面

标题和封面是吸引受众点击的第一要素。标题要有吸引力，能够准确概括内容主题，并激发受众的好奇心。封面图片要美观、醒目，与标题和内容相契合。

（四）合理布局和排版

图文内容的布局和排版要清晰、美观，便于受众阅读和理解。要注意文字大小、行距、段距等排版细节，以及图片和文字的搭配与呈现方式。

（五）添加引导语和互动元素

在图文内容中添加引导语和互动元素，引导受众进行下一步操作，如关注、点赞、评论或购买等。同时，要及时回复受众的留言和评论，增强互动性和用户黏性。

（六）多渠道发布和推广

将图文内容发布到多个社交媒体平台、网站和博客等渠道上，以扩大图文内容的覆盖面和影响力。同时，可以利用广告投放、合作推广等方式提高内容的曝光率和点击率。

（七）定期更新和维护

定期更新和维护图文内容，保持内容紧跟时事。可以根据数据分析结果对内容进行改进和优化，提高转化率和用户满意度。

综上所述，图文引流技巧需要注重目标受众、内容质量、标题封面、布局排版、引导互动、多渠道发布和推广及定期更新和维护等方面。只有在这些方面都做好充分的准备并落实到位，才能获得理想的图文引流效果。

【任务实施】

一、任务背景

随着文旅市场的蓬勃发展，杭州西湖作为国内外知名的旅游胜地，需要利用精心策划的图文内容来持续吸引游客。本次任务是结合杭州西湖的实际数据和独特魅力，撰写一篇引人入胜的文旅宣传图文，以提升西湖的旅游品牌形象，吸引更多潜在游客。

二、任务分析

（1）目标受众：潜在游客，尤其是对自然风光、历史文化和美食体验感兴趣的旅游爱好者。

（2）内容定位：通过图文结合的形式，全方位展示西湖的自然风光、历史文化和美食特色等，将西湖打造成一个令人向往的旅游目的地形象。

（3）数据分析：结合西湖的年均游客量、景点数量、美食种类等实际数据，为图文内容提供有力的数据支持，增强图文内容的说服力和吸引力。

三、任务操作

（1）收集数据：搜集西湖的相关数据，包括景区面积、湖水面积、景点数量、美食种类及数量、年均游客量等。

（2）文案撰写：结合数据和西湖的特色，撰写一篇具有吸引力和包含较大信息量的文案，注重文案的情感渲染和引导性。

（3）图片选取与处理：选择与文案内容相匹配的西湖相关图片，并对图片进行必要的图像处理，确保图片质量上乘且符合文案风格。

（4）图文排版与设计：将文案和图片进行有机结合，注重排版的美观性和信息的层次感，制作成易于传播的图文形式。

（5）发布与推广：在适合的平台上发布图文内容，利用社交媒体和在线旅游平台进行有针对性的推广。

（6）分小组完成实训，每组 5~6 人。

四、任务思考

图文编辑如何适应不断变化的市场需求和多样化的用户喜好？

五、任务总结

在本次关于杭州西湖文旅图文策划的任务中，通过深入分析目标受众、内容定位及数据分析增强了图文内容的吸引力和说服力。通过一系列操作步骤成功完成了文旅宣传图文。

【拓展阅读】

B2B 企业图文渠道获客策略

短视频和直播的兴起让部分用户忽视了文字内容，但浏览公众号有利于培养长期阅读习惯和钻研精神，因此公众号仍具备潜在价值。此外，公众号的搜索价值也不容忽视，因为搜索的用户通常更接近于具备实际需求的用户人群。对于 B2B 企业而言，具备企业形象的公众号可以成为移动官网，实现自发声、强化品牌认知，并吸引理性、具有辨识力、学习和理解能力强且具备评估标准的团队型用户。除了关注涨粉和阅读量外，作者还应注意流量来源和单篇转发数、关注数等指标，从而判断内容对用户的价值。

知乎、自媒体平台和小红书等渠道在 B2B 企业图文获客策略中都扮演着重要的角色。

一、知乎获客策略

在知乎上发布与 B2B 行业相关的高质量问答、文章和专栏，展示企业的专业性和行业洞察力。确保内容具有深度、独特性和实用性，以获得目标用户的关注和信任。可以选择在知乎内容中巧妙植入企业官网的链接，引导用户点击并进入官网了解更多信息，但要注意遵守知乎的社区规则，避免过度营销和滥用链接。

同时，积极回答用户的问题，参与相关话题的讨论，提升企业在知乎上的活跃度和知名度。建立或加入与 B2B 行业相关的知乎社群，与目标用户群体进行更紧密的互动和交流。

二、自媒体平台获客策略

根据目标用户的活跃度和偏好，选择合适的自媒体平台（如微信公众号、今日头条等）；明确自媒体平台的定位和内容方向，确保与目标用户的需求和兴趣相匹配；发布多样化的图文内容，包括行业资讯、产品介绍、用户案例、专家观点等。尝试不同的内容形式和风格，以引起更多潜在用户的关注和兴趣。

同时，不断测试不同的内容策略和推广方式，分析数据并优化获客效果。关注自媒体平台的算法变化和规则调整，及时调整策略以适应平台变化。

三、小红书获客策略

利用小红书的图文形式，发布具有视觉吸引力的内容。注重图片的排版和设计，使用高质量的图片和独特的视觉效果增强内容的吸引力。通过滑动图片的形式展示多个关键点或产品特点，提升用户的阅读体验并增强互动性。在每张图片上添加简洁明了的标题或说明，引导用户逐步深入了解内容。

同时，积极回复用户的评论和私信，提供有价值的信息和解答，建立与用户的良好互动关系。在小红书上提供有价值的资料放送，如行业报告、白皮书、产品手册等。引导用户关并私信获取更多信息，将潜在用户引导至企业官网或销售团队从而进行下一步跟进。

综上所述，针对知乎、自媒体平台和小红书等渠道，B2B企业可以制定具体的获客策略和优化措施。通过高质量的内容发布、植入链接、互动与社群建设、内容多样化、测试与优化以及视觉吸引力等手段，有效提升企业在这些渠道上的获客效果。

【知识与技能训练】

一、单选题

1. 在短视频的数据分析中，要了解用户是如何发现短视频的，用户在哪个时间段最活跃，以及用户喜欢什么样的内容类型。可以通过（　　）。

A. 密切关注关键指标，如观看次数、点赞数、评论数、分享数和用户留存率等
B. 利用数据分析工具来深入挖掘用户的行为模式
C. 利用 A/B 测试等方法来比较不同版本短视频的呈现效果
D. 对比不同的标题、描述、缩略图或内容类型的视频表现，找出哪些元素更能吸引用户并提高转化率

2. 邀请相关领域的专家或知名人士作为嘉宾，可以增强直播的权威性和（　　）。

A. 参与感　　　　B. 代入感　　　　C. 视觉效果　　　　D. 吸引力

3. 直播引流是提升直播（　　）和增加观众数量的关键。

A. 曝光度　　　　B. 内容输出　　　　C. 互动　　　　D. 主题

4. （　　）是一个相对封闭但用户黏性较高的平台，适合打造深度内容和培养忠实粉丝。

A. 小红书　　　　B. 微信公众号　　　　C. 微博　　　　D. 知乎

5. 图文策略是一种内容营销策略，主要通过（　　）和文字的结合来传达信息，吸引目标受众的注意力，并达到营销的目的。

A. 图片　　　　B. 直播　　　　C. 视频　　　　D. 评论

二、多选题

1. 下列关于免费物料的说法正确的是（　　）。

A. 如果销售家居用品，企业可以提供免费的《××设计指南》作为免费物料
B. 一家健康食品公司可以提供免费的《××营养食谱》，这既符合其品牌定位，又能吸引对健康饮食感兴趣的用户

C. 免费物料与企业的产品或服务可以不相关
D. 物料应具有实用性和吸引力
E. 企业需要评估提供免费物料的成本与其所能带来的潜在收益之间的平衡

2. 关于高质量的短视频内容制作，下列说法正确的是（　　）。

A. 要明确短视频的主题，首先要思考短视频要传达的核心信息或者短视频要展示的内容是什么，主题可以是某个特定的场景、人物、故事或者概念

B. 确定目标受众是策划短视频内容的重要步骤，需要考虑短视频是为了吸引哪类人群，他们的兴趣爱好、年龄层次及需求分别是什么

C. 在内容制作上，根据主题和目标受众，选择合适的拍摄场景、道具及出镜人员

D. 编写一个有趣且引人入胜的脚本，脚本应该围绕主题展开，通过故事情节、对话和场景设置等方式，将主题生动地呈现给用户

E. 主题和受众是两个不相关的概念

3. 在短视频流量的数据分析中，要密切关注下列哪些关键指标（　　）。

A. 观看次数　　　　B. 点赞数　　　　C. 评论数
D. 分享数　　　　　E. 用户留存率

4. 直播内容策划是直播成功的关键因素之一，它涉及直播的（　　）等多个方面。

A. 主题　　　　　　B. 目标　　　　　C. 受众
D. 内容　　　　　　E. 形式

5. 了解受众的需求和兴趣是直播内容策划的重要一环。策划方可以通过市场调研、用户画像等方式，分析受众的年龄、性别、地域、职业等特征，以及他们的消费习惯、兴趣爱好等信息，从而确定直播的（　　）。

A. 内容　　　　　　B. 形式　　　　　C. 主题
D. 目标　　　　　　E. 受众

三、判断题

1. （　　）自我分析就是确定个人的兴趣、专长和经验。

2. （　　）个人IP定位不能一蹴而就，其需要时间、耐心和持续的努力来建立和维护。随着个人的成长和市场环境的变化，个人IP定位也需要相应调整。

3. （　　）根据直播内容和受众特点，选择合适的直播形式，不需要考虑直播的时长和节奏。

4. （　　）在直播中设置互动环节，如问答、投票、抽奖等，可以提高观众的参与度和黏性。

5. （　　）图文内容的质量是吸引受众的关键。

沟通篇

项目四　人工客服

【知识目标】

1. 了解第一印象的重要性。
2. 认识第一印象效应。
3. 掌握人工客服工作的四个步骤。
4. 掌握人工客服沟通回复的九个技巧。

【技能目标】

1. 能够根据不同的场景打造第一印象。
2. 能够根据人工客服的四个步骤接待用户。
3. 能够在与用户沟通过程中运用八个技巧。

【思政目标】

1. 培养诚信意识，不夸大其词、不欺骗消费者。
2. 树立正确的网络安全观念，保护用户个人信息安全，不泄露用户隐私。
3. 具备耐心、同理心和抗压能力，在接待用户过程中体现专业性和良好的职业素养。

【思维导图】

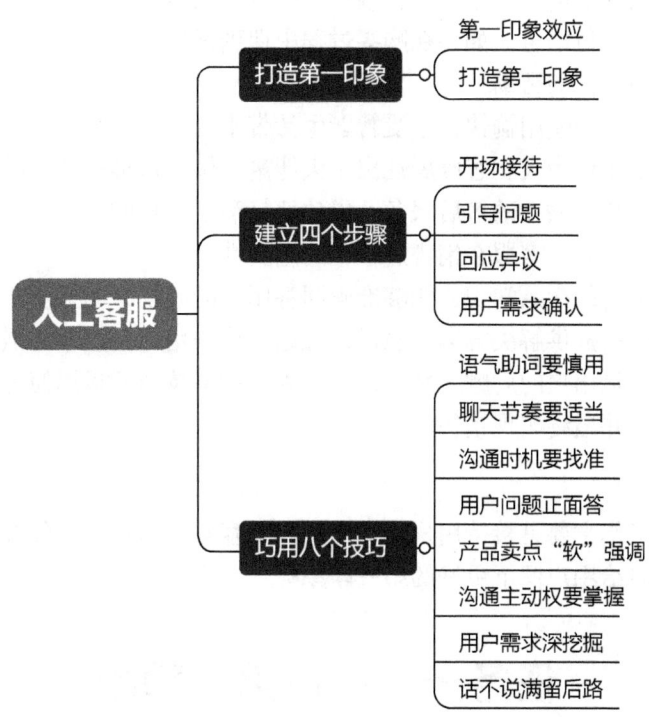

【引导案例】

小客服大能量——一次销售转化的奇妙旅程

在一家专注于智能家居产品的线上商城，用户小王正在浏览一款新型智能扫地机器人。小王对该产品很感兴趣，但还有一些疑虑。此时，人工客服小丽在线，准备用她的销售技巧和专业知识来帮助小王完成购买决策。

小王：你好，我对这款智能扫地机器人很感兴趣，但它真的像描述中那么好用吗？

小丽：您好，顾客！非常感谢您对我们产品的关注。这款扫地机器人是一款非常出色的产品，它具备强大的吸力和智能导航系统，可以轻松清洁您的家居环境。不仅如此，您还可以通过手机App对其进行远程控制，使用起来非常便捷。

小王：听起来不错，但价格有点高啊，能不能优惠些？

小丽：我非常理解您的顾虑。虽然我们的价格已经非常实惠了，但我可以帮您查看一下是否有可用的优惠券或正在进行的促销活动。这款扫地机器人的性能和质量都是顶级的，购买后可以长期使用，入手后您会发现它物超所值。

小王：嗯，我还是有点儿担心它的清扫效果，毕竟之前没用过这类产品。

小丽：我完全明白您的担忧。为了让您更放心，我们可以提供详细的清洁效果演示视频，让您亲眼见证它的实力。此外，我们还提供7天无理由退货服务，如果您在使用过程中有任何不满意，可以随时退货，完全没有风险。

小王：好吧，那我试试看吧。怎么下单呢？

小丽：非常感谢您的信任！您可以直接点击网页上的"立即购买"按钮，然后按照提示填写收货地址和完成支付即可。如果在购买过程中遇到任何问题，都可以随时联系我哦。

小王：好的，谢谢你的帮助！

小丽：不客气！祝您使用愉快，享受智能生活带来的便捷和舒适！

在此案例中，小丽作为人工客服展现出了大能量。她通过准确的产品介绍、灵活的优惠策略、真实的用户反馈及贴心的售后服务，成功地打消了用户的疑虑，并引导用户完成了购买决策。这充分体现了人工客服在销售过程中的重要性。

小丽不仅具备丰富的产品知识，能够准确回答用户的问题，而且善于捕捉用户的疑虑和需求，从而有针对性地提供解决方案。她通过优惠策略和用户反馈来增强用户的购买信心，并利用售后服务来消除用户的后顾之忧。这一系列的销售技巧的运用使得小丽能够在短时间内获取用户的信任，并最终实现销售转化。

思考：

1. 人工客服的工作主要是接待用户，那么，人工客服沟通过程有什么具体步骤呢？
2. 人工客服如何给用户留下更好的第一印象呢？

任务一　打造第一印象

【任务目标】

理解第一印象效应，能根据不同的场景打造更好的第一印象。

打造第一印象

【知识基础】

第一印象是在短时间内以片面的资料为依据形成的印象。心理学研究发现,与一个人初次会面的 45 秒钟内就能产生第一印象。第一印象会对他人的社会知觉产生较强的影响,并且在对方的头脑中形成并占据主导地位,所以说没有打造第一印象的第二次机会。

一、第一印象效应

第一印象效应由美国心理学家洛钦斯首先提出,他通过经典实验验证了第一印象对认知判断的优先影响,该效应成为社会心理学中人际知觉研究的重要理论依据。

第一印象效应也被称为首因效应。它是用户与人工客服之间建立关系的起点,对后续沟通和用户满意度具有重要影响。

当用户第一次接触人工客服时,他们会根据人工客服在态度、专业素养和响应速度等方面的表现对其形成初步印象。该印象在很大程度上决定了用户对人工客服和公司的整体评价。

一个优秀的人工客服应该注重给用户留下良好的第一印象。这包括礼貌的问候、清晰的解答和迅速的响应等。人工客服的专业的知识和热情的态度能够增强用户的信任感,使他们更愿意与人工客服建立长期的关系。

此外,人工客服在与用户交流时,还应该善于捕捉用户的需求和问题,并给出准确的解答。这种积极主动的服务态度能够让用户感受到公司的专业和关怀,从而提升用户的满意度和忠诚度。

总之,第一印象效应是建立良好的用户关系的重要契机。人工客服应该注重自身形象和专业素养的提升,用真诚和专业的服务赢得用户的信赖。

二、打造第一印象

在互联网销售环境中,人工客服与用户的首次"会面"不同于线下场景,用户无法直观地看到人工客服的形象。因此,精心设计和打造人工客服的第一印象至关重要。

(一)设置社交工具资料

1. 完善资料

在社交工具上设置完整的个人资料,包括昵称、头像等,以展现专业形象。

(1)设置昵称。

①统一编号:在人工客服团队规模庞大的情况下,可以将编号作为昵称,如"客服001""客服520"等,既简洁又易于管理。

②直接使用店名:对于规模较小的网店,可以直接将店名作为昵称,如"××小吃店客服",这有助于加深用户对店铺的记忆。

③选择个性化的昵称:在遵循公司文化和保持专业的前提下,人工客服可以选择具有不同特色的昵称,如"服务小达人""时光旅人"等体现不同的店铺风格。

(2)设置头像。

头像应展现出专业、得体的形象,避免使用不雅或可能引起顾客不适的头像;头像背景要干净简洁,以凸显人物形象;头像设置在保持专业性的基础上,可适当个性化,可根据个人特点或公司品牌选择具有一定个性的头像。

2. 内容相关性

社交账号发布的内容应与推广的产品或品牌形象相关联，保持一致性并体现专业性。

（二）设计 Logo

1. 独特性与唯一性

Logo 应具备辨识度，能够体现品牌的独特性与唯一性。

2. 简约性与符号化

Logo 应简洁易记，这有助于品牌形象的传播和记忆。

3. 精准化与质感

Logo 应精准传达品牌理念和价值，同时具备一定的视觉质感。

（三）设置人工客服开场接待话术

1. 预设话术

为提高响应速度和工作效率，人工客服应预先准备好常用的开场接待话术。

2. 个性化定制

根据店铺和商品的特点，定制符合品牌形象和风格的开场话术，以提升用户体验和满意度。

例如，欢迎光临××店！这里是您寻找高品质潮流服饰的理想之地。我是您的专属客服伊人，非常荣幸能为您提供服务。

我们的每件商品都是由经验丰富的工匠精心制作，确保符合您对高品质潮流服饰的期待。在选购过程中，如果您有任何疑问或需求，请随时告诉我。我会尽我所能，为您提供最贴心、最专业的解答和建议。

您的满意是我们最大的追求。在××店，我们承诺不仅提供优质的商品，而且提供周到的服务和愉快的购物体验。感谢您选择我们，期待与您共同度过一段美好的购物时光！

在接待用户时，用户咨询的问题重复性较高。基于这一特点，为了提高响应速度和工作效率，人工客服会预先准备好接待话术。人工客服可以结合商品和店铺的特点，在此基础上整理出开场接待话术。人工客服开场接待话术如表4-1所示。

表4-1 人工客服开场接待话术

范例	人工客服开场接待话术
亲切问候型	您好，欢迎光临××店！我是客服小艾，很高兴能与您交流。请问有什么可以帮助您的吗？今天我们有新品上新和优惠活动，您可以慢慢挑选，有任何问题随时联系我哦。
简洁明了型	您好，客服小艾为您服务。请问您对哪款商品感兴趣或有疑问？我会随时为您提供帮助。
感谢信任型	非常感谢您光顾××店，我是客服小艾，很荣幸能为您提供帮助。我们承诺提供优质的商品和服务，确保您获得满意且愉快的购物体验。请问有什么我可以帮助您的吗？
主动引导型	您好，客服小艾欢迎您的到来。我们店铺有众多热销商品和独家优惠，不知您对哪一方面感兴趣？我可以为您推荐一些热销商品或适合您的商品，并解答您的疑问。

续表 4-1

范例	人工客服开场接待话术
个性化服务型	您好，这里是××店，我是您的专属客服小艾。我们专注于提供独特的手工艺品，相信您一定能在这里找到心仪的商品。在您的购物旅程中，我将全程陪伴，为您提供个性化建议和帮助，确保您享受到无忧的购物体验。请问有什么我可以为您效劳的吗？

【任务实施】

一、任务背景

小玲是一家航天积木儿童玩具网店的人工客服，某位用户看中了一款玩具，为此咨询小玲，二人对话如下。

用户：在吗？这款玩具适合多大年龄的孩子玩？

小玲：（过了一分钟）您好，这款玩具适合 5 岁以上的孩子玩哦！这款玩具可以锻炼孩子的动手能力，赶紧下单购买吧！

用户：玩具质量怎么样？是很小的那种吗？

小玲：您好，这款玩具质量很好呢，不大也不小，很适合孩子玩！

用户：我再看看。

二、任务分析

从上述对话中，我们可以发现小玲在接待用户时存在以下问题。

（1）响应速度慢：用户首次询问后，小玲过了一分钟才回复，这可能让用户感到被忽视。

（2）话术缺少细节：当用户询问玩具的质量和大小时，小玲的回答过于笼统，没有提供具体的信息或数值。

（3）缺乏互动：在对话中，小玲没有尝试与用户进行更多的互动，如询问用户孩子的年龄或兴趣爱好，以提供更个性化的建议。

（4）销售过于直接：在回答用户的第一个问题时，小玲就开始催促用户下单，这可能让用户感到不舒服。

三、任务操作

针对以上问题，可做出下列调整。

（一）问题解决

（1）提高响应速度：尽量在几秒钟内回复用户的问题，让用户感到被重视。

（2）提供详细信息：当用户询问关于产品的具体信息时，尽量给出详细、具体的回答，如产品的尺寸、材质、安全标准等信息。

（3）增加互动：可以尝试与用户进行更多的互动，如询问用户的具体需求或兴趣，以提供更加个性化的建议。

（4）软化销售话术：在推荐产品时，可以使用更柔和、更自然的话术，如介绍产品的优点和特点，而不是直接催促用户下单。

（二）开场接待话术设计

以下是关于航天积木儿童玩具网店开场接待话术的设计：

（1）您好！欢迎光临我们的航天积木儿童玩具网店！请问有什么可以帮助您的吗？我们的积木玩具既有趣又益智，非常适合孩子们玩耍。

（2）亲爱的用户，您好！感谢您对我们航天积木儿童玩具网店的关注。我们的积木玩具设计精美、质量上乘，相信您的孩子一定会喜欢。请问您有什么具体的需求或问题吗？

（3）您好！这里是航天积木儿童玩具网店。我们的积木玩具不仅好玩，还能培养孩子们的创造力和想象力。请问您是想为多大的孩子挑选玩具呢？我可以为您推荐合适的产品。

（三）分组角色扮演，完成优化后的接待话术

用户：在吗？这个玩具适合多大的孩子玩？

小玲：＿＿＿＿＿＿＿＿＿＿＿＿＿＿＿＿＿＿＿＿＿＿＿＿＿＿＿＿＿

用户：玩具质量怎么样？是很小的那种吗？

小玲：＿＿＿＿＿＿＿＿＿＿＿＿＿＿＿＿＿＿＿＿＿＿＿＿＿＿＿＿＿

用户：我再看看。

小玲：＿＿＿＿＿＿＿＿＿＿＿＿＿＿＿＿＿＿＿＿＿＿＿＿＿＿＿＿＿

四、任务思考

（1）人工客服开场接待话术的设计原则是什么？

（2）人工客服响应速度对用户购物体验有什么影响？

五、任务总结

通过本次任务我们感受到专业的人工客服对互联网销售的重要性。一个优秀的人工客服不仅需要具备专业的产品知识，还需要懂得如何与用户建立积极的互动关系，提供及时、准确且个性化的服务。这样才能让用户感受到被尊重和被重视，从而增强用户的购买意愿，提高用户的忠诚度。

此外，接待话术的运用在人工客服工作中具有极高的艺术性。对于同样的问题，不同的回答方式可能产生截然不同的效果。优化后的话术应该既能准确回答用户的问题，又能引导用户进一步了解产品，甚至能推进购买行为。同时，接待话术还需要根据用户的反馈和需求进行灵活调整，以达到最佳的沟通效果。

【拓展阅读】

关于打造第一印象

一、第一印象的心理学基础

（1）首因效应（Primacy Effect）：指人们更容易记住并重视最先接收到的信息，这在人际交往中体现为对第一印象的深刻印象。

（2）晕轮效应（Halo Effect）：当人们对某人的某一特征形成正面或负面印象后，会倾向于将这种印象推广到该人的其他特征上。

二、打造第一印象

（1）外观仪态：穿着得体、整洁干净，符合场合要求；保持自然、自信的姿态，展现亲和力。

（2）言谈举止：使用礼貌、清晰的语言，注意语速和音量；善于倾听，给予对方充分关注，展现尊重。

（3）专业素养：展现专业知识和技能，树立专业形象；提供准确、有价值的信息，帮助对方解决问题。

（4）情感共鸣：寻找共同点，建立情感联系；展现同理心，理解对方的感受和需求。

三、避免常见误区

（1）过度表现：避免过于夸张或虚假的表现，以免让对方感到不自然或产生反感。

（2）忽视细节：注意个人卫生，如口腔清洁等小细节，它们是构成第一印象的重要部分。

（3）刻板印象：避免对某类人群持有刻板印象，以开放的心态接纳每一个人。

任务二　建立四个步骤

建立四个步骤

【任务目标】

通过学习，能够在接待用户时灵活应用四个步骤。

【知识基础】

要想提高产品销量，除了质量保证和价格优势外，还离不开良好的服务体验，其中人工客服是提升服务体验的重要一环。人工客服是店铺和用户接触的桥梁，处理好咨询问题能让用户消除购买疑虑，促成销售转化。

一、开场接待

开场接待是人工客服工作的第一步，也是其主要工作。开场接待主要包括两方面：一是介入时机；二是开场白。

（一）介入时机

开场接待是人工客服和用户的首次接触，那么哪一方会先进入会话呢？有的用户浏览商品时遇到问题会先进入会话进行询问；有的用户习惯自行浏览商品各项细节，不喜欢提问。当人工客服发现有用户浏览较长时间时，为了促进用户尽快下单或解决用户的问题，会先发起会话。

（二）开场白

在网络环境中，开场接待决定着用户对人工客服的第一印象，所以人工客服在回复时一定要组织好语言，让用户感受到被关注和被重视。用户虽无法看到网络另一端与自己交流的人的模样，但用户能感受到客服的介入时间、话语及语气。开场白如果使用得当，可以激发用户的好奇心，吸引用户进一步了解；反之，则会使用户感到索然无味，失去继续交流的兴趣。

那么，恰当的开场白应当具备什么特点呢？

（1）要引起用户的注意和兴趣。

（2）敢于介绍公司并表明自己的身份。

（3）要帮助用户做决定，引导用户的思维。

（4）面对用户的拒绝不要立刻退缩、放弃。

（5）简洁明了，避免引起用户的反感。

例1：您好，我是中国研磨网市场部的××，我们公司成立3年多，和行业内许多公司都有合作，不知道您是否听说过我们公司？

分析：这是一个错误的示范，公司成立的时间和合作情况与用户没有关系，用户不关心的问题不要放在重点的开场白中。

例2：您好，我是中国研磨网市场部的××，我们公司已经成立三年多，是研磨行业最大的宣传推广媒体和行业最大的网上交易平台。前几天我有邮寄一本杂志给您，不知道您收到没有？有没有看？

分析：这段话不太礼貌，直接询问查阅进度易让对方产生被催促之感，不利于推进对话。

例3：您好，我是中国研磨网市场部的××，我们公司成立三年多，是研磨行业最大的宣传推广媒体和行业最大的网上交易平台，提供网络广告和杂志广告推广服务，能够帮助企业提高知名度并快速拓展销售市场。为了能进一步了解是否能为贵公司服务，现在占用您一点时间，请问您需要了解一下我们的具体案例吗？

分析：诚意满满地介绍了自己及公司业务，还准备了案例向用户展示具体效果，并主动提出评估用户需求是否与本公司业务相契合。这种情况下，只要是需要做推广的公司恐怕都不会拒绝，毕竟多了解其他公司的成功推广案例，对本公司也具有重要借鉴价值。

例4：地球不爆炸，我们不放假，宇宙不重启，我们不休息。没有四季，只有两季。你来就是旺季，你走就是淡季。请问有什么可以帮助您的吗？

分析：语言幽默诙谐，令用户印象深刻，也拉近了与用户之间的距离。

二、引导问题

（一）引导问题的方法

1.肯定性诱导提问法

肯定性诱导提问法结合了肯定性说法、诱导性说法及提问技巧三种方式。首先是肯定性说法，即使用正面性语言，如"很受欢迎的"。其次是诱导性说法，如"这种产品有大、小两种，不知您喜欢哪一种，不过我想是不是大的比较合适呢？"最后是提问技巧，如"这位先生，您打算如何使用呢？"

2. 对比类似问题提问法

对比类似问题提问法是一种通过建立参照系降低认知门槛的沟通策略，其核心在于将抽象概念转化为用户熟悉的场景或已有认知，从而增强说服力。首先，锚定参照物，选取用户已拥有或熟知的物品（如用户随身携带的笔记本、正在使用的产品等）；其次，通过可视化对比（参数对照表、功能对比图）凸显解决方案的独特性；最后，引导价值认知，从使用成本、效率提升等维度量化比较结果。例如："您现有的设备每月维修费 800 元，而新机型三年保修期内零维护成本。"

3. 拆分问题提问法

在销售高单价产品时，可以通过拆分问题提问法将复杂决策拆解为可管理的认知模块，显著降低用户的心理压力，实现从价格敏感向价值认同的转化。

【实用案例】

用户：这套家具太贵了。

客服：您认为贵了多少呢？

用户：我觉得贵了 1000 多元。

客服：好的，先生。我们现在就假设贵了 1000 元整。这套家具的使用年限至少为 10 年，那么，依照您所想的也就是每年多花了 100 元，对吗？

用户：对，我就是这样认为的。

客服：1 年 100 元，那每个月该是多少钱呢？

用户：哦！每个月大概就是 8 元多点吧！

客服：好的，就算是 8.5 元吧。您每天至少要用两次吧。

用户：有时更多。

客服：我们保守估计为 1 天 2 次，那也就是说 1 个月您将用 60 次。所以，假如这套家具每月多花了 8.5 元，那每次就多花了不到 0.15 元。

用户：是的。

客服：那么每天花费不到 1 毛 5 分，就能让您的家变得干净和整洁，让您不再为东西没合适地方放而苦恼、发愁，而且还能起到装饰作用，您不觉得很划算吗？

用户：……是的。那我就买下了。

客服：好的，感谢您的信任！您放心，我们会为您提供无忧的售后服务，您有问题可以随时与我们联系。

4. 将问题化繁为简法

人工客服可以通过提问来了解用户不购买的原因。根据用户的具体情况，人工客服大致能判断出应采用何种策略来应对，并逐一消除可克服的销售障碍，从而提升销售转化率。此时，将问题化繁为简，便是最佳的引导用户的方法。例如，人工客服可以这样提问：

"您是不是认为现在没有必要买？如果是付款方面的问题，我们有配合您的解决方案。"

"价格方面是否有什么不满意呢？"

"关于我的说明您有没有不懂的地方呢？"

"您是不是暂时还不想买？"

"您是不是已经从其他地方订购了？"

"您是否考虑从其他卖家处购买？"

"您不喜欢这个款式吗？"

（二）引导时的注意事项

1. 明确引导思路

首先，通过提问引导用户自行证实观点，从而使用户增强对产品的信任感。如果直接陈述产品信息，用户可能产生怀疑；而如果让用户主动得出结论，则会显得更加真实可信。

其次，在引导用户之前，确保有足够的铺垫，铺垫所需时间因场合而异。如果过早进入引导环节，会降低用户购买意愿。

最后，尽量避免给用户留下过多考虑的时间，否则可能导致回答偏离预期方向。这需要人工客服提前进行充分的练习和准备，包括模拟对话和角色扮演，以确保在实战中快速反应，持续调动用户的情绪。

2. 掌握主动权

（1）要做到心中有数。要做到心中有数，意味着人工客服需要对工作有全面的了解并做好充分的准备。他们不仅需要熟悉公司的产品和服务，还需要了解用户的常见需求和潜在问题，以便能够预见并应对各种情况。这种预见性使得人工客服能够在问题出现之前采取预防措施，或在问题发生时迅速做出反应，从而为用户提供更加顺畅和高效的服务体验。

（2）掌握丰富的专业知识。掌握丰富的专业知识是人工客服不可或缺的技能。人工客服需要不断学习和更新自己的专业知识，以便在面对用户的问题时，能够提供准确、有效的解答和帮助。无论是关于产品的功能、使用方法，还是关于服务的具体流程、政策规定，人工客服都需要能够给出清晰、准确的答案。这种专业知识的掌握不仅有助于解决用户当前的问题，还能增强用户对公司和品牌的信任感。

综上所述，掌握主动权是人工客服提供优质服务的关键。通过做到心中有数，人工客服能够更好地预见并应对各种情况，从而为用户提供更加顺畅和高效的服务。而通过掌握丰富的专业知识，人工客服能够在面对用户提出的问题时，提供准确、有效的解答和帮助，提高用户的满意度，增强用户的信任感。因此，人工客服应当不断提升自身的专业素养和服务意识，以更好地掌握主动权，为用户提供更加优质、高效的服务体验。

三、回应异议

在销售过程中，人工客服会遇到用户对推荐、建议或方案表示不满意或提出不同意见的情况，这就是所谓的用户异议。有些用户会针对产品质量、交易过程、价格等方面提出异议。面对用户的异议，人工客服可采取一系列处理措施，以展现自身的诚意和解决问题的能力，从而赢得用户的信任，最终促成交易。

（一）倾听用户的异议

当用户对产品和服务提出异议时，不要急于反驳和辩解，而是要认真倾听，这是处理异议的首要步骤。要倾听用户的意见和反馈，了解用户的问题和疑虑，并积极寻求解决方案。

当用户提出异议时，人工客服应保持耐心和冷静，并尽可能让用户感受到被重视。同时，人工客服应扮演好问题记录员的角色，准确抓住用户抱怨或反馈的关键内容。

（二）理解用户的感受

在明确用户的真实想法后，人工客服要设身处地为用户着想，感受用户所面临的境况。同时，要让用户感受到你对其情绪的理解和接纳。不必完全赞同用户的想法，而是应通过展现共情、理解和体恤来尊重用户的感受，进而建立起良好的信任关系。沟通时具备同理心，可以更快地找到用户的主要关注点，识别出用户抱怨的原因和潜在顾虑。

【实用案例】

用户：这个皮包的款式还可以，但皮料不太好。（客服不要急于辩解皮料不太好这个问题，而应该对用户的观点表示赞同和理解，继而解释为何不是最好的皮料。）

客服：您真是好眼力，这确实不是最好的皮料，若是今年最流行的款式再加上最好的皮料，价格估计翻一番还不止呢，这款皮包的皮料颗粒虽然稍微大些，但是质量丝毫不逊色于最好的皮料，性价比反而更高了。

（三）适当地进行提问

对于人工客服而言，有时候提问比陈述更为重要。如果能通过询问掌握用户产生异议的真实原因，就能从根源上消除用户的异议。在实际销售过程中，一些用户的异议只是拒绝购买的借口，并不一定代表他们的真实想法。人工客服应通过提问深入挖掘用户内心的真实异议。例如，当用户以"产品质量有欠缺"或"款式不行"为由提出异议时，其真实意图可能是希望降价。这时，人工客服可以询问："这款产品的质量和款式已经确定，但价格可以协商。如果您来定价的话，您认为多少合适？"以此来探询用户的心理预期，然后再适当降价，促成交易。

（四）询问价格和付款方式

如果用户仍然对产品价格有异议，人工客服需进一步判断异议是源于用户预算不足，还是确实认为产品价格偏高。若异议源于预算问题，人工客服可与用户探讨灵活的付款方式，可提议分期付款、预约订购或其他便于用户的支付方式，以便促成订单。

四、用户需求确认

根据马斯洛的需求层次理论，用户的需求是不断发展变化的，随着较低层次需求得到满足，用户会追求更高层次的需求。由于用户需求是千差万别的，企业服务人员需要提前预测这些需求。

一般来说，用户的需求有四种。

（一）功能性需求

功能性需求是用户最基本的需求层次，指产品或服务必须满足用户的基本功能需求。在互联网销售中，表现为用户需要一个能够完成特定任务或满足特定要求的工具或平台，如购物网站的搜索功能、在线支付系统的安全性等。如果产品或服务无法满足这些基本功能需求，用户满意度就会降低。

（二）便捷性需求

在满足功能性需求的基础上，用户会追求使用的便捷性。这包括易于操作的用户页面、流畅的网站加载速度、简洁明了的购物流程等。在互联网销售中，便捷性需求尤为重要，因为用户往往希望在最短的时间内完成购买流程，而不愿意花费过多时间和精力去学习和适应复杂的系统。

（三）社交性需求

随着互联网的社交属性日益增强，用户也越来越重视社交性需求。在互联网销售中，这可能表现为用户与卖家或其他买家进行互动和交流、分享购物经验、评价产品等。满足用户的社交性需求有助于建立品牌社区和提升用户忠诚度。

（四）个性化需求

个性化需求是用户需求的最高层次，指用户希望产品或服务能够体现自己的个性和价值观。在互联网销售中，个性化需求可能表现为用户希望购买定制化的产品、享受个性化的推荐服务、拥有独特的购物体验等。满足用户的个性化需求有助于提升用户满意度和建立长期用户关系。

【任务实施】

一、任务背景

小玲在航天积木儿童玩具网店工作两年之后，专业素养和心理素质都有了很大程度的提升。他发现，在接待用户的过程中，只要按照开场接待、引导问题、回应异议和用户需求确认四个步骤进行，用户一般都会下单；反之，如果这一过程中的任一阶段出现问题导致无法进入下一个阶段的，大部分用户都会跳单。

二、任务分析

接待用户包含开场接待、引导问题、回应异议、用户需求确认四个步骤。作为人工客服要在每一个环节都要预判用户的意图，在用户提出问题前就主动解决，消除用户顾虑，从而促成用户顺利下单。

三、任务操作

（一）开场接待

（1）热情问候：使用亲切、热情的话语问候用户，如"您好，欢迎光临航天积木儿童玩具网店，有什么可以帮助您的吗？"

（2）介绍自己：简短介绍自己，如"我是小玲，您的专属客服，有任何问题欢迎随时提问。"

（3）确认用户来意：询问用户是否有特定的购物需求或疑问，如"您是想为孩子挑选一款航天积木玩具吗？"

（二）引导问题

（1）主动询问：根据用户回复，主动提出更多关于产品选择的问题引导用户，如"您的孩子多大了？之前有没有玩过类似的积木玩具？"

（2）提供专业建议：根据用户提供的信息，给出针对性的产品推荐或建议，如"对于5岁的孩子来说，这款初级航天积木套装非常适合，既有趣又益智。"

（3）展示产品优势：突出产品的特点、材质、安全性等优势，增强用户购买信心，如"这款航天积木玩具采用安全环保材质，棱角圆滑不伤手，很适合低龄儿童玩"。

（三）回应异议

（1）耐心倾听：当用户在价格、质量、发货时间等方面提出异议时，首先要耐心倾听，不要急于反驳。

（2）逐一解答：针对用户提出的每个异议点，逐一给出合理、详细的解答，如提供价格优惠信息、出示质量认证证书、保证发货时间等。

（3）消除顾虑：通过提供额外保障、用户评价等方式，进一步消除用户的购买顾虑。

（四）用户需求确认

（1）总结用户需求：在对话过程中不断确认用户的需求，确保推荐的产品与用户期望相符。

（2）提供购买链接：当用户对产品表示满意时，及时提供购买链接或将其引导至结算页面。

（3）鼓励下单用户：使用鼓励性的话语促使用户下单，如"现在下单，今天就能发货哦！快来让孩子体验航天的乐趣吧！"

（4）感谢用户支持：无论用户是否下单，都要表示感谢，并承诺提供后续服务支持。如"感谢您的支持！如有任何问题，欢迎随时联系我们。"

（五）任务演练

用户：（商品链接）
客服：_____
用户：这款5岁小孩能独立完成吗？
客服：_____
用户：这款小了一些，但是价格好像并没有便宜多少。
客服：_____
用户：包装呢？
客服：_____
用户：什么时候发货？
客服：_____
用户：好的，下单了。

四、任务思考

（1）回应用户异议时，人工客服应具备哪些关键能力和素质？

（2）在用户需求确认阶段，如何确保推荐的产品与用户期望相符？

五、任务总结

本次任务通过模拟人工客服与用户之间的对话，详细阐述了人工客服在接待用户过程中的四个关键步骤：开场接待、引导问题、回应异议和用户需求确认。在每个步骤中，人工客服都需要运用不同的专业知识和沟通技巧，以解决用户疑虑、建立用户信任并促成交易。

【拓展阅读】

优化客服流程，提升用户体验

在当今的商业环境中，客服部门是连接企业与用户的重要桥梁。高效、顺畅的客服流程不仅能够解决用户的问题，还能极大地提升用户的整体体验，进而提升用户的忠诚度、树立良好的品牌形象。

一、拓宽沟通渠道

（1）支持多渠道沟通：确保用户可以通过电话、电子邮件、社交媒体、在线聊天等多种方式联系到客服人员。

（2）整合客服系统：将不同渠道的客服请求整合到一个统一的平台，以便客服人员能够更高效地响应和管理用户信息。

二、提升响应速度

（1）设定快速响应目标：确保在用户发起请求后的最短时间内给予其回应，通常是在几秒钟或几分钟内。

（2）使用自动化工具：运用聊天机器人、自动回复等自动化工具快速处理常见问题和请求。

三、提供个性化服务

（1）管理用户信息：建立完善的用户信息管理系统，以便客服人员能够了解用户的购买历史、偏好和之前的问题等。

（2）提供个性化建议：基于用户信息，提供个性化的产品推荐、解决方案或优惠信息等。

四、增强问题解决能力

（1）加强培训，提升技能：定期对客服人员进行培训，以丰富其产品知识，提升其沟通技巧和问题解决能力。

（2）加强协作，共享知识：鼓励客服团队加强协作，共享知识，以便更高效地解决复杂问题。

五、主动沟通与关怀

（1）定期跟进：在问题解决后，主动跟进用户的满意度评价，并为其提供额外的帮助或建议。

（2）关怀与感谢：在特别日期（如节日、生日）向用户发送关怀信息或感谢信，以加强情感连接。

六、持续收集反馈意见与优化客服流程

（1）建立用户反馈机制：建立有效的用户反馈机制，鼓励用户提供关于客服体验的意见和建议。

（2）分析数据与优化客服流程：定期分析客服数据，识别问题点，并基于反馈和数据不断优化客服流程和沟通策略。

综上所述，优化客服流程是一个持续的过程，需要企业不断投入资源、关注用户需求并通过创新手段提升服务效能。通过拓宽沟通渠道、提升响应速度、提供个性化服务、增强问题解决能力、主动沟通与关怀及持续收集反馈意见与优化客服流程，企业可以显著提升用户体验，进而在竞争激烈的市场中脱颖而出。

任务三　巧用八个技巧

【任务目标】

能够针对不同情景，合理运用八个技巧与用户进行沟通。

【知识基础】

一、语气助词要慎用

在使用即时通信工具沟通时，大部分人经常会用一些语气助词，如"哈哈""嘿嘿"等。有专门机构针对某即时通信工具做过两次网络调查，结果表明，当沟通过程中频繁出现"呵呵"时，大部分人会感到不高兴。

同样，如果人工客服在和用户沟通时误用词汇，让对方感到不适，那绝对是无法促成交易的。因此，在进行商务沟通或联系用户时，要慎用语气助词。

二、聊天节奏要适当

网络交流主要通过文字进行，因此交流节奏的把握尤为重要。招聘人工客服时一般要求其打字速度超过 50 字/分钟。作为商家，通常希望人工客服的聊天速度尽量快，以便接待更多用户、解决更多问题。然而，聊天速度并非越快越好，而是需要与用户保持协调。

用户与人工客服沟通通常带有特定需求，其潜在期望是获得需求满足。人工客服快速的响应速度能让用户产生优越感，感受到 24 小时真诚服务，从而对品牌或店铺产生信赖感。在沟通过程中，可以根据用户的特点设法调整聊天节奏：对急性子的用户，回复要快速简洁；对慢性子的用户，可适当放慢回复速度；对注重细节的用户，应提供详细解答。当用户严肃提出重要问题时，即使客服人员有现成的答案，也不应立即回复，以免给用户造成敷衍了事的印象。因此，准确把握聊天速度节奏需要人工客服具备高智商和高情商。

三、沟通时机要找准

在互联网销售中，与用户进行有效的沟通至关重要。为了达到最佳效果，人工客服需要在合适的时间点与用户进行沟通。

我们需要了解用户的购买历程，即用户在决定购买某项产品或服务时所经历的各个阶段。一般的购买历程模型包括四个阶段：意识阶段、考虑阶段、决策阶段和忠诚度阶段。

在意识阶段，用户尚未明确自身痛点，处于模糊的需求感知状态，会主动搜索行业关键词或被动接触广告。此时，可以通过 SEO 文章或短视频进行内容种草，在用户浏览竞品论坛时，推送广告。

在考虑阶段，用户已确认问题存在，开始评估不同解决路径。他们会高频对比产品参数（功能对比图、价格阶梯表），当其重复查看某产品页超 3 分钟时，可以通过触发客服弹窗与其进行沟通。

在决策阶段，用户已明确自身需求，并开始评估不同的供应商或产品。此时，用户更关注产品的性能、价格、售后服务等信息。在该阶段，人工客服可以与用户进行一对一的沟通，了解用户的具体需求，并为其提供个性化的解决方案和报价。

在忠诚度阶段，用户已选择你的产品或服务，并成为你的忠实用户。在该阶段，与用户的沟通可帮助人工客服了解用户的使用体验，为用户提供技术支持和售后服务，并进一步与用户建立长期稳定的合作关系。

综上所述，把握与用户沟通的最佳时间需要关注其在购买历程的不同阶段，对信息的需求和关注点。通过选择合理的沟通时间和正确的沟通方式，人工客服能更好地满足用户需求，促成商业合作。

四、用户问题正面答

有效回答用户的问题是人工客服最重要的工作之一，也是其基本工作内容。解答是否能让用户满意对销售结果影响较大。

在实际沟通中，经常有客服为了尽快达成交易，在用户咨询产品问题或遇到自己不会解答的问题时，采取回避态度，转移话题规避问题，甚至对存在质量问题的产品作出不实承诺，夸大产品的功能或进行虚假宣传。

下面是用户与客服之间关于纯银镀金饰品（金色银饰品）的对话对比同一场景下的两种问答。

对话 A：

用户：饰品会掉色吗？

客服：您放心，我们采用德国进口工艺，基本不掉色。我们的饰品都是今年的最新款，各种风格、款式都有，您看看有没有喜欢的。最近一周有优惠活动哦，机不可失，时不再来。

对话 B：

用户：饰品会掉色吗？

客服：除了纯金纯银，其他材质的饰品最终都会掉色。镀层的厚度和工艺、佩戴时间、磨损程度及保存方式都会影响饰品的保色时间。建议不佩戴时将饰品放入密封收纳袋中，防止接触空气导致氧化；洗手洗澡时尽量不要佩戴，防止接触化学品导致掉色；运动时也应避免佩戴，因为汗液会影响保色效果。我们家的饰品采用真金加厚电镀工艺，保存得当的情况下，至少一至两年内都不会掉色。通体纯银饰品不会掉色，但可能氧化发黑。

许多人工客服在用户咨询时，因担心用户无法接受产品缺陷而跳单，选择不直接说明产品问题。这种做法虽然可能促成短期成交，但用户在后续使用过程中仍然会发现产品问题，最终导致差评或复购率下降。因此，在回答用户关于产品问题时应保持坦诚。任何事物都不是完美的，用户对此也有充分认识。当然，在说明产品问题的同时，还应当告知用户如何预防这些问题，以及出现问题后的解决方法。

五、产品卖点"软"强调

要介绍好产品，不仅要掌握科学的产品介绍公式，还需配合恰当的表达方式和技巧。优秀的产品介绍能迅速聚焦产品亮点，并在自然对话中巧妙呈现，无刻意营销之嫌，让用户眼前一亮，在潜移默化中增强用户对产品的信任，进而提升成交率。

然而，现实中许多人工客服在介绍产品卖点时过于"生硬"，即介绍方式直白，缺乏技巧，一味营销。人工客服在介绍产品的过程中往往忽视用户感受，只是单向输出产品优点。因此，在介绍产品卖点时，人工客服应学会"软"渗透，自然地将产品卖点融入案例和生活点滴之中。再者，可以借助老用户的口碑传播来宣传产品卖点信息。

【实用案例】

星巴克咖啡的"软"渗透

星巴克作为全球知名的咖啡品牌，其成功秘诀之一便是将咖啡文化巧妙地融入消费者的日常生活当中。星巴克不仅仅是一家售卖咖啡的店铺，更是一个提供休闲、社交和放松场景的独特空间。其店面环境设计精心，座椅舒适，氛围温馨，让用户在品尝咖啡的同时，也能享受一种独特的生活方式。同时，星巴克还善于利用社交媒体和线上平台，分享用户在店内的愉快体验、咖啡制作的趣味视频及咖啡知识，这种"软"渗透的方式，既提升了品牌知名度，也增强了用户的品牌认同感，提高了用户对品牌的忠诚度。

星巴克在传达产品卖点方面同样表现出色。在店内，用户可以观察到咖啡师精湛的拉花技艺，品尝到不同产地咖啡豆的独特风味，感受到星巴克对咖啡品质的严格把控，从而不经意间了解到其咖啡的卖点。同时，星巴克还会定期推出季节性饮品或限定款咖啡，吸引用户关注和尝试。在线上平台，星巴克则通过发布与咖啡相关的有趣内容、用户故事和互动活动，让用户在轻松愉快的氛围中了解到星巴克咖啡的独特魅力和价值。这种渗透式的卖点传达方式，既不会让用户感到反感或有压力，又能有效提升品牌形象和产品认知度。

星巴克深知老用户口碑的重要性，因此一直致力于维护老用户的忠诚度和满意度。通过提供优质的服务、高品质的产品及个性化的用户体验，星巴克赢得了大量忠实用户的支持和喜爱。这些老用户不仅会在社交媒体上分享自己的愉快体验和对星巴克咖啡的喜爱，还会主动向他人推荐。为了进一步增强口碑传播的效果，星巴克还会定期举办老用户回馈活动、邀请老用户参与新品试喝和体验活动，并通过积分兑换、会员专享优惠等方式激励老用户进行口碑传播。这些举措不仅增强了老用户对品牌的归属感、提高了用户对品牌的忠诚度，也有效地吸引了新用户的关注和加入。

综上所述，星巴克咖啡通过融入生活、实现"软"渗透、不经意传达卖点及借助老用户口碑传递信息等方式，成功地打造了一个全球知名的咖啡品牌。

六、沟通主动权要掌握

在与用户沟通时，人工客服掌握主动权并引导话题走向至关重要。当用户顺应人工客服的思路时，成交过程通常会更加顺畅；反之，若人工客服被动跟随用户节奏，沟通话题可能偏离方向，成交更难以实现。那么，如何让用户顺应人工客服的思路呢？这个问题的关键在于设计话术时对用户可能提出的问题进行预测，并准备好应答预案。这样，在与用户沟通时，人工客服便能及时调整话题方向，引导其走向预定的方向。

【实用案例】

比亚迪掌握沟通主动权，引导用户思路，实现高效成交

随着新能源汽车市场的日益扩大，竞争也愈发激烈。比亚迪作为行业先锋，不仅需要提供高质量的产品和服务，还需要在与用户的沟通中占据主动地位，确保话题能够按照预定的方向进行，以顺利达成交易并提升品牌形象。

为了实现营销目标，比亚迪的营销团队对用户可能提出的问题进行了深入研究，并基于这些问题设计了一套具有引导性的话术。他们预测了用户可能关注的续航里程、充电便利性、安全性及售后服务等方面的问题，相应地准备了详细的应答预案。

在与用户沟通时，比亚迪的销售人员充分运用了接待话术和应答预案。他们不仅回答了用户的问题，还通过展示比亚迪产品的独特卖点和优势，如先进的电池技术、便捷的充电网络、卓越的安全性能及完善的售后服务体系，成功引导了用户讨论的话题走向。

通过实施这一策略，比亚迪显著提升了与用户的沟通效果。销售人员能够准确预测用户的问题，并运用准备好的话术和预案来引导话题走向。这使用户与比亚迪的沟通更加顺畅、愉快，因此使其更愿意购买比亚迪的新能源汽车。

比亚迪的成功案例表明，在与用户沟通时掌握主动权并引导话题走向是实现高效成交的关键。通过精准预测用户问题并准备详尽的应答预案，企业可以更好地引导用户思路，展示产品优势，最终实现高效成交。这一策略不仅适用于比亚迪这样的新能源汽车品牌，而且可以为其他行业的企业提供有益的借鉴和启示。在日益激烈的市场竞争中，掌握沟通主动权将成为企业脱颖而出的重要法宝。

七、用户需求深挖掘

深入挖掘用户需求是销售成功的关键。产品只是满足用户需求的工具，销售核心在于满足用户的需求和期望。许多产品在滞销往往是因为商家没有真正理解用户需求，或产品未能有效满足用户需求。

深入理解用户需求需要从用户的角度思考和体验产品。这不仅能帮助我们了解用户的显性需求，还能挖掘用户的隐性需求。用户有时可能并不完全清楚或无法准确表达自己的需求，这时就需要人工客服去深入挖掘和理解。

为了更好地理解用户需求，人工客服可以采用用户研究方法，如用户访谈、问卷调查、用户观察等。这些方法能帮助我们更深入地了解用户,挖掘用户的真实需求和痛点。同时,通过数据分析,人工客服能了解用户的行为模式和偏好,以便更好地满足用户的需求。

综上所述,若要成功销售产品,必须站在用户的角度,深入了解其需求,并通过研发或改进产品满足这些需求。通过这种方式,企业才能赢得用户信任,在竞争激烈的市场中脱颖而出。

【实用案例】

智能血压计——精准满足老年人健康管理需求

在老龄化社会背景下,老年人健康管理成为重要市场之一。然而,传统血压计使用不便、读数不准的问题,使其难以满足精准的健康管理需求。为此,某公司决定研制智能血压计,以填补这一市场空白。

为确保产品能够获得成功,某公司进行深入市场调研,与老年人及其家属进行广泛交流,了解用户在使用传统血压计的过程中面临的困扰及潜在需求。调研结果显示,老年人普遍希望血压计简单易用、读数准确,并能提供健康管理建议。基于用户需求,某公司明确了智能血压计的设计方向。

针对老年人的需求,某公司设计的智能血压计具有大屏幕显示、操作页面简单的特点,能确保简单易用;采用先进传感技术和算法,能保证测量准确性,并提供详细报告;还能根据测量结果,在饮食、运动调整等方面提供个性化健康管理建议。

某公司通过多种渠道推广产品,并积极收集用户反馈,不断优化产品。许多老年人及其家属表示,智能血压计让他们更放心,不仅能随时监测血压,还能为他们提供个性化建议。

智能血压计取得了巨大成功,满足了精准健康管理需求,赢得了用户信任并获得了大量好评。目前某公司的产品在市场上占据了领先地位,不仅为老年人健康管理提供了新的解决方案,而且推动了健康产业的发展。

此案例证明,深入了解用户需求并通过研发或改进产品满足用户需求,是赢得用户信任并在市场竞争中脱颖而出的关键。

八、话不说满留后路

在与用户沟通时,要注意语言表达的灵活性,避免把话说得太绝对或太满。即使是确定的信息,也应采用留有余地的表达方式,以便在出现意外情况时能够灵活应对,维护用户信任。

如果暂时无法满足用户的需求,不要直接回绝,而是要委婉表达,为未来的沟通和合作保留机会。同时,避免使用过于强硬的措辞,以免引发用户不满或矛盾升级。

综上所述,在与用户沟通时,要注意留有余地,避免因绝对化的表述导致误解或争议。始终友好、专业的态度沟通,给予用户尊重和思考空间,从而提升服务体验,增强用户满意度。

【实用案例】

无法继续的议价

用户:(商品链接)

客服:店内全部产品均来自韩国,无假货,所有商品都有采购图片,请亲们参考商品描述图片进行选择，本店商品满 200 元包邮，小样满 80 元包邮（新疆、西藏、内蒙古除外）。店主有事不在的话，亲们可自主下单，标注有现货的都可下单，店主回来后会第一时间联系大家。

用户：你好，可以便宜一点吗？

客服：最低了亲，不信可以去其他店看看。

用户：我看别的店有 40 多元的，比你家便宜。

客服：那他们肯定是假货，这个价格亏钱的。

用户：你怎么知道人家卖假货，你有证据吗？

客服：……

【任务实施】

一、任务背景

小华在航天积木儿童玩具网店工作了四年，期间店铺销量有显著增长，产品种类从最初的十几款扩展到了现在的四百多款。小华精心地对店铺产品进行了分类，划分出十二个大类，并为每类产品设置了富有吸引力的名称。在日常工作中，小华熟练掌握了八项处理用户咨询的技巧，这极大地提升了用户满意度。然而，近期店铺举办活动导致咨询量激增，小华每天需要接待上百位用户，并经常需要同时回复多位用户的咨询，这给她的工作带来了挑战。

二、任务分析

面对咨询量激增的问题，小华需要设计一套高效且有条理的话术来应对。这套话术应具备以下功能：

（1）快速响应用户：迅速回答用户的基本问题，减少用户的等待时间。

（2）清晰传达信息：准确、简洁地介绍产品信息和活动详情。

（3）提升用户体验：通过友好、专业的话语提升用户的购物体验。

（4）适应多线程咨询：能够在回复多位用户的同时保持条理性和专业性。

三、任务操作

（一）制定基础话术模板

开场白：_____

产品咨询话术：_____

活动信息：_____

结束语：_____

（二）针对常见问题设置快捷回复话术

关于发货：_____

关于退换货：_____

关于优惠：_____

（三）实战演练与调整

在实际咨询中试用这些话术，根据用户反馈和实际效果进行适时调整。特别注意当同时回复多位用户时，保持话语的条理性和专业性，避免混淆。

（四）实训

分组完成实训，每组 5~6 人。

四、任务思考

（1）如何在保持专业性的同时，让话术更加个性化，展现店铺和客服的独特魅力？

（2）如何有效结合人工客服与智能客服，以提升整体的服务质量？

五、任务总结

本任务的实施为航天积木儿童玩具网店提供了一套高效、有条理的客服接待话术体系，有助于提升顾客满意度和增强店铺竞争力。

【拓展阅读】

有效结合智能客服与人工客服，提升整体服务质量

1. 智能客服的初步响应

智能客服可以作为第一响应者，快速处理常见和简单的问题，如订单状态查询、产品信息询问等。智能客服可以通过自然语言处理技术理解并解析用户的问题，给出预设的答复或引导用户跳转至人工服务页面。

2. 人工客服的深度支持

对于复杂或特殊的问题，智能客服可以将对话转接给人工客服。人工客服具备更丰富的产品知识和更强的解决问题的能力，可以为用户提供个性化的帮助。除此之外，人工客服还可以处理用户的建议和投诉，通过灵活的沟通提升用户满意度。

3. 智能客服与人工客服的有效结合

智能客服可以记录和分析用户的常见问题，为人工客服提供有价值的信息，帮助他们更好地了解用户需求；人工客服的处理结果可以反馈给智能客服系统，用于优化自动回复规则和提高系统的学习能力。

用户在与智能客服交流时，应能够轻松切换到人工客服，而不需要重复描述问题或等待较长时间。保持用户页面的清晰和一致，使用户无论与哪种客服交流都能获得流畅的体验。

定期评估智能客服和人工客服的表现，通过用户满意度调查、服务质量指标等方式收集反馈。根据收集到的数据和用户反馈，不断调整和优化客服策略，以适应用户需求的变化和市场的发展。

智能客服和人工客服的结合，可以充分发挥二者各自的优势，为用户提供更高效、准确和个性化的服务，从而提升整体的服务质量和用户满意度。

【知识与技能训练】

一、单选题

1. 第一印象效应是由美国心理学家（　　）首先提出的，也叫首因效应、优先效应。
   A. 洛钦斯 B. 奥斯本
   C. 杜威 D. 卡尔·罗杰斯

2. 根据网店和商品的特点，定制符合品牌形象和风格的开场话术，以提升用户体验和满意度的方法称为（　　）。
   A. 预设话术 B. 个性化定制
   C. 开场接待 D. 首因效应

3. 下列选项中是肯定性诱导提问的是（　　）。
   A. 先生您好，请问有什么可以为您效劳的吗？
   B. 先生，您在付款过程中有什么困难吗？
   C. 这种产品有大、小两种，不知您喜欢哪一种，不过我想是不是大的比较合适呢？
   D. 先生您好，您需要换哪个尺码？

4. （　　）是处理异议的第一步。
   A. 回访用户 B. 耐心倾听
   C. 给用户道歉 D. 查看订单

5. 一般的购买历程模型包括四个阶段：意识阶段、考虑阶段、决策阶段和（　　）。
   A. 收尾阶段 B. 忠诚度阶段
   C. 评价阶段 D. 维护阶段

二、多选题

1. 打造良好的第一印象的具体措施包括（　　）。
   A. 选择客服昵称 B. 设计 Logo
   C. 设置社交工具资料 D. 设置客服开场接待话术
   E. 设置客服推荐话术

2. 一个常用的购买历程模型包括下列哪些阶段（　　）。
   A. 意识阶段 B. 考虑阶段
   C. 决策阶段 D. 忠诚度阶段
   E. 掌握主动权

3. 引导用户时的注意事项有（　　）。
   A. 满足用户的需求 B. 引导用户的思路
   C. 掌握主动权 D. 倾听用户的异议
   E. 将问题化繁为简

4. 在当今的商业环境中，客服部门是连接企业与用户的重要桥梁。一个高效、顺畅的客服流程不仅能够解决用户的问题，还能极大地提升用户的整体体验，进而提升用户的忠诚度、树立良好的品牌形象，下列哪些说法符合优化客服流程，提升用户体验（　　）。
   A. 拓宽沟通渠道 B. 提升响应速度

C. 个性化服务体验　　　　　　　　　　D. 主动沟通与关怀
E. 持续收集反馈与改进意见

5. 针对用户的议价，以下客服的回复不恰当的是（　　　）。
A. 作为正品我们已经是最低价格了亲，其他店铺低价的都是假货
B. 亲，我们是正品，质量做工都是非常讲究的呢，不议价哦
C. 不议价哦，预算不够慎拍，不送
D. 这么便宜的价格都嫌贵，想想自己有没有努力工作
E. 亲，小店产品都是明码标价的呢，我也只是个打工的

三、判断题

1. （　　）与一个人初次会面，需要较长时间的接触才能产生第一印象。
2. （　　）Logo 的设计务必追求精致、美观，视觉质感的要求是排在第一位的。
3. （　　）在网络购物环境中，开场接待用户的时候，一定要客服先介入会话。
4. （　　）用户的需求主要分为功能性需求、便捷性需求、社交性需求和个性化需求。
5. （　　）语气助词可以帮助客服传达轻松、愉悦的气氛，鼓励客服在与用户的沟通过程中随意使用。

项目五　智能客服

【知识目标】

1. 了解智能客服的发展历程。
2. 熟悉智能客服工具。
3. 熟悉智能客服的应用场景。

【技能目标】

1. 学会使用智能客服工具，如 ChatGPT、文心一言等。
2. 学会使用直播工具来配置虚拟主播形象。

【思政目标】

1. 提升学生的科技素养和信息技术应用能力。
2. 引导学生关注智能客服技术的发展历程和趋势，激发学生的创新意识和创造力。
3. 培养学生的思辨能力和批判性思维，关注智能客服领域涉及的伦理、隐私和安全等问题，形成科学合理的科技价值观。

【思维导图】

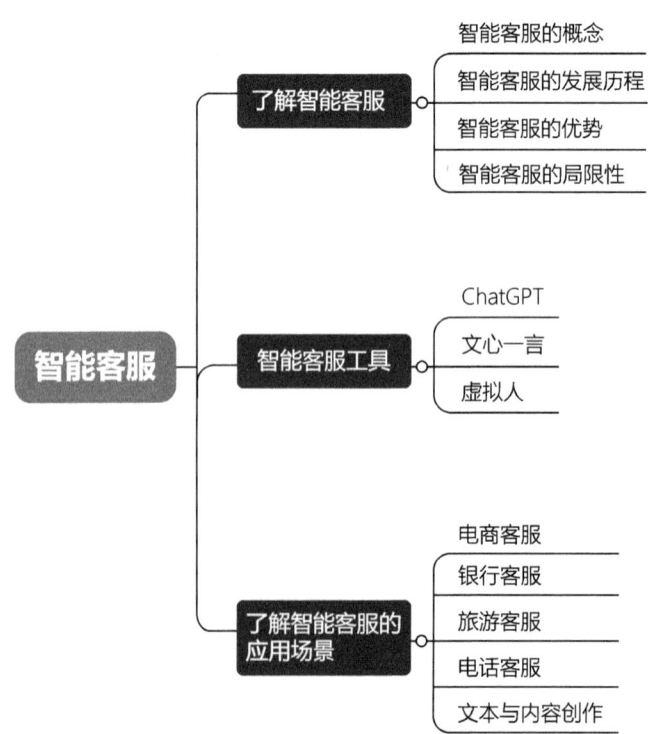

【引导案例】

智能客服小智的卓越服务

某电商公司有一个非常智能的聊天客服——小智。小智特别厉害，它不仅能回答各种问题，还能根据用户的喜好推荐商品。

一天，一位用户询问："嘿，小智，我最近想买一双运动鞋，有什么推荐的吗？"

小智立即回答："当然有啦，我看您喜欢运动风格的鞋子，这款新上市的运动鞋特别适合您，不仅舒适度高，而且设计也很时尚哦。"

用户听了很高兴，又问："那这双鞋的尺码怎么选呢？"

小智立即给出详细的尺码选择建议："您可以告诉我您平时穿的鞋子的尺码，或者告诉我您的脚长，我来帮您推荐最合适的尺码。"

用户在小智的帮助下，很快就选好了心仪的运动鞋。他还说："小智，你真是太厉害了，以后我买东西都要找你帮忙。"

智能客服小智不仅让用户购物变得更方便，而且提升了公司的销售业绩。这就是智能客服的魅力所在。

思考：

1. 智能客服小智是如何根据用户喜好推荐商品的？
2. 你还知道哪些智能客服工具？

任务一　了解智能客服

【任务目标】

了解智能客服的概念、发展历程及智能客服的优势和局限性。

【知识基础】

一、智能客服的概念

智能客服是一种基于人工智能技术的用户服务软件，旨在通过自动化的方式解答用户的问题和提供服务。智能客服通常使用自然语言处理技术和机器学习技术，通过分析用户的文本输入识别问题，自动匹配答案或提供相应的服务。

随着科技的不断发展，人工智能已经渗透我们生活的方方面面，包括客服行业。智能客服作为一种全新的服务方式，不仅提供了更高效、更便捷的用户服务支持，也给企业带来了更多的商机。

二、智能客服的发展历程

随着科技的快速发展，智能客服经历了多个发展阶段。从初创期到探索期、应用期、集成期，再到创新期，智能客服逐渐成为现代用户服务的重要工具。

（一）初创期

在初创期，智能客服主要通过简单的自动回复和预设答案提供服务。此时，智能客服还无法独立处理复杂的问题，通常需要人工客服的介入。这一阶段的智能客服主要用于基本的自助服务功能，如常见问题解答等。

（二）探索期

在探索期，随着人工智能技术的不断进步，智能客服开始具备更强大的功能。一方面，智能客服开始使用自然语言处理技术，能够理解更复杂的问题，提供更人性化的服务；另一方面，探索期的智能客服还开始尝试与社交媒体、电子邮件等多种渠道集成。

（三）应用期

在应用期，智能客服已经成为企业用户服务的重要组成部分。一方面，智能客服能够处理大部分的常见问题，减轻了人工客服的工作负担；另一方面，应用期的智能客服开始提供数据分析功能，帮助企业更好地了解用户需求和市场趋势。

（四）集成期

集成期的智能客服进一步发展，开始与其他企业级系统集成，实现数据的共享和互通。例如，智能客服可以与 CRM 系统集成，实时共享用户数据，大幅提高服务效率。此外，集成期的智能客服开始利用机器学习技术，持续进行自我优化和迭代升级。

（五）创新期

创新期的智能客服出现了许多新的技术和应用模式。例如，智能客服可以利用语音识别和生成技术提供语音交互服务。此外，一些先进的智能客服系统还可以通过情感分析技术理解用户的情绪状态，从而提供更加个性化的服务。

三、智能客服的优势

智能客服作为人工智能技术的应用，具有诸多优势。

（一）提高响应速度

智能客服可以 24 小时为用户提供服务，解决传统人工客服的时间限制问题。智能客服不受时间和地域的限制，可以随时为用户解答问题。相比传统人工客服，智能客服可以在瞬间做出回应，提高了解决问题的效率。

（二）节约成本

传统的客服团队需要占用大量人力资源回复用户的咨询和反馈，而智能客服可以通过自动化回答用户的常见问题、提供智能推荐等功能，同时处理多个用户的咨询，减少人工客服的工作压力，提高工作效率，进而极大地降低企业的运营成本。

（三）提升用户满意度

智能客服运用自然语言处理技术，能够理解用户提出的问题，并提供与用户需求相匹配的答案，极大地提升用户满意度。

（四）提供个性化服务

智能客服还可以通过数据分析和机器学习，了解用户的喜好、购买习惯等个性化信息，不断提升服务水平，提供更加个性化和准确的解决方案。

四、智能客服的局限性

智能客服也存在一些局限性。例如，对复杂或模糊的问题，智能客服可能无法给用户准确的答案。此外，由于智能客服不具备人类情感和人际交往能力，所以难以处理一些情感化或个性化的服务需求。

【实用案例】

阿里店小蜜的开启方式

随着电子商务的快速发展，店铺的访问量和咨询量不断增加，传统的人工客服已经无法满足用户对高效响应的需求。阿里店小蜜是阿里巴巴在2017年推出的一款懂电商的智能客服机器人。阿里店小蜜智能客服系统通过自动化、智能化的方式，有效提升了服务质量和工作效率。

（1）在千牛工作平台搜索"店小蜜"，下方会自动弹出【阿里店小蜜】入口，如图5-1所示。

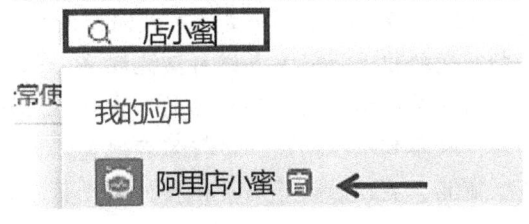

图 5-1　阿里店小蜜入口

（2）单击【阿里店小蜜】按钮，进入阿里店小蜜工具后台，我们可以在页面右上方看到两种接单模式，如图5-2所示，根据店铺需求进行选择使用。

图 5-2　阿里店小蜜接单模式

（3）商家对阿里店小蜜【问答管理】和【商品知识】两大板块的内容进行配置，如图5-3所示，确保阿里店小蜜在接待过程中，给用户提供最精准的答复。阿里店小蜜训练师对智能客服词汇量进行汇总，为机器人配置店铺的高频问题，并有针对性地设置专属答案。例如，商品的材质、面料，以及商品的使用方法、不同款式之间的区别，当用户提问比较专业的问题时，智能客服同样可以精准地回复专业答案。智能客服可以有效地提升接待质量，促进更多的询单转化，为店铺带来更多的订单。

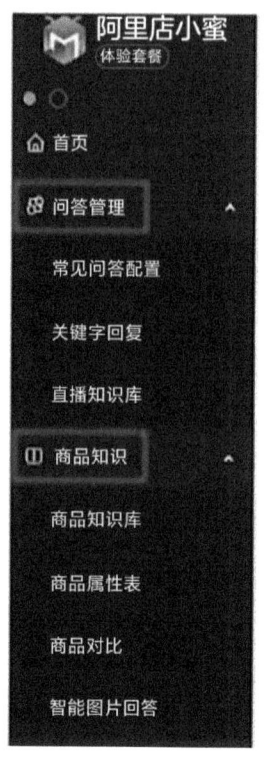

图 5-3 【问答管理】和【商品知识】板块

（4）知识库的问题大体可以分为两大类。一类是高频问题，这类问题出现的频率非常高，阿里店小蜜会针对行业高频问题给出通用答案并进行智能配置，商家只要一键订阅即可使用。另一类是个性问题，这类问题通常是由于店铺和产品的个性化，用户会提出不一样的问题，商家可以手动添加用户问题，收集到个性问题，进行答案配置。在配置答案的过程中可以进行多答案、图文答案、关联商品、关联时效等场景化操作，配置答案页面如图 5-4 所示。

图 5-4 配置答案页面

【任务实施】

一、任务背景

随着人工智能技术的飞速发展，智能客服逐渐成为企业提升服务质量和工作效率的重要工具。智能客服不仅能够 24 小时不间断地为用户提供服务，还能通过自然语言处理技术理解用户意图，提供精准的回答和解决方案。为了更好地了解智能客服的应用现状和未来趋势，本任务旨在分析当前市场上主流的智能客服工具，探索其功能特点、应用场景及优缺点。

二、任务分析

（1）识别并列出当前市场上主流的智能客服工具。

（2）分析这些工具的核心功能、技术特点及应用场景。

（3）评估各工具的优缺点，为企业选择智能客服解决方案提供参考。

三、任务操作

（一）市场调研

（1）通过搜索引擎、行业报告、社交媒体等渠道收集智能客服工具的相关信息。

（2）关注国内外知名的人工智能企业、云服务提供商及初创公司在智能客服领域的动态。

（二）工具评估

（1）选择有代表性的智能客服工具并对其进行深入评估，包括但不限于京东AI客服"小智"、阿里店小蜜、ChatGPT、文心一言、虚拟人等。

（2）分析这些工具的核心技术、功能特点、应用场景及用户评价。

（3）尝试注册智能客服工具，亲身体验其操作页面、响应速度及问题解决能力。

（三）案例研究

（1）收集并分析智能客服在不同行业的应用案例，了解其在不同场景下的表现及价值。

（2）重点关注电商、金融、教育、医疗等客服密集型行业的成功案例。

（四）优缺点总结

（1）根据市场调研和工具评估的结果，总结各智能客服工具的优缺点。

（2）针对不同企业的需求和预算，提出智能客服解决方案的推荐意见。

（五）实训

分组完成实训任务，每组5~6人。

四、任务思考

（1）分析人机协作在智能客服领域的重要性及发展趋势？

（2）探讨如何构建更加高效、更加协同的人机协作机制，以提升企业整体客服水平？

五、任务总结

本次任务通过深入调研和分析，为企业的智能客服解决方案选择提供了有价值的参考。同时，我们也深入探讨了人机协作在智能客服领域的重要性和发展趋势，为企业构建高效协同的人机协作机制提供了有益建议。

【拓展阅读】

网店使用智能客服"阿里店小蜜"的优势

1. 工作量大，人工成本低

同样的工作量，店铺原本需要 10 位人工客服，现在只需 3 位人工客服，智能客服能承担 70% 的工作量，当到咨询量激增，人工客服不够用时，仅需增加机器人和 1 位人工客服，人工成本直接减半，还减少了不必要的运营支出和培训新客服的精力投入。

2. 回复率高，响应时长短

开启智能辅助模式后，用户平均提出 10 个问题，其中 8 个问题将由机器人在 1 秒内精确回复，这可以有效地提高回复率，大大缩短响应时长，保障店铺的咨询体验分长期高于类目平均水平。

3. 询单转化率高，操作难度小

"阿里店小蜜"训练师对智能客服的"词汇量"进行汇总，为"阿里店小蜜"配置店铺的高频问题，并有针对性地设置专属答案。

任务二　智能客服工具

【任务目标】

了解并学会使用智能客服工具，如 ChatGPT、文心一言、虚拟人。

【知识基础】

ChatGPT

一、ChatGPT

ChatGPT 技术是由美国 OpenAI 公司开发的一种基于生成对抗网络（GAN）的自然语言处理技术。它通过进行大规模数据训练，可以生成类似人类回复的自然语言。这种技术的核心是语言模型，通过输入问题或对话内容，它可以生成与输入内容相关的合理回答。近年来，随着人工智能技术的快速发展，智能客服已经成为客服行业的新宠。然而，ChatGPT 在智能客服领域的落地仍然面临诸多挑战，因为这是一个专业性强、目的明确的应用领域。

（一）ChatGPT 的优势

ChatGPT 是一种具有自学习能力的机器人，它在客服中心应用方面具有诸多优势。这些优势与传统人工智能的优势不同，ChatGPT 在客服中心应用方面的优势有以下四点。

1. ChatGPT 可以快速提供精准的答案

ChatGPT 在问题回答上具有较强的精确性。在用户咨询时，通过文字输入或语音识别，

ChatGPT 可以快速理解用户的各种问题，并迅速给出相应的答案，不但速度快，而且准确度高，缩短了用户等待时间，提升了服务体验。

2. ChatGPT 具备情感理解能力

除基本的问题回答能力外，ChatGPT 还具备情感理解能力，能够准确地识别用户的情感和态度，并根据不同的情绪状态给出不同的反应和回应。例如，在用户投诉时，ChatGPT 可以选择合适的话语来稳定用户的情绪，保持良好的沟通氛围，并及时将用户转接给专业的客服人员，为其提供更专业的服务。

3. ChatGPT 具备语言能力和自然交互能力

ChatGPT 不仅可以识别多种语言，还可以进行语音识别和语音合成，进一步提升了用户体验。它在与用户的交互中，展现出更接近于人类的对话方式，通过自然语言处理技术，ChatGPT 能够理解用户藏在文字背后的真实意图，帮助用户解决问题，提供更亲密的互动式服务。

4. ChatGPT 具备自学习和优化能力

智能机器人除满足用户需求外，还需要不断地优化自身性能。ChatGPT 利用神经网络技术和深度学习技术，能够对用户历史记录数据进行分析和学习，在用户的持续使用中，不断完善、优化自我回答模型，提高回答的准确性和实用性。

总体而言，ChatGPT 在客服中心应用方面的优势在于其快速精准的答案输出、情感理解能力、自然语言处理技术、多语言支持技术以及学习和优化能力等。对当下的客服行业而言，使用 ChatGPT 技术可以大幅提高用户服务质量，缩短等待时间，降低人工成本，进而赢得用户的信任和忠诚。

（二）ChatGPT 在用户服务行业中的应用

ChatGPT 技术在用户服务行业可以被应用于多种场景。

1. 在线客服 AI 助手

在客服与用户的交互过程中，ChatGPT 作为一个智能客服助手，可以快速解答用户的问题。ChatGPT 能够通过对话的方式识别用户意图，提供准确的回答或指引，缩短等待时间，降低人工成本。

2. 语音客服机器人

ChatGPT 可以整合语音识别技术和语音合成技术，成为客服中心的语音机器人，通过电话、微信语音等多种渠道接入用户，提供快速准确的服务。用户可以通过语音与机器人交互，ChatGPT 能够精准识别用户意图，并通过语音回答解决用户问题，提升用户体验。

3. 智能质检系统

在传统客服业务中，需要进行一些质检工作以保证服务质量。传统的质检方式需要人工参与，成本高且效率低。ChatGPT 可以通过合理的数据分析和算法判断，并结合用户评价数据自动出具质检报告，并给出针对性的人才培训建议和用户需求调整建议，以提升企业的服务质量和团队能力。

4. 智能知识库

企业可以利用ChatGPT搭建知识库，将企业文档、解决方案和最新的用户资料进行整合，并对企业多年的客服回答内容进行汇总分类。通过将这些特定领域的数据输入ChatGPT大模型，训练其回答这类问题的能力。

利用自然语言处理技术，客服人员可以快速检索相关文档及资料，并提高其工作效率和工作准确度。

（三）ChatGPT在用户服务行业的未来发展空间

ChatGPT在用户经营和服务营销方面有广阔的发展空间，具体包括以下四个方面。

1. 个性化服务

ChatGPT可以根据用户的个性和兴趣推荐相应的产品和服务。ChatGPT能够帮助企业提供更加个性化的服务，通过对话的方式识别用户的需求和喜好，让用户享受更加贴心的服务。例如，当用户询问某个产品是否适合自己时，ChatGPT可以根据用户的年龄、性别、职业等信息识别用户的喜好并回复。

2. 营销推广

ChatGPT可以通过对话的方式对产品和服务进行宣传和推广。ChatGPT可以深入了解用户的需求和购买习惯并推荐产品，从而提高购买率和转化率。同时，ChatGPT还可以通过在线问卷调查等方式获取用户反馈和建议，帮助企业更好地了解用户的需求和心理。

3. 用户关系管理

ChatGPT可以整合用户关系管理系统（Customer Relationship Management，CRM），为企业提供更加全面的用户服务。利用自然语言处理技术，ChatGPT可以快速识别用户的意图，帮助企业更好地了解用户需求，从而制定更为有效的服务策略，并及时调整产品和服务，提高用户满意度。

4. 智能分析

ChatGPT可以通过对话数据进行深度学习和智能分析，为企业提供更加高效的服务。例如，ChatGPT可以根据用户的询问和反馈信息，提供相关的数据分析报告，帮助企业更好地了解用户的需求和行为，从而做出更加智能化的决策。

【实用案例】

与ChatGPT顺畅对话

由于ChatGPT的官方网站可能受到网络限制，部分用户无法直接访问。此时，用户可以尝试使用科学上网工具或寻求第三方平台提供的服务，如ChatGPT中文在线，以更方便地使用这一强大的智能机器人。

要充分利用插头ChatGPT中文在线，关键在于编写有效的提示词。"我想要减肥，该怎么做？"这样的提示词过于模糊，往往导致用户无法得到满意的答案。

有效的提示词应具备以下特点：首先，表达要准确，关键字指向要清晰，避免出现表述模糊、有歧义或不完整的句子；其次，要有明确的背景和任务，如角色设定、背景介绍，以及明确的工作任务和目标，要清晰表达意图；最后，要有具体的要求，如风格、长度、数量的限定。例如,"你是一名专业的健身教练,也是一名营养师,我想要减肥,目标是一个月内减重5kg。请你根据我的身高(175cm)和体重(80kg),帮我制订一份详细的一周健身计划和一周饮食清单。"编写好这样的提示词后,直接输入,智能客服便会给出一个满意的答案,如下所述。

在了解您的需求之后,我为您制订了一份结合健身与营养的一周计划,旨在帮助您健康地减重。需注意的是,在减重过程中保持耐心和持续性非常重要,同时要确保身体得到充分的休息,并补充充足的水分。

<一周健身计划>

周一:全身力量训练。

热身:慢跑10分钟。

深蹲3组×12次。

俯卧撑3组×12次。

哑铃划船3组×12次。

仰卧起坐3组×20次。

拉伸放松。

周二:有氧训练。

热身:快走5分钟。

慢跑/快走交替30分钟。

自行车/椭圆机20分钟。

拉伸放松。

周三:休息或轻量活动(如散步、做瑜伽)。

周四:上肢强化。

热身:跳绳5分钟。

哑铃肩推3组×12次。

哑铃弯举3组×12次。

三头肌绳索下压3组×12次。

平板支撑3组,每组时间尽量长。

拉伸放松。

周五:有氧+HIIT(高强度间歇训练)。

热身:动态拉伸5分钟。

HIIT:30秒全力,15秒休息,循环10组。

慢跑/快走交替20分钟。

拉伸放松。

周六:下肢与核心。

热身：慢跑 10 分钟。

硬拉 3 组 ×12 次。

箭步蹲 3 组 ×12 次（每腿）。

俄罗斯转体 3 组 ×20 次。

平板支撑抬腿 3 组 ×12 次（每腿）。

拉伸放松。

周日：休息或轻松活动。

<一周饮食清单>

早餐（每天变换）：

燕麦粥＋蓝莓＋蜂蜜＋低脂牛奶。

全麦吐司＋煎蛋＋番茄切片＋绿茶。

酸奶＋全麦面包＋坚果＋水果沙拉。

午餐：

烤鸡胸肉/瘦牛肉＋混合蔬菜（蒸/炒）＋糙米/红薯。

三文鱼/豆腐＋绿叶蔬菜沙拉＋紫薯/糙米。

晚餐：

蔬菜汤（少油少盐）＋全麦面包＋烤蔬菜。

鸡蛋羹＋清炒时蔬＋小米粥。

加餐（可选，控制饥饿感）：

坚果。

水果（如苹果、橙子）。

低脂酸奶或豆浆。

注意事项：

保证每天至少 8 杯水，避免摄入含糖饮料和高热量零食。

睡前 3 小时尽量不进食。

每周至少测量一次体重和体脂率，调整计划以适应身体变化。

如遇身体不适，请适当调整训练强度并咨询专业人士。

希望这份计划能帮助您达成减重目标，记得持之以恒，健康减重！

二、文心一言

文心一言是百度基于基础技术研发和持续优化训练逐步发展而来的知识增强大语言模型。它采用了最新的人工智能技术，可以与用户进行自然、流畅的对话，帮助用户解决各种问题。文心一言具备强大的语音识别与合成功能，使得人机交互更接近自然状态。利用语音识别技术,文心一言能够将用户的语音转化为文字,确保快速、准确地获取用户意图;而语音合成技术则将文字信息转化为自然语音进行输出,为用户提供清晰、流畅的语音反馈。

(一)自然语言理解

自然语言理解是文心一言的核心技术之一。它使得智能客服能够理解人类的语言,并能从中提取出关键信息。通过深度学习和自然语言处理技术,文心一言能够理解用户的意图,并为其提供精准的答案或服务。

(二)机器学习与知识图谱

文心一言采用了先进的机器学习算法,这使其在面对复杂问题时能不断自我优化和迭代升级。同时,结合知识图谱技术,文心一言能够为用户提供全面、准确的信息,满足用户多样化的需求。

(三)聊天与交互设计

文心一言的聊天与交互设计致力于为用户提供顺畅的服务。文心一言通过预设的对话流程和开放性问题,引导用户快速找到所需信息。同时,文心一言也支持多轮对话,确保用户的问题得到完整、连贯的解答。

(四)人机协作与智能推荐

文心一言不仅能独立解决问题,还能与其他人工客服进行无缝对接。文心一言利用智能推荐技术,并结合用户的需求和习惯,为其推荐合适的服务或产品。此外,文心一言还能与其他智能系统协作,提升工作效率和用户体验。

(五)个性化服务

文心一言能够识别和理解用户的情感,根据用户的需求和偏好提供个性化的服务。例如,文心一言可以根据用户的购买历史、浏览记录等信息为其推荐相关产品或服务。这种个性化的服务可以让用户感受到更加贴心和专业的关怀。在用户表达不满时,文心一言能快速响应,调整沟通策略,以平息用户的不满情绪,如自动转接人工客服等。

(六)多元化场景支持

文心一言适用于多种场景,如用户服务、智能助手及虚拟导游。文心一言能够根据不同的场景和需求,灵活调整自身的表现和功能,满足用户的多样化需求。无论是在线教育、旅游服务还是电商客服,文心一言都能为用户提供高效、便捷的服务。

【实用案例】

提升用户体验的智能助手

某知名在线教育平台为提升用户体验和服务质量,引入文心一言作为智能客服助手。平台期望借助其自然语言处理和智能对话能力,为用户提供更便捷、更个性化的客服服务。

在线教育平台的用户群体广泛,包括学生、家长和教师等。在使用过程中,他们常遇到课程查询、账号、技术故障等各类问题。为更高效地解决这些问题,平台部署了文心一言智能客服系统。一位家长在使用该平台时遇到课程购买问题,通过在线客服入口与文心一言对话。文心一言迅速识别问题,提供了详细的购买指南和操作步骤。同时,根据用户反馈,文心一言还主动提供了额外的帮助和优惠信息，圆满解决了用户遇到的问题。

（1）用户体验提升：文心一言的智能对话能力使用户能更便捷地获取所需信息，解决了传统客服响应慢、信息不准确的问题。这位家长对平台的客服服务表示非常满意，并愿意继续使用平台服务。

（2）服务效率提升：通过自动化的智能回复，文心一言减轻了人工客服的工作负担，提高了客服服务效率。平台能更快速地响应用户问题，提供更高效的服务。

（3）个性化服务：文心一言能根据用户的个人信息和历史记录，提供个性化服务建议。在此案例中，它根据家长的购买历史和偏好，主动提供了相关的课程推荐和优惠信息，增强了用户的购买意愿，提升了用户的忠诚度。

（4）品牌形象提升：借助文心一言的智能客服服务，在线教育平台提供了更便捷、更个性化的用户体验，提升了用户的信任度和品牌形象。用户更愿意向他人推荐该平台的服务。

此案例展示了文心一言作为智能客服助手，为在线教育平台带来的用户体验和服务质量提升。通过智能对话和个性化服务，文心一言帮助平台更高效地解决了用户问题，提升了用户满意度和品牌形象，展现了其在客服领域的应用前景和巨大价值。

三、虚拟人

虚拟人（Virtual Human）指通过数字技术模拟人类特征而合成的三维模型。虚拟人模型不但具有人体的外貌，而且能较为真实地显示出人体的正常生理状态和出现的各种变化。虚拟人是具有数字化外形的虚拟人物，依赖显示设备存在，并拥有人的外貌、语言及行为。

虚拟人

（一）虚拟主播

虚拟主播是虚拟人的一种表现形式。虚拟主播，又称为虚拟 UP 主，是通过计算机技术实现类似主播功能的虚拟人物。虚拟主播以原创的虚拟人物设定和形象在视频网站和社交平台开展活动，如进行游戏直播、发布视频等。

虚拟主播的形象可以是多样化的，既有卡通人物，也有仿真人模型。虚拟主播虽然不是真实的人，但其存在价值。虚拟主播不仅能够为观众提供娱乐和陪伴，还能够通过直播带货、产品代言等方式创造经济价值。甚至一些知名的虚拟主播拥有庞大的粉丝群体及高昂的打赏收入。

然而，虽然虚拟主播行业有着广阔的发展前景，但也存在着一些挑战和问题。例如，创作虚拟主播的成本较高，需要投入大量的技术和人力资源；虚拟主播的形象和个性设计也需要不断创新和完善，以满足用户日益增长的需求。此外，虚拟主播行业也面临着监管和规范的问题，需要相关政策和法规的引导和约束。

（二）虚拟偶像

虚拟偶像是指通过建模、动作捕捉或 AI 等科技手段创作出的具有外貌特征和行为模式的虚拟形象，主要用于偶像活动，并拥有自己的虚拟设定和作品产出。

虚拟偶像具有以下三个特点。

（1）技术驱动：利用建模、渲染、动作捕捉、AI 等技术创作高度逼真的虚拟形象。

（2）虚拟设定：每个虚拟偶像都有独特的背景故事、性格特点和视觉形象。

（3）作品产出：虚拟偶像会发布歌曲、视频或进行直播，与粉丝保持互动。

随着技术的不断发展，虚拟人已经被广泛应用于各个领域，如娱乐、医学、游戏、虚拟现实等。在娱乐领域，虚拟偶像、虚拟主播等已经成为一种新的文化现象。在医学领域，虚拟人可以用于模拟手术、医学教学等活动中。在游戏和虚拟现实领域，虚拟人可以作为游戏角色或用户的化身，为玩家提供更加丰富且更加真实的体验。

虚拟人是数字技术发展的产物，具有广阔的应用前景和巨大的发展潜力。随着技术的不断进步和应用场景的不断拓展，虚拟人将会在未来发挥更加重要的作用。

【任务实施】

一、任务背景

基于直播、短视频平台的海量流量特征，利用虚拟人技术+动作捕捉技术进行内容和营销创新，成为吸引用户的关键。使用虚拟形象进行直播，可全天候直播带货，为品牌抢占闲时流量，通过更立体、更自然生动的方式将品牌 IP 有效展现，能促进企业更好地挖掘品牌价值，实现更高效的转化。

二、任务分析

使用直播伴侣软件设置虚拟形象，包括"形象""互动""换装""场景""动捕"等方面，创造逼真的虚拟主播形象，并根据实际需求进行优化调整。

三、任务操作

（一）设置虚拟形象

（1）下载并安装抖音直播伴侣软件，并打开该软件。

（2）在软件首页选择自己需要的直播平台。

（3）进入登录页面后，输入手机号，并单击【获取验证码】按钮，勾选【已阅读同意】复选框后，单击【登录】按钮。也可以使用手机中的抖音 App 进行扫码登录。

（4）进入"直播伴侣"页面后，在页面左侧选择【直播工具】选项，单击【虚拟形象】按钮。下载完成安装后，打开该工具。下载虚拟形象页面如图 5-5 所示。

图 5-5　下载虚拟形象页面

（5）在"虚拟形象"配置页面中，单击【角色】按钮，在预设角色页面中选择【2D形象】或【3D形象】选项，选择自己喜欢的角色。"虚拟形象"配置页面如图5-6所示。

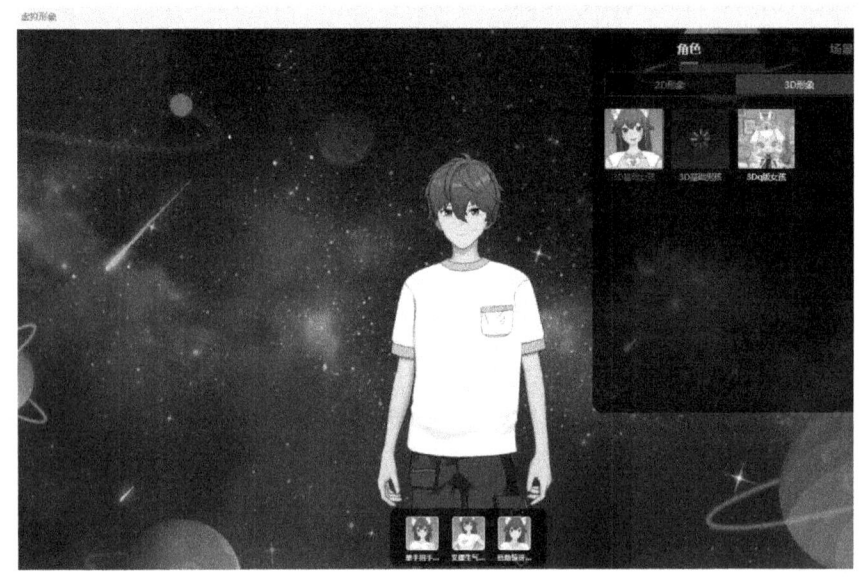

图5-6 "虚拟形象"配置页面

（6）设置好角色之后，还可以在左侧页面中对"互动""换装""场景""动捕"等选项进行设置。设置好之后，在"虚拟形象"页面中还可以查看当前设置的结果。"互动""换装""场景"设置页面如图5-7所示。

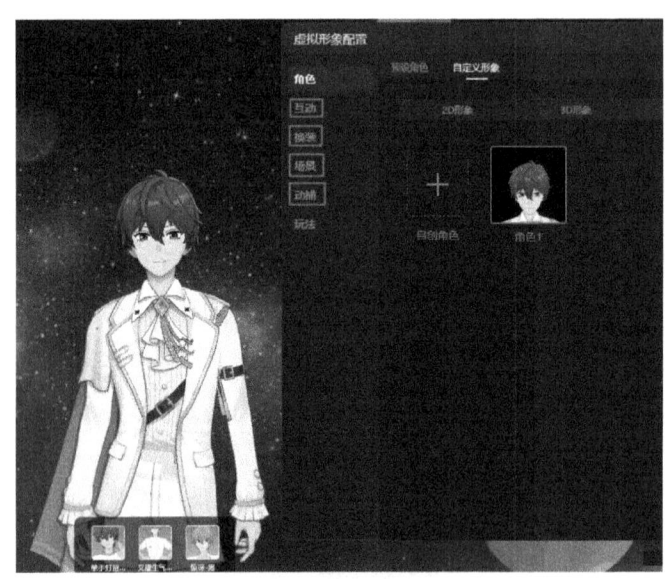

图5-7 "互动""换装""场景"设置页面

（7）完成以上步骤后，可以在抖音直播中使用自己设置的虚拟形象。

（二）直播内容制作与呈现

结合虚拟主播的特点和用户需求，制作高质量的直播内容，包括场景设计、互动环节策划等。同时，利用实时渲染等技术，为用户呈现更加生动真实的直播效果。

(三）观众互动方式创新

利用虚拟人技术的优势，设计新颖的观众互动方式，如虚拟礼物、实时问答等，增强用户的参与感，提升用户的黏性。

（四）实训

分组完成实训任务，每组 5~6 人。

四、任务思考

（1）在直播和短视频领域，如何有效地将虚拟人技术与动捕技术融合，以实现内容和营销上的创新？

（2）在使用虚拟形象进行直播时，如何确保用户的观看体验，包括画面流畅度、声音清晰度等？

五、任务总结

利用虚拟人技术＋动捕技术实现内容和营销上的创新，是吸引用户的关键。然而，在实施过程中，企业需要面对技术融合、用户体验、品牌价值传递和合规监管等多方面的挑战。因此，企业需要制定明确的策略，加强技术研发和创新，提升用户体验并增强互动性，强化品牌价值传递和提高转化效率，同时确保合规。

【拓展阅读】

虚拟人定制解决方案助力虚拟偶像等场景应用

从虚拟人鼻祖初音未来到本土歌手洛天依，再到横空出世的 AYAYI，我们可以看到虚拟人定制解决方案在偶像等场景应用中的不断发展和创新。

初音未来作为虚拟偶像的先驱，通过音乐合成技术和可爱的虚拟形象，在全球范围内赢得了众多粉丝的喜爱和追捧。她的成功不仅证明了虚拟偶像的潜力，也为后来的虚拟人定制解决方案提供了宝贵的经验和启示。

洛天依则是中国本土虚拟偶像的代表，她以独特的嗓音和鲜明的个性赢得了广大粉丝的喜爱。洛天依的成功不仅展现了中国虚拟偶像市场的巨大潜力，也推动了本土虚拟人定制解决方案的发展和创新。

AYAYI 的横空出世则代表了虚拟人定制解决方案的最新成果。她不仅拥有高度逼真的虚拟形象，还具备智能化的交互能力，可以与粉丝进行更加自然且深入的互动。AYAYI 的出现为偶像等场景应用带来了全新的可能性，也带来了一些挑战。

总的来说，从初音未来到洛天依再到 AYAYI，虚拟人定制解决方案在偶像等场景应用中的不断发展和创新，为我们展现了虚拟偶像的无限潜力和魅力。随着技术的不断进步和市场的不断拓展，我们相信未来会有更多的虚拟偶像走进我们的生活，为我们带来更多的惊喜和欢乐。

任务三　了解智能客服的应用场景

【任务目标】

了解智能客服在电商、银行、旅游、文本与内容创作等领域的应用场景。

【知识基础】

一、电商客服

在电商行业,智能客服可以在网站上实时回答用户的咨询和解答用户的疑问,帮助用户查询订单、退换货及为用户提供商品咨询等服务,帮助用户解决购买过程中的问题,为用户提供便捷的购物体验。同时,基于用户的购买记录和兴趣,智能客服还可以为用户提供个性化的商品推荐,提升用户的购买体验。

【实用案例】

拼多多电商平台的智能客服

拼多多电商平台的智能客服设置主要面向商家,其可以通过拼多多商家后台或商家版 App 对智能客服进行配置。

1. 登录拼多多商家后台或商家版 App

商家可以通过电脑浏览器访问拼多多商家后台,输入账号和密码登录。如果使用手机进行操作,可以打开拼多多商家版 App,并登录商家账号。

2. 找到客服机器人设置入口

进入"商家后台"页面后,寻找与客服相关的设置选项,通常可以在"客服管理"或"店铺设置"等菜单下找到客服机器人的设置入口,如图 5-8 所示。

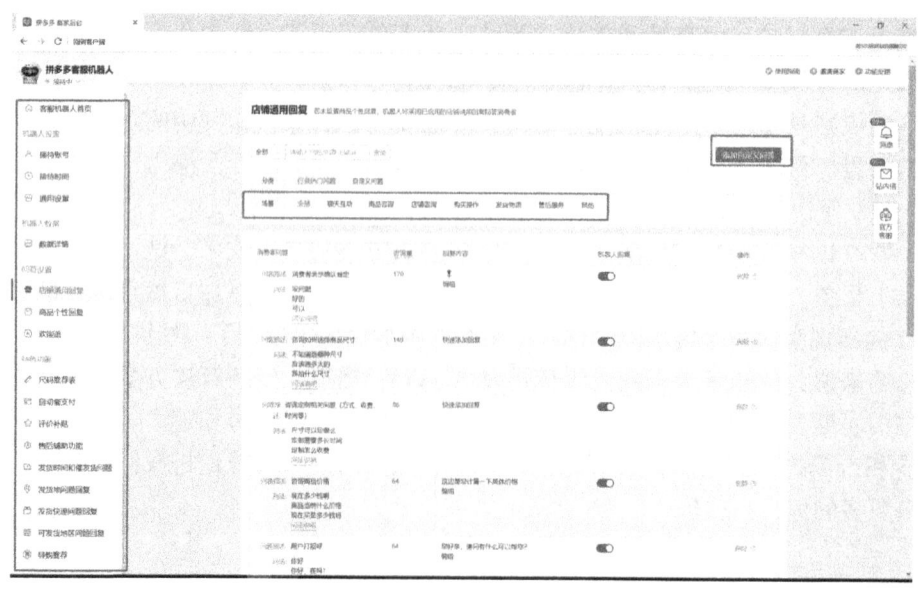

图 5-8　客服机器人的设置入口

3. 设置客服机器人

（1）在问答设置中，设置店铺通用回复，将用户经常咨询的问题及答案录入知识库中，以便机器人能够快速准确地回复用户，如图5-9所示。

图 5-9　设置店铺通用回复

（2）针对某一问题的描述，编辑机器人回复，如图5-10所示。

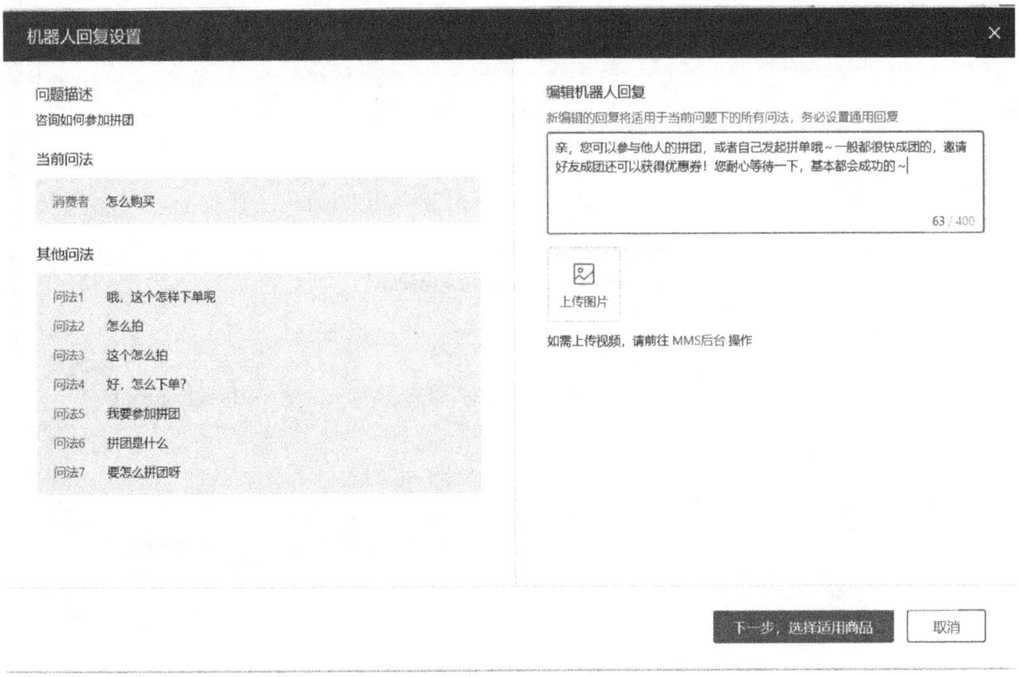

图 5-10　编辑机器人回复

(3)设置完回复后,选择商品,如图 5-11 所示。

图 5-11　选择商品

(4)机器人聊天对话具体应用如下,如图 5-12 所示。

图 5-12　机器人聊天对话

二、银行客服

在银行业，智能客服可以为用户提供账户查询、转账操作等基本服务，缩短用户等待时间，提高工作效率，同时也可以帮助用户了解金融产品和投资理财方案。更重要的是，智能客服可以通过对用户的风险偏好和资产状况进行预测，为用户提供更加个性化的理财建议。

【实用案例】

上海银行的"AI 交易员"

上海银行的"AI 交易员"项目是金融科技领域的一项重要创新。通过运用自然语言识别、机器学习、量化交易等前沿技术，该项目实现了交易全流程的智能化，显著提升了交易效率并降低了交易成本。这一创新不仅增强了上海银行的核心交易能力，也为其在金融市场中的竞争提供了有力支持。

同时，上海银行还积极部署了"海小智"和"海小慧"两位数字虚拟人员工，让其在手机银行中扮演智能客服和营销主播角色。这两位数字员工不仅具备逼真的姿态、动作、表情和语气语调，还能进行实时语音交互，为用户提供专属的交互体验。这种创新服务模式不仅提升了用户的满意度和忠诚度，也进一步推动了上海银行在数字化转型方面的进程。

综上所述，上海银行通过"AI 交易员"项目和数字虚拟人员工的部署，展示了其在金融科技领域的创新实力和领先地位。这些创新举措不仅提升了上海银行的服务质量和工作效率，也为用户带来了更加便捷、高效和个性化的金融服务体验。

三、旅游客服

智能客服可以为用户提供旅游目的地推荐、交通路线查询及酒店预订等服务，为用户的旅行安排提供便利。另外，智能客服还可以通过分析用户的兴趣和旅行历史，为用户提供个性化的旅游建议和行程规划。

【实用案例】

旅游智能客服的应用场景

1. 个性化行程规划与推荐

在智慧旅游平台中，智能客服系统能够根据游客的偏好、历史行为数据及实时旅游信息，为游客提供个性化的行程规划。例如，对于喜欢自然风光的游客，智能客服可能推荐包含九寨沟、张家界等景点的行程路线；对于喜欢历史文化的游客，则可能向其推荐故宫、兵马俑等景点。

2. 实时旅游信息咨询与解答

在旅游旺季或特定节假日，游客对旅游信息的咨询量会大幅增加。智能客服系统能够 24 小时在线，快速响应游客的咨询，解答关于景点开放时间、门票预订、交通方式等方面的各类问题。例如，在杭州西湖风景名胜区，游客可以通过智能客服系统实时查询景点信息、路况等。

3. 智慧景区导览与讲解

在智慧景区中，智能客服系统还可以结合 AR、VR 等技术为游客提供沉浸式的导览和讲解服务。例如，在故宫博物院，游客可以通过智能客服系统获取基于位置的个性化导览信息，并通过 AR 技术观看复原后的历史场景。

旅游智能客服在个性化服务、信息咨询、紧急救援、满意度调查、跨渠道服务整合及智慧景区导览等方面都有广泛的应用场景。随着人工智能技术的不断发展，旅游智能客服的功能将越来越强大，其将为游客提供更加便捷、高效、个性化的旅游体验。

四、电话客服

智能客服也可以应用于电话领域，在用户拨打客服电话时，利用语音识别和语义理解技术，智能客服可以快速理解用户的问题，并提供相应的解答或为其转接专业的客服人员。

【实用案例】

京东的智能电话客服应用

京东"618"，作为年度大型促销活动，吸引了数亿用户参与，导致期间的咨询量激增。传统人工客服难以应对如此庞大的咨询量，导致用户等待时间长、服务效率低。为解决这些问题，京东充分利用电话智能客服系统，并结合先进的 AI 技术和算法模型，为用户提供快速、准确的咨询服务。

（1）智能识别与分流："618"期间，用户咨询问题种类繁多。京东电话智能客服系统利用自然语言处理技术，可以迅速识别用户语音指令和问题类型，并将其智能分流到相应客服小组或下一步处理流程，缩短用户等待时间，提高服务效率。

（2）快速响应与解答：对于常见问题和标准化咨询，电话智能客服系统会直接给出准确答案，无须人工介入，减轻人工客服负担，确保用户咨询得到即时响应。

（3）多轮对话与个性化服务：系统支持多轮对话，记录用户之前的问题和回答，根据上下文进行智能推理个性化服务，提升用户满意度。

（4）持续优化与升级：京东持续对电话智能客服系统进行优化和升级，引入更多 AI 技术和算法模型，提升系统对用户问题的理解和回答能力。同时，根据用户反馈和数据分析结果调整系统参数和优化流程设计。

京东电话智能客服的引入成效与影响十分显著，不仅提高了服务效率，降低了运营成本，还提升了用户体验。同时，也展示了京东在智能客服领域的领先地位，为其他企业提供了借鉴和参考。

五、文本与内容创作

利用智能客服进行文本与内容创作是将人工智能技术与人类创意进行结合的过程。智能客服，如基于自然语言处理技术（Natural Language Processing，NLP）和机器学习技术的聊天机器人，不仅能够为用户提供服务，还能辅助或参与文本内容的创作。

（一）明确创作需求与目标

1. 确定文本类型与目的

首先明确需要创作的文本类型（如文章、新闻稿、广告文案、产品描述等）和目的（如传达信息、吸引用户、推广产品等）。

2. 设定创作风格与语气

根据目标受众和品牌形象，设定合适的文本风格和语气，确保内容的一致性和吸引力。

（二）整合智能客服功能

1. 利用自动回复与模板

智能客服通常具备自动回复和模板功能，可以根据预设的关键词或问题生成相应的回复内容，这些内容可以作为文本创作的参考。

2. 挖掘用户数据与反馈

智能客服在与用户交互的过程中会收集大量用户数据和反馈，这些数据可以作为文本创作的灵感来源，帮助了解用户需求和市场趋势。

3. 支持个性化推荐与生成

一些高级的智能客服系统能够根据用户的历史行为和偏好，生成个性化的文本内容。这有助于提升内容的针对性和吸引力。

【任务实施】

一、任务背景

随着短视频平台的兴起，内容创新已成为吸引用户注意力、提升观看体验和促进内容传播的关键因素。在激烈的市场竞争中，如何高效、高质量地创作出具有吸引力的短视频内容，成为短视频创作团队的一大挑战。为了提升短视频的质量和吸引力，某短视频创作团队决定借助先进的 AI 技术优化文案与脚本的撰写，并自动生成视频。经过市场调研和技术评估，度加剪辑这款功能强大的智能处理工具脱颖而出，其智能化的文本生成和创意建议功能显著提升创作效率和内容质量，成为团队的首选工具。

二、任务分析

本次任务的核心目标是利用度加剪辑 AI 工具，提升短视频内容的创新性和吸引力。具体任务包括以下三点。

（1）文案与脚本创新：度加剪辑的智能化文本生成功能可以辅助团队快速生成新颖、有趣的文案和脚本，降低人工撰写的时间成本，同时提升内容的创意性和独特性。

（2）视频自动生成：度加剪辑的视频自动生成功能，将文案与脚本转化为高质量的短视频内容，提升用户的观看体验。

（3）效率与质量评估：通过对比使用度加剪辑前后的创作效率和内容质量，评估 AI 技术在短视频创作中的实际应用效果，为后续的技术引入和流程优化提供参考。

三、任务操作

（1）工具学习与培训：组织团队成员学习度加剪辑的使用方法，包括智能化文本生成、视频自动生成等关键功能的操作技巧，确保团队成员能够熟练掌握并有效应用。

（2）文案与脚本生成：利用度加剪辑的智能化文本生成功能，输入关键词或主题，生成多个文案和脚本选项，团队成员根据创意需求对选项进行筛选和优化。

（3）视频自动生成与调整：将选定的文案与脚本导入度加剪辑，利用视频自动生成功能，根据预设的风格、节奏和画面效果，自动生成短视频内容。团队成员对生成的视频进行审查和调整，确保内容符合创作要求。

（4）效率与质量评估：记录使用度加剪辑前后的创作时间、修改次数等关键指标，评估 AI 技术对创作效率和内容质量的影响。同时，收集用户的反馈意见，调查用户对 AI 生成内容的接受度和满意度。

四、任务思考

AI 技术用于文本与内容创作的局限性有哪些？

五、任务总结

本次任务通过引入度加剪辑 AI 工具，成功提升了短视频内容的创新性和吸引力。通过应用智能化文本生成和视频自动生成功能，团队在文案与脚本撰写、视频制作等方面取得了显著成效，创作效率和内容质量均得到了有效提升。

【拓展阅读】

DeepSeek 智能客服从效率工具向商业决策中枢的演进

DeepSeek 智能客服从效率工具向商业决策中枢的演进，标志着人工智能技术在垂直领域的应用正迈向更高阶的价值创造阶段。

1. 从流程优化到决策赋能

通过融合多模态交互（语音／文本／图像）、知识图谱与实时数据分析能力，实现从单一对话机器人向企业数据中台的转型。例如，在金融场景中，可整合用户行为数据、市场情报与风控模型，提供动态授信建议。

采用强化学习与因果推理技术，使系统具备多目标优化能力。如在智能制造场景中，可基于设备传感器数据、供应链状态与市场需求预测，自动生成最优排产方案，决策响应速度较人工提升 80% 以上。

2. 高价值场景增长逻辑

2024 年全球金融 AI 市场规模达 450 亿美元，RCEP（《区域全面经济伙伴关系协定》）区域数字贸易协定催生多语言合规引擎需求，头部跨境支付平台通过 AI 客服实现 97 种语言的实时报关文件生成，将清关时效从 72 小时压缩至 8 小时。

FDA（美国食品和药物管理局）2023 年批准的 23 款 AI 医疗设备中，6 款集成决策支持功能。智能客服系统可结合电子病历、基因组数据与最新诊疗指南，为医生提供个性化治疗方案建议，临床试验显示可使诊断准确率提升 28%。

3. 政策与产业协同红利

2023 年《数字中国建设整体布局规划》明确要求重点行业智能化渗透率年均提升 5 个百分点，智能制造专项基金规模达 300 亿元。DeepSeek 在工业互联网领域的设备故障预测系统已获工信部"揭榜挂帅"项目支持。

麦肯锡调研显示，67% 的全球 500 强企业计划在未来两年内部署决策型 AI 系统。宝马集团慕尼黑工厂通过部署智能决策中枢，实现供应链中断恢复时间缩短 40%，库存周转率提升 25%。

【知识与技能训练】

一、单选题

1. 文心一言可以根据用户的购买历史、浏览记录等信息为其推荐相关产品或服务，这是文心一言的（　　）。

A. 多元化场景支持 B. 个性化服务
C. 人机协作与智能推荐 D. 聊天与交互设计

2. 基于用户的（　　），智能客服还可以为用户提供个性化的商品推荐，提升用户的购买体验。

A. 购买记录和兴趣 B. 退换货
C. 商品咨询 D. 查询订单

3. 智能客服还可以通过分析用户的（　　），为用户提供个性化的旅游建议和行程规划。

A. 交通路线 B. 酒店预订
C. 旅游目的地 D. 兴趣和旅行历史

4. 相比传统人工客服，智能客服有许多优势，如智能客服可以通过自动化回答常见问题、提供智能推荐等功能，同时处理多个用户咨询工作，减少客服人员的工作压力，这是智能客服的（　　）优势。

A. 响应速度更快 B. 节约成本
C. 提升用户满意度 D. 提供个性化服务

5. ChatGPT 可以通过合理的数据分析和算法判断，再结合根据用户评价数据自动出具质检报告，并给出针对性的人才培训建议和用户需求调整建议，以提升企业的服务质量和团队能力。这是 ChatGPT 技术在用户服务行业中的（　　）场景。

A. 在线客服 AI 助手 B. 语音客服机器人
C. 智能质检系统 D. 智能知识库

二、多选题

1. 智能客服的发展历程包括（　　）。

A. 初创期 B. 探索期

C. 应用期
D. 集成期
E. 创新期

2. 智能客服的局限性表现为（　　）。

A. 对于一些复杂或模糊的问题，智能客服可能无法给出准确的答案

B. 处理一些情感化或个性化的服务需求对智能客服来说是一个挑战

C. 智能客服可以通过数据分析和机器学习，了解用户的喜好、购买习惯等个性化信息，不断优化自身的服务水平，提供更加个性化和准确的解决方案

D. 智能客服运用自然语言处理技术，能够理解用户提出的问题，并提供与用户需求相匹配的答案，大大提升用户满意度

E. 智能客服可以24小时为用户提供服务，解决传统客服的时间限制问题

3. 通过（　　），文心一言能够理解用户的意图，并为其提供精准的答案或服务。

A. 深度学习
B. 机器学习与知识图谱
C. 自然语言处理技术
D. 聊天与交互设计
E. 用户的购买历史、浏览记录

4. 智能客服的应用场景有（　　）。

A. 电商客服
B. 银行客服
C. 旅游客服
D. 电话客服
E. 文本与内容创作

5. 随着技术的不断发展，虚拟人已经被广泛应用于各个领域，如（　　）。

A. 娱乐
B. 医学
C. 游戏
D. 虚拟偶像
E. 虚拟主播

三、判断题

1. （　　）智能客服通常使用自然语言处理技术和机器学习技术，通过分析用户的语言和问题，自动匹配答案或提供相应的服务。

2. （　　）在用户投诉时，ChatGPT可以选择合适的话语来稳定用户的情绪，保持良好的沟通氛围，并及时将用户转接给合适的客服人员，为其提供更专业的服务。

3. （　　）ChatGPT不能根据用户的个性和兴趣来推荐相应的产品和服务。

4. （　　）在医学领域，虚拟人可以被用于模拟手术、医学教学等活动。

5. （　　）文心一言适用于多种场景，无论是用户服务、智能助手还是虚拟导游，它都能胜任。

成交篇

项目六　氛围策略

【知识目标】

1. 了解氛围策略的定义。
2. 熟悉利用氛围策略促成交易的手段。
3. 掌握场景打造的方法。
4. 掌握互动话术及互动技巧。
5. 掌握制造紧迫感的手段。

【技能目标】

1. 能够根据产品的特点打造场景。
2. 能够设计产品话术及互动话术。
3. 能够在一定的场景下营造紧迫感氛围。

【思政目标】

1. 坚持诚信原则，不夸大产品功能，不进行虚假宣传，建立良好的信誉。
2. 树立正确的网络安全观念，保护用户个人信息安全，不泄露用户隐私。
3. 具备法律意识，熟悉国家关于互联网销售的相关法律法规，确保销售行为合法合规。

【思维导图】

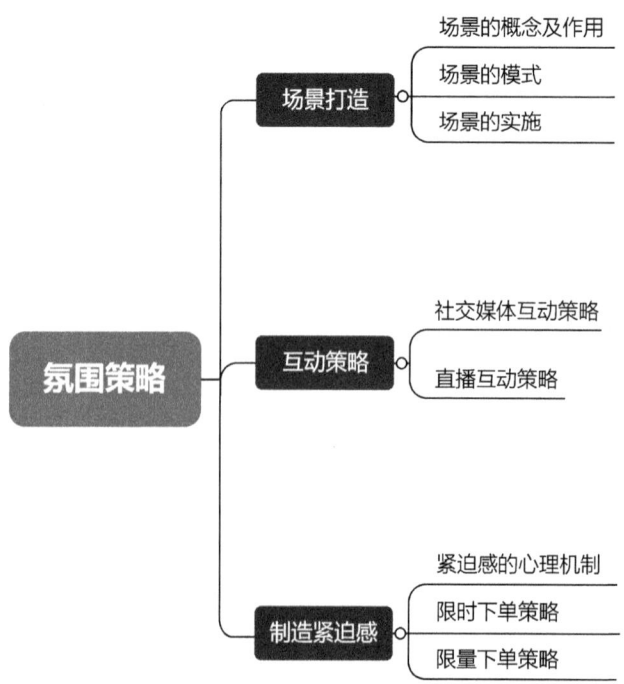

【引导案例】

《人民文学》杂志强势"出圈"

一、背景介绍

《人民文学》杂志作为中国文学界的重要刊物,曾经一度引领着中国文学的发展潮流。在文学辉煌的 20 世纪 80 年代,每当梁晓声等知名作家发表新作时,邮局订户数量便高达上百万。但随着时代的发展、用户住址的变动和消费方式的转变,许多杂志都已逐渐与读者失联,如同风筝断了线。近年来,《人民文学》杂志积极寻求创新,探索与新媒体融合发展的路径,以期重振雄风。其中,《人民文学》杂志与直播场景的结合便成为探索新路径的一个重要突破口。

二、案例描述

知名作家梁晓声应邀做客东方甄选直播间,与主播董宇辉展开了一场别开生面的文学对话。直播中,梁晓声分享了自己的创作心得和人生经历,并与观众互动交流。此次直播活动受到了大量文学爱好者和普通观众的关注,为人们提供了一个全新的文学交流平台。

在直播过程中,观众纷纷留言互动,对梁晓声的作品和人生经历表示敬意和赞赏。同时,也有不少观众表示通过这次直播又重新认识了《人民文学》杂志,并对其产生了浓厚的兴趣。直播间的热度持续高涨,成为当晚的一大亮点。

2024 年 1 月 23 日晚 20 时至 24 时,《人民文学》杂志 2024 年全年订阅卖出了 8.26 万套,即 99.2 万册,成交金额高达 1785 万元,打破单场图书销量最高 1000 万元的纪录,成为近年来传统文学为数不多的高光时刻。99.2 万册只是当晚的数据。直播结束后,线上销售额还在不断增加,截至 2024 年 1 月 24 日下午 4 时,已经达到 120 万册,是 2023 年的发行量 2 倍。从各方面数据来看,这次直播都是创纪录的。

三、直播场景的作用

(1)扩大影响力:通过与知名作家和知名主播的合作,《人民文学》杂志的影响力得到了有效扩大。直播间的互动交流让更多的人了解到了《人民文学》杂志的历史和现状,为其重振雄风奠定了基础。

(2)创新传播方式:与传统的媒体传播方式相比,直播具有更强的互动性和即时性。通过直播,《人民文学》杂志能够更好地与读者互动,也能及时了解读者的需求和反馈,为后期的内容创作和编辑提供有力支持。

(3)提升品牌形象:通过与知名作家和知名主播的合作,《人民文学》杂志的品牌形象得到了有效提升。这种品牌形象的塑造不仅有助于增加杂志的销售量,更有助于巩固其在文学界的地位。

(4)挖掘潜在读者:直播作为一种新型的传播方式,其受众群体具有年轻化、多元化的特点。通过直播,《人民文学》杂志可以更好地挖掘潜在读者,拓展新的读者群体,为未来的发展注入新的活力。

(5)促进文化交流:直播作为一种实时互动的传播方式,为文化交流提供了便利。在梁晓声做客董宇辉直播间的过程中,不仅作家与读者之间进行了深入的互动交流,不同年龄、背景的观众之间也进行了热烈的讨论。这种文化交流有助于促进社会对文学的关注和理解,为《人民文学》杂志的发展营造了良好的社会氛围。

四、结论

《人民文学》杂志通过与直播场景的结合,成功强势出圈。这一案例充分证明了在新媒体时代传统媒体创新发展的必要性。未来,《人民文学》编辑部应继续探索与新媒体的融合发展之路,以适应时代的变化和满足读者的需求,进一步巩固其在文学界的地位。同时,其他传统媒体也可以借鉴这一成功经验,积极拥抱新媒体,寻求创新发展之路。

思考:
1. 直播活动对于提升《人民文学》杂志的品牌形象和读者忠诚度有何影响?
2. 如何评估直播场景在传统媒体创新发展过程中的价值和作用?

任务一　场景打造

场景打造

【任务目标】

1. 掌握场景打造的基本概念及选择原则。
2. 熟悉不同场景模式下的学习特点。
3. 学会根据实际需求制订场景实施计划。

【知识基础】

一、场景的概念及作用

(一)场景的概念

场景是人与周围景物的关系的总和,可引发个体基于自我意识的心智共鸣。场景由场所、景物,以及与此密切相关的空间、氛围等组成。场景不仅包括空间、时间环境,还包括沉浸其中的人的行为情景和个性认知。

在不同的场景下,如生活场景、艺术场景、消费场景等,用户对同一产品的需求是不同的。企业可通过对场景的研究和改善,诱发用户的购买行为。

(二)场景的作用

1. 情绪唤起

人们的情绪和感受是针对外界刺激做出的应激反应,除了某些特定的生理原因,情绪和感受不会无缘无故产生,一般是被一定场景下的外界刺激催生出来的。重现情绪产生时的场景,能够快速调动受众情绪。

2. 记忆联想

人们的记忆分为情节性记忆和程序性记忆。情节性记忆是生活中的各种片段,程序性记忆是内化的知识或技巧。人们的记忆多由场景中的各种片段和细节组成,描绘场景中的细节或特点，能够唤起情节性记忆，引发受众的联想。

二、场景的模式

场景可以理解为具体的消费情景。消费情景包括外界刺激和内心感受两个方面，会影响用户的购买欲望和购买行为。用户"触景生情"，产生联想及特定的行为，在不同的场合，表现出不同的消费行为；在特定的时间，也会有不同于其他时间的购买欲望和购买行为。企业的任务是利用场景的连接作用，有效地创造新的消费场景，并解决用户的痛点。

（一）生活场景

人们生活中的需求往往在特定的场景下才会被激发，企业一旦洞察到这些场景，就相当于找到了商业机会。如抖音平台的爆款羽绒服清洁湿巾，为人们解决了羽绒服清洁难题。其采用特殊配方，专为清洁羽绒服而设计，能够轻松去除污渍、灰尘和异味，使用也很方便，只需轻轻一擦，即可让羽绒服焕然一新。

（二）运动场景

运动场景作为一种充满活力与激情的消费情境，不仅局限于健身房、体育场或户外跑道等物理空间，更是一种生活态度和自我挑战的精神体现。在这个场景中，外界刺激主要来自运动环境的布置、氛围的营造及运动装备的视觉性与功能性吸引。例如，一个装备齐全、光线明亮、音乐激昂的健身房，能够瞬间激发人们的运动欲望，让其感受到运动的快乐与魅力。

企业可以利用运动场景的特点，通过提供个性化的运动装备、智能化的健身追踪设备，以及开展线上、线下结合的社群活动，有效解决用户在运动过程中的痛点，如缺乏动力、运动伤害预防、营养补给等。同时，企业可以创造新的消费场景，如虚拟现实的运动体验、定制化的运动挑战赛等，让用户在享受运动乐趣的同时，也能感受到品牌的温度与创新，从而促进消费行为的产生。虚拟现实的运动体验如图 6-1 所示。

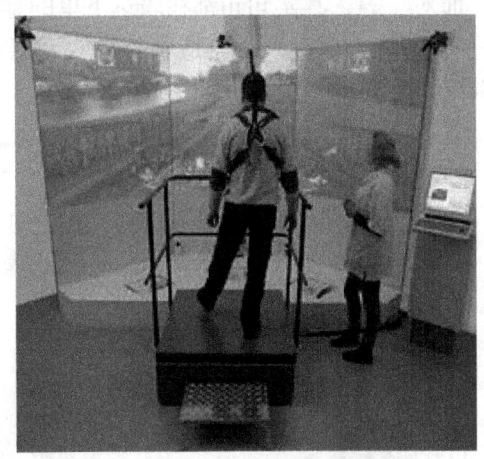

图 6-1 虚拟现实的运动体验

改变运动中的某些元素或创造新的运动场景，能给用户带来新鲜的运动体验。如在杭州亚运会上，科技与运动的完美结合。机器狗的加入，让赛场增添几分智能化魅力。在铁饼比赛中，机器狗精准捡拾铁饼，展现出超乎想象的智能水平。它的出色表现，不仅提升了比赛的效率，也为用户带来全新的观赛体验。杭州亚运会机器狗捡拾铁饼如图 6-2 所示。

图 6-2　杭州亚运会机器狗捡拾铁饼

（三）消费场景

消费是整个商业链中的关键环节，对某些品类而言（如快消品），消费场景下的用户最容易受营销因素的影响。如麦当劳在推出"忘形麦辣鸡翅"时采用促销策略，用户出示其他品牌的鸡翅优惠券也可获得折扣优惠。这不仅能吸引更多用户到麦当劳尝试新品，还增加了用户使用优惠券时的乐趣，如使用肯德基的优惠券在麦当劳消费让用户感觉既奇特又有趣。

（四）节日场景

商家都青睐利用节日进行促销，除了传统的节日，网上还出现了许多独特而有趣的节日，如"618""双11"等。利用节日场景开展营销活动的关键是从节日中挖掘到好的创意。如2022年"双11"期间，卫龙的淘宝页面因为"佛系"设计火了，打开卫龙官方旗舰店，会看到一个"佛客"男子（卫龙运营）。他怀里夹着几包卫龙辣条，头戴耳暖，手捧莲花，眼神游离，若有所思，"佛系"地看着远方，喃喃自语"下单就是缘，随缘下单，'荷'气生财"。卫龙淘宝页面充斥着各种看似"佛系"的文案，如"优惠领空，辣条卖空，四大皆空""抽奖重在参与，心态好，运气就好""你买或不买，辣条都在，不悲不喜""全都不贵，'佛系'面对"等，其实句句都在表达下单的意思。卫龙打造的"佛系""双11"场景，通过"躺平、随缘、摆烂"，营造了一种戏剧感氛围，以年轻人感兴趣的形象和文案引起其关注和共鸣。卫龙的淘宝页面如图6-3所示。

图 6-3　卫龙的淘宝页面

（五）娱乐场景

借助娱乐元素或形式自然地将品牌与用户的情感联系起来，让用户在有趣、好玩的氛围中形成对品牌的感性认识。构建或借势娱乐场景，是大部分企业的选择。企业可以利用娱乐场景的特点，通过提供高质量的娱乐内容、创新的互动体验及个性化的推荐服务，有效解决用户在娱乐过程中的痛点，如内容选择困难、体验单一、社交障碍等。同时，创造新的娱乐场景，如结合虚拟现实技术的沉浸式娱乐体验、线上、线下融合的社交娱乐活动等，让用户在享受娱乐的同时，也能感受到品牌的创新与魅力，从而激发其购买欲望和购买行为。

【实用案例】

星巴克"第三空间"场景模式

星巴克，作为全球知名的咖啡连锁品牌，成功地将门店打造成为用户的"第三空间"——一个除家和办公室之外的社交和休闲场所。这一场景模式的构建，充分体现了星巴克对外界刺激和用户内心感受的深刻理解与巧妙运用。

星巴克在门店设计上注重营造一种温馨、舒适的氛围。从柔和的灯光、雅致的装饰到悠扬的音乐，每一处细节都旨在让用户感受到放松和愉悦。此外，星巴克还通过不断推出新品和季节限定饮品，以及提供独特的咖啡文化体验，如咖啡品鉴会、手工制作咖啡课程等，持续吸引用户的注意力。

星巴克深知用户在"第三空间"中追求的是社交、放松和自我认同。因此，门店内设有宽敞的座位区，鼓励人们与朋友、家人或同事相聚。同时，星巴克也注重培养用户的品牌忠诚度，通过会员卡、积分兑换、定制服务等手段，让用户感受到来自品牌的关怀和尊重。

星巴克观察到现代都市人在忙碌的生活中往往缺乏一个可以安心休息及放松交流的场所。因此，它打造的"第三空间"正好满足了这一需求，解决了用户的痛点。此外，星巴克还不断创造新的消费场景，例如，推出早餐系列、下午茶时光、晚上酒吧时段等，以适应用户在不同时间点的购买欲望和购买行为。通过与书店、艺术品展览等文化元素的结合，星巴克进一步丰富了"第三空间"的内涵，使其成为一个多元化的社交和休闲平台。

综上所述，星巴克通过巧妙地运用场景模式，不仅有效地解决了用户的痛点，还成功地创造了新的消费场景，从而在全球范围内赢得了广泛的品牌认可和用户忠诚。

三、场景的实施

场景策略是刺激用户下单的一种手段，可以是一次演讲、一个事件或者一种现实。场景实施可以通过以下七个步骤来完成。

（一）创造代入感

企业通过描绘与产品相关的场景，让用户想象使用产品时的情景，从而增强用户的购买欲望。企业可以通过图片、视频、文字等方式来呈现场景，让用户有更直观的感受。

（二）强化情感连接

企业利用情感营销策略，通过与用户的情感共鸣来激发其购买欲望。例如，企业通过讲述与产品相关的感人故事、情感经历等，让用户从情感上产生共鸣，从而引导用户下单。

（三）利用紧迫感

企业可以制造一种紧迫感，让用户觉得当下不下单可能错过机会。例如，限时优惠、库存有限等营销手段可以促使用户更快做出决策。

（四）呈现产品价值

企业强调产品的优势和特点，让用户意识到产品的价值。企业可以通过对比其他产品、突出产品功能等方式来呈现产品价值，提高用户对产品的认可度。

（五）引导用户需求

通过深入了解用户需求，引导用户发现自己的潜在需求，从而激发其购买欲望。可以通过提问、观察等方式了解用户需求，根据其需求提供相应的产品或解决方案。

（六）提供便捷的购买渠道

企业确保用户能够方便地下单购买，减少购买过程中的阻碍。企业可以提供多种支付方式、优化购物流程等措施，提升用户的购买体验。

（七）建立信任感

企业与用户建立信任关系是促进用户下单的重要因素。企业通过提供可靠的产品质量保证、透明的价格政策、完善的售后服务等措施，让用户对品牌产生信任感，由此用户便更容易下单。

【任务实施】

一、任务背景

目前，儿童读物市场日益壮大，为了推广优秀的儿童读物，现对儿童科技读物——《太阳系的基础知识》进行销售，通过打造生动有趣的场景吸引家长和儿童的关注，激发儿童对科技的兴趣，从而使其产生阅读兴趣，并培养良好的阅读习惯。在图书销售过程中，面临的主要问题是如何设计和选择场景，向用户传播有趣且引人入胜的内容，同时激发用户对图书的兴趣和购买欲望，引导用户下单。

二、任务分析

（1）目标受众：儿童及其家长及对科技和教育感兴趣的人群。
（2）目标效果：提高产品销售量及品牌知名度。
（3）场景类型：线上直播、线下书店、教育机构、社区活动等。

三、任务操作

（1）线上直播：选择主流直播平台，如抖音、快手等，进行直播销售。在直播中展示读物的特色和内容，与用户进行互动，增强其购买意愿。同时，可以利用社交媒体平台进行直播预告和宣传，扩大影响力。

（2）线下书店：与各大书店合作，设立儿童科技读物专区，进行产品展示和销售。线下书店可以举办一些小型互动活动，如读书会、故事会等，吸引儿童和家长参与。

项目六 氛围策略

（3）教育机构：与幼儿园、小学等教育机构合作，将儿童科技读本作为辅助教材或推荐读物。教育机构可以在学校内部进行产品展示和推介，并与老师和家长建立联系，提高产品的认可度和销售量。

（4）社区活动：参与或组织社区内的儿童活动，如亲子阅读、科普讲座等。在活动中展示儿童科技读物的特色和内容，与潜在用户建立联系，提高产品的知名度和销售量。

（5）选择以上任意一种或多种形式，以小组为单位，撰写一份策划书。对儿童科技读物——《太阳系的基础知识》进行销售，通过生动有趣的场景吸引家长和儿童的关注。

四、任务思考

（1）在线上直播、线下书店、教育机构、社区活动等不同场景中，如何设计互动环节，以吸引并保持受众的注意力？

（2）如何利用这些场景的特点，创造出既有趣又富有教育意义的互动体验？

五、任务总结

针对《太阳系的基础知识》这一儿童科技读物的销售推广，我们需要综合考虑目标受众的分布和特点，选择适合的场景进行推广和销售。通过精准定位受众、提升场景互动性、差异化内容展示、多渠道销售协同及效果评估与反馈等策略，可以有效地吸引家长和儿童的关注，激发其对图书的兴趣和购买欲望，从而提高产品销售量和品牌知名度。在实施过程中，需要不断关注市场动态和受众反馈，灵活调整推广策略，以确保活动的成功和持续效果。

【拓展阅读】

场景＋痛点营销

用户痛点是指用户在体验产品或接受服务的过程中，期望未得到满足而产生的心理落差或不满。用户痛点可分为三类：一是人们普遍有所体会的某种心理上的难受，或者某些蠢蠢欲动的欲望未得到满足的难受，这种难受常常经过外界刺激而有所强化；二是人们体验过某种产品后，如果不买会难受，会产生不满足感，可谓"欲罢不能"；三是用户在购买过程中遇到一些挫折，使用户最终获得产品时，会产生更强烈的愉悦感。第三类痛点有时是企业有意制造的，是饥饿营销的心理基础。场景营销可在特定的时间、地点，唤起用户的痛点。从营销角度来看，痛点到底痛不痛、对用户的刺激是否足够取决于这个痛点出现的频率，以及会给用户带来损失或麻烦的程度。非高频痛点给用户带来的损失较小时，用户就不会在乎。在分析用户痛点时，可以先确定这个场景下用户最想要实现的目标，并分析实现目标的阻碍。

1. 场景＋痛点的营销方法

许多洗发水广告以男女约会为场景，男主发现女主肩上有许多头屑，此时女主往往会很尴尬、害羞，紧接着的画面是女主使用过某款洗发水后，头发便没有了头屑，变得柔顺、亮丽，在和男主交往的过程中也更加自信。这就是运用了场景＋痛点的营销方法，让人们担心在重要场合（如约会）被他人发现不完美的一面（如有头屑），产生对自己形象不够完美的恐惧，刺激人们购买可以让形象变得更加完美的产品。在这类场景中，人们会比平时更加关注自己的形象，也会对自己的不雅外形感到恐惧、羞耻。企业在深刻分析到人们的社交和心理需求的基础上放大其焦虑，营销的效果会事半功倍。

场景和痛点往往是绑定的，用户一旦处于痛点发生的场景中，产品宣传的解决方案就会出现，从而使产品信息出现在用户脑海中。痛点和场景出现得越多、越普遍，用户回忆起产品的概率就越高，因此产品的信息无须通过大量植入，而是借助情节回忆自然浮现。

2. 切中痛点

在现代社会，儿童阅读书籍的时间越来越少，而将更多的时间投入电子设备和娱乐活动中。这给儿童的学习和成长带来了挑战。此类场景的痛点是儿童未养成阅读习惯，对传统书籍缺乏兴趣，导致学习能力和思维发展受限。解决方案是通过开展有趣且与科技相关的活动，激发儿童对阅读的兴趣和好奇心。活动内容可以是亲子科技实践活动，如家庭编程比赛、科学实验展示等，让儿童与家长一起动手实践，体验科技的乐趣。这不仅可以使家长加深对儿童科技读物的认知，还可以加强亲子间的互动和合作。通过切中痛点的营销活动，并结合创意和互动性，可以有效地培养儿童的阅读习惯，并提升儿童科技读物的知名度和扩大市场份额。同时，关注儿童与家长的反馈和评价，不断优化活动的设计和执行流程，提升活动的效果和影响力。

任务二　互动策略

互动策略

【任务目标】

1. 深入理解社交媒体互动策略和直播互动策略的基本概念、特点及类型。
2. 学会分析目标受众，制定符合受众需求的互动策略。
3. 熟练掌握各种社交媒体和直播平台的互动工具和功能。
4. 提升团队协作和创新能力，为品牌打造独特的互动体验。

【知识基础】

一、社交媒体互动策略

（一）社交媒体互动的定义和特点

1. 社交媒体互动的定义

社交媒体是指允许用户撰写、分享、评价、讨论的网站和技术，是彼此之间用来分享意见、见解、经验和观点的工具和平台。人数众多和自发传播是构成社交媒体的两大要素。社交媒体是建立在互联网技术基础上的互动社区，它最大的特点是赋予个人创造并传播内容的能力。它是用来进行社会互动的媒体，通过无处不在的交流工具实现社会交往。它能够给予用户极大的参与空间，不仅能满足用户个人基础资料存放的需要，更重要的是能够满足用户被人发现和获得崇拜的心理需求，以及满足用户关系建立和产生影响的需求。

社交媒体互动是指通过社交媒体平台，如微信、微博、小红书、抖音等，与用户进行交流和互动的一种方式。

2. 社交媒体互动的特点

（1）广泛参与：社交媒体平台拥有庞大的用户群体，每个人都可以通过社交媒体与他人互动，分享自己的观点和经验，进行平等的沟通和对话。小红书平台的互动页面如图6-4所示。

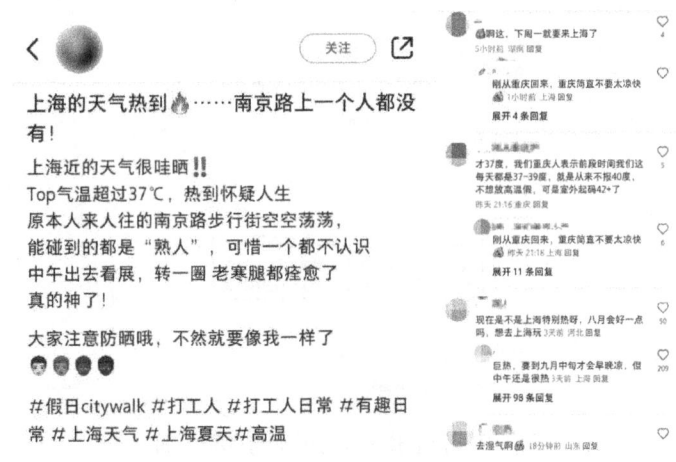

图 6-4 小红书平台的互动页面

（2）实时交流：社交媒体平台支持实时交流，用户可以及时回复他人的评论和留言，提高互动效率。小红书平台的实时交流页面如图6-5所示。

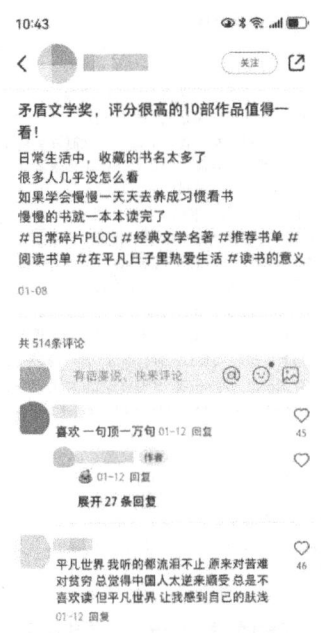

图 6-5 小红书平台的实时交流页面

（3）多样化的互动方式：社交媒体平台提供了多样化的互动方式，如评论、私信、点赞等，用户可以根据自己的需求选择合适的互动方式。小红书平台的评论与点赞页面如图6-6所示。

图6-6　小红书平台的评论与点赞页面

（4）内容丰富：社交媒体平台提供了丰富的信息内容，如新闻、广告、产品介绍等，用户可以通过互动了解更多信息。小红书平台的广告+产品介绍页面如图6-7所示。

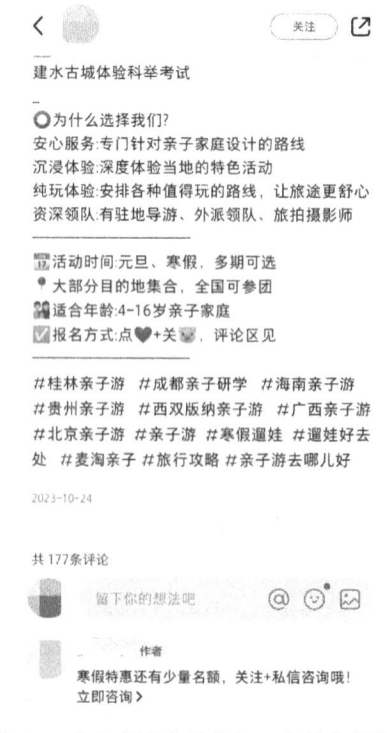

图6-7　小红书平台的广告+产品介绍页面

（5）社交属性强：社交媒体平台注重用户的社交体验，用户可以通过互动建立和维护人际关系，增强平台的社交氛围。

【实用案例】

小米社区的社交媒体互动营销

小米公司，作为中国领先的智能手机和智能硬件制造商，其成功不止在于其高质量的产品，还得益于其巧妙的社交媒体互动营销策略。小米社区作为实施这一策略的核心平台，充分展现了社交媒体互动的特点，并为公司带来了显著的市场效应。

小米社区鼓励用户分享使用体验、提出产品建议、参与话题讨论，甚至邀请用户参与产品开发过程。这种高度的用户参与不仅丰富了社区内容，也让用户感受到了自己的价值和影响力。

小米社区设有专门的板块用于用户收集反馈和建议，小米团队会及时响应并公开处理进度，这种即时反馈机制增强了用户的参与感，也提高了用户的满意度。

用户可以在小米社区建立社交圈，通过分享和讨论影响其他用户。小米还通过社区内的"米粉"文化，培养了一批忠诚的用户，他们成为小米品牌传播的重要力量。

小米社区不仅是一个信息交流的平台，更是一个满足用户产生被认可、被崇拜心理的需求的场所。用户在社区中的活跃度和贡献度会以积分、勋章等形式呈现，这进一步激发了用户的参与热情。

通过小米社区的社交媒体互动营销策略，小米公司不仅收集到了大量有价值的产品反馈和市场信息，还成功建立了一个忠诚的用户群体。这个群体不仅为小米产品提供了持续的市场需求，还通过口碑传播为小米品牌带来了更广泛的认知度和美誉度。最终，这种基于社交媒体互动的营销策略成为小米公司快速发展的重要推动力之一。

（二）社交媒体互动的类型

（1）问答互动：在社交媒体平台上提出问题或邀请用户参与问答，鼓励用户回答问题、提出观点或分享经验。这种互动策略可以提高用户参与度，增加互动和讨论。

（2）投票和调查：使用社交媒体平台的投票和调查功能，邀请用户表达意见，这是与用户互动并获取反馈的工具，它们可以是简单的判断题或复杂的选择题。这种互动策略可以获得用户对特定话题或特定产品的反馈，同时增强用户参与感。

（3）内容分享互动：鼓励用户在社交媒体平台上分享有趣的内容、图片、视频或链接，与其他用户进行互动和讨论。这种互动策略可以帮助品牌提高曝光度和用户参与度。

（4）用户生成内容（UGC）互动：品牌设立特定的主题或挑战，邀请用户参与UGC互动，由用户创建与品牌相关联的内容，可以是图片、视频、评论或故事，通常是对品牌的正面反馈或个人体验的分享。UGC能够显著提升品牌信任度，因为它来自真实用户的真实体验。同时，它也能增加社交媒体平台上的用户生成内容，提高品牌知名度。

（5）社交媒体竞赛：组织社交媒体竞赛，如抽奖活动、照片比赛、创意挑战等，鼓励用户参与和互动。这些活动通常能有效提高用户参与度和品牌曝光度，激发用户的参与兴趣，并通过分享和标记朋友增强内容的可见性，以此获取潜在用户。

（6）品牌互动活动：通过与用户进行直播、在线问答、话题讨论等方式，开展实时的品牌互动活动，让用户和品牌代表实时对话，加强用户与品牌之间的联系。

（7）用户评论和反馈互动：回复用户的评论和反馈，鼓励用户积极发表评论和反馈意见。品牌可以通过回复评论或私信的方式与用户互动、解决问题、为用户提供帮助，提升品牌信任度和用户满意度。

合适的社交媒体互动策略需要根据目标受众、品牌定位和营销目标来确定，要关注用户参与度和用户体验的提升，以及在互动过程中要维护积极的品牌形象。

（三）社交媒体互动策略的实施步骤。

实施社交媒体互动策略时，可以按照以下步骤进行。

（1）确定目标：明确互动策略的目标，如增加品牌曝光、提高用户参与度、促进销售等。确保目标明确、可衡量，并与整体营销目标一致。

（2）分析目标受众：了解目标受众的特点、兴趣和行为习惯。通过调研和数据分析，确定受众群体喜欢的社交媒体平台、内容类型和互动方式。

（3）制订互动内容计划：根据目标受众和互动策略，制订互动内容计划，包括确定互动的频率、内容主题、发布形式等，确保与目标受众的兴趣和需求相匹配。

（4）选择合适的互动工具和功能：根据社交媒体平台的特点和目标需求，选择合适的互动工具和功能。例如，利用社交媒体平台的投票、调查、评论等功能，鼓励用户参与和互动。

（5）主动回应和参与用户互动：重视用户的互动和意见，积极回复用户的评论和留言并参与。与用户进行互动沟通，提高用户参与度和品牌信任度。重要的是持续关注用户的互动和参与，积极回应和参与用户的互动，以树立积极的品牌形象和提升用户体验。

二、直播互动策略

直播互动策略是指在直播过程中，与观众进行互动和交流的策略。通过有效的直播互动策略，可以提升观众的参与度、互动性和满意度，从而增强直播的吸引力和影响力。

（一）直播互动的定义和特点

1. 直播互动的定义

直播互动是指在直播过程中，主播与观众进行互动和交流的过程。通过提问让用户参与互动，拉近观众和主播的距离，增强直播间的互动性。

2. 直播互动的特点

（1）实时性：直播互动通常具有实时性，观众可以实时与主播进行互动和交流。

（2）参与度高：直播互动通常具有较高的参与度，观众可以通过评论、点赞、发送弹幕等方式参与互动，表达其观点和看法。

（3）情感交流：直播互动可以帮助主播与观众建立情感联系，增强观众对直播内容的理解和认同。

（4）双向互动：直播互动是双向的，观众和主播都可以发送信息和评论，进行互动和交流。

（5）场景感强：直播互动通常具有较强的场景感，可以让观众更好地融入直播场景中，增强直播的吸引力和影响力。

（二）直播互动的类型

抖音直播中，用户的互动与直播的呈现效果有着直接的关系。用户的互动性越强，活跃度越高，直播得到曝光和展现的可能性也就越大。与其他直播平台不同，抖音直播将粉丝点赞数作为排名的依据，点赞数越多的直播间，排名越靠前。这样的好处是可以增强用户存在感，同时还能提高用户的参与感，从而间接地提升用户活跃度。

（1）评论互动：用户可以发布评论，主播可以通过评论或直接在直播间回复的方式，与用户进行互动。评论是主播和用户常见而直接的互动方式之一，如果主播有需要，可以直接在评论区活跃直播间的气氛。

（2）礼物互动：抖音直播中，除了基本的电商带货收入以外，礼物转化成的音浪，也是主播的收入来源之一。在抖音直播中，礼物的设计都非常符合年轻人的心态，采用网络流行语的方式，如"小心心""不服来战""太南了"等，增加用户送礼物时的趣味性。

（3）抽奖互动：是一种常见的直播互动方式，可以吸引用户参与和增强直播的互动性。首先，抽奖互动要确定抽奖的奖品，如与销售相关的产品或其他吸引人的礼品，确保奖品能够激发目标用户的兴趣；其次，要明确抽奖的规则和参与条件，如用户需要在直播中留言或回答指定的问题才能参与抽奖；再次，要确保抽奖过程公正公平，遵循设定的规则，并现场展示抽奖的操作过程，以获取用户的信任并确保公正；最后，在直播中宣布获奖者，并及时通过官方网站、社交媒体等渠道公布获奖者的信息。

（4）点赞互动：用户可以给喜欢的主播点赞。点赞数越多，主播的人气也就越高，排名也就越靠前。

（5）粉丝管理团队互动：主播通常都有粉丝团队，这些粉丝团队中的成员，在直播中拥有更多的特权，可以与主播加强互动。普通用户如果想要加入某个抖音主播粉丝团队，需要关注主播，并支付一定数量的音浪币后，就可以成功加入粉丝团队。

（三）直播互动策略的实施步骤

（1）确定互动目标：明确想要达到的互动效果，如提高用户参与度、增加品牌曝光等。

（2）选择合适的互动方式：根据直播内容和受众群体，选择合适的互动策略，如抽奖互动、问答互动等。

（3）设计互动规则：确定互动的规则和参与方式，如奖品设置、问题设定等。

（4）提前宣传：在直播前适当宣传互动活动，激发用户的兴趣和参与意愿。

（5）直播互动执行：在直播过程中，根据规则引导用户参与互动，如回答问题、投票、评论等。

（6）实时互动回应：及时回应用户的参与行为，如回答问题、评论、互动游戏结果的公布等。

（7）互动后续推进：互动活动结束后，根据互动效果，可进行后续回顾、奖励发放、互动结果分析等活动。

（8）反馈与改进：根据用户反馈和数据分析，评估此次直播的互动效果，并做出调整和改进，以优化下次直播的互动策略。

【任务实施】

一、任务背景

儿童科技读本是一款面向儿童的科普读物，旨在通过生动有趣的故事和互动环节，激发儿童对科技的兴趣和好奇心。为了更好地推广这款产品，提高观众的参与度，增强观众的购买意愿，我们需要制定一个有效的直播互动策略。

二、任务分析

通过直播带货的形式，推广儿童科技读本，引起观众对科技读本的关注和讨论，提高购买率。创建一个直播带货任务，通过直播形式展示儿童科技读本，介绍产品特点、使用心得、教育意义等，并邀请观众参与互动游戏、问答环节等。

三、任务操作

（一）前期准备

（1）确定直播时间和平台，如小红书、其他直播平台或社交媒体等。
（2）确定直播的主题，如介绍科技读本的特点、儿童科技教育相关话题等。
（3）准备好儿童科技读本的实物样本，包括不同年龄段的读物。
（4）在直播前进行充分的宣传，如提醒观众准备问题和参与互动。

（二）撰写直播脚本

（1）开场介绍：简单介绍本次直播的目的和儿童科技读本的重要性，激发观众的兴趣。

（2）产品讲解：根据实物样本，详细讲解每本科技读本的特点，包括内容、形式、适合的年龄段等。

（3）问答环节：在直播中设置多个关于科技知识的问题，鼓励观众回答，并给予回答正确的观众小礼品或优惠券奖励。这样可以提高观众的参与度，增强观众的互动性。

（4）抽奖环节：设置多个抽奖环节，奖品包括儿童科技读本、周边产品等。通过抽奖活动，可以吸引更多观众参与直播，增加直播的趣味性。

（5）实时演示环节：邀请教育专家或知名儿童科普作家进行实时演示，展示读本的内容和特色。通过专家的解读和演示，可以增强产品的权威性，提高产品的可信度，影响观众的购买决策。

（6）观众参与故事创作环节：邀请观众参与到故事创作中，并提出想法和建议，或者为读本中某个角色起名等。这种方式可以增强观众的参与感和归属感，同时也可以为产品创作提供更多的灵感和创意。

（7）互动游戏环节：设计一些与科技知识相关的互动游戏，如科学实验、趣味问答等，让观众在游戏中学习知识，增加学习的趣味性。通过游戏互动，可以激发儿童的好奇心，培养儿童的探索精神，同时也可以提高观众对产品的认可度。

（8）观众分享环节：邀请已经购买并阅读过儿童科技读本的观众分享其阅读体验和收获。通过观众的真实分享，可以增强其他观众对产品的信任感和购买意愿。同时，也可以为产品提供宝贵的用户反馈，从而不断完善和优化产品。

（9）社群互动环节：在直播过程中，邀请观众加入产品的社群，如微信群、QQ 群等。在社群中，观众可以互相交流心得、分享学习经验等。通过社群互动，可以增强观众的黏性和归属感，同时为产品的推广和销售提供更多的渠道和机会。

根据以上内容，撰写直播脚本，注意至少运用两个互动环节。

（三）直播实操

以小组为单位，进行模拟直播，每组 5~6 人，确定主播、副播、场控、客服等角色。

四、任务思考

（1）在制定直播互动策略时，如何设计互动环节以更好地吸引受众？
（2）如何平衡互动环节的趣味性和知识性，以确保互动活动既有趣又富有教育意义？

五、任务总结

本任务旨在通过制定和实施有效的直播互动策略，推广儿童科技读本，提高观众的参与度、增强观众的购买意愿。通过深入分析目标观众的特点和需求，设计符合其兴趣和需求的互动环节。这些环节既注重趣味性，又富有教育意义，旨在激发儿童的好奇心、培养儿童的探索精神，同时提高观众对产品的认可度。在实施过程中，需要注意观众的反馈和参与情况，及时调整策略和优化内容，以提高互动效果和观众满意度。通过本次任务的实施，我们不仅能够推广儿童科技读本，提升产品的知名度和销量，还能够为未来的直播互动策略提供宝贵的经验。

【拓展阅读】

友好互动八大策略

真正有效的互动和沟通，应该是真诚、认真和友好的，而且互动的方式和沟通的内容应该是用户喜欢的、对用户有帮助或是有价值的。

（1）常规祝福：在节日或用户生日时为用户送上祝福是最常见的互动方式。然而需要注意的是，为用户送节日祝福时，不要群发，要有诚意。群发的内容用户并不感兴趣，尤其是在节日和生日时，用户的 QQ、微信、短信会被各种祝福轮番"轰炸"，在这种情况下，群发信息根本无法引起用户的注意。正确的做法：第一，内容最好是原创，看起来要有诚意；第二，在内容的开头加上用户的名字和称谓。这么做的好处是容易引起对方注意，且为原创内容，显得有诚意。

（2）产品关怀：围绕产品对用户表达关怀是最常用的互动策略，此策略还能提高用户对公司和产品的满意度。例如，在用户刚收到产品时，询问包装等是否有损坏，并告知用户正确的使用方法；在用户使用产品的过程中，经常询问使用效果及产品是否有问题等。

（3）朋友圈 /QQ 空间 / 微博互动：随着各种社交工具的普及，每一个上网的人都会使用这些社交工具，由于这些工具具有用户基数大、互动便捷、传播速度等优势，利用其与用户进行互动是非常不错的选择。例如，经常给用户的朋友圈、QQ 空间、微博中的内容点赞、评论等。如果你的用户数比较多，点赞和评论也耗时耗力，此时可以适当借助第三方工具，如自动点赞和评论等。但不建议在评论时使用第三方工具，因为群发的评论内容缺乏针对性，最好根据内容有针对性地写评论。

（4）生活关怀：经常在生活中关怀用户很容易拉近双方的关系，例如，在对方生病时嘘寒问暖，遇到困难时帮忙出谋划策等。可能有人会问，怎样才能知道对方是否生病、是否遇到困难呢？一是与用户聊天时，注意观察分析；二是通过对方在朋友圈、QQ空间、微博等社交工具发布的内容来判断。

（5）针对性关怀：对一些需要重点维护的用户，要进行有针对性关怀。对此类用户，需建立专门的用户信息档案，并记录用户的各种情况，例如，年龄等基本情况，以及家庭成员的情况、个人爱好、饮食习惯、喜欢的明星等。

（6）请用户帮忙：在维护用户关系时，适当请用户帮忙也是互动的策略。请用户帮忙是有技巧的，要把握好度，并不是真的给用户找"麻烦"。需注意以下几点。首先，不要找用户帮令人为难的忙。例如，某件事会大量耗费用户的时间、精力，就尽量避免开口，最好选择那些用户能顺手解决的小忙。其次，不要频繁麻烦用户，即使是小忙，反复求助也会让人感到厌烦。再次，尽可能寻求用户愿意帮忙的事情，让用户在帮忙过程中感到愉悦。最后，"来而不往非礼也"，在请用户帮忙的同时，自己也要主动为对方提供帮助，只有等价交换，才能维系良好的感情。如果单方面的一味索取，反而会起反作用。

（7）发错消息：适当用"发错消息"的方式制造互动机会，可以增加趣味性。例如，假装误发一条消息："你推荐的餐厅太棒了，周末带朋友去试试！"（实际上用户并未推荐过）。这种对话既能缓解陌生感，又能自然开启话题。

（8）为下次互动留引子：每次和用户互动时，最好为下次互动留引子。例如，针对用户的需求和喜好，可以告知用户改天会分享一份独家资料、推荐一个实用网址或介绍一位志同道合的朋友等。

任务三　制造紧迫感

制造紧迫感

【任务目标】

1. 理解紧迫感的心理机制及其对用户行为的影响。
2. 掌握限时下单策略的原理和实施要点。
3. 掌握限量下单策略的原理和实施要点。
4. 通过模拟实践，提升运用紧迫感策略促进销售的能力。

【知识基础】

紧迫感是一种人们在面对压力和时间限制时产生的心理状态，它能够激发强烈的行为动机，促使人们采取行动。

一、紧迫感的心理机制

（一）紧迫感的作用

（1）提高人们的警觉性和注意力：紧迫感可以激发大脑的警觉，使人们更加专注于当前的任务或目标。这种警觉有助于提高人们的警觉性和注意力，让人们全身心投入当前任务中。

（2）激发行为动机：紧迫感能够激发强烈的行为动机，让人们更加渴望采取行动。这种驱动力可以促使人们更加积极地寻求解决方案，并采取更有效的行动解决问题。

（3）增强人们的动力和毅力：紧迫感可以激发人们的内在动力和毅力，使人们更加努力地追求目标。

总之，紧迫感可以在人们心理中发挥重要作用，并激发其警觉性和行动欲望，也可以增强决策能力和动力，从而帮助人们在紧急情况下更好地应对挑战并实现目标。

（二）紧迫感与决策行为的关系

紧迫感与决策行为的关系非常密切。当人们感到紧迫时，其决策心理往往会变得更加急切、决策过程也变得更加迅速。这种紧迫感可以促使人们在决策过程中减少犹豫和拖延。

（1）紧迫感可以提高人们的决策速度：在紧急情况下，人们往往需要迅速做出决策，因为他们没有时间仔细考虑所有可能的选项。这种紧迫感促使人们更加果断，减少其犹豫和思考的时间。

（2）紧迫感可以影响人们的决策质量：在紧急情况下，人们往往更加关注当前的问题和需要，从而忽略其他潜在的风险和后果。这种专注和集中可以促使人们更加理性地分析问题，并做出更加明智的决策。

（3）紧迫感可以影响人们的情感反应和态度：在紧急情况下，人们往往会感到焦虑和紧张，这种情感反应可以促使他们更加专注于当前的任务和目标，并采取积极的行动解决问题。同时，紧迫感还可以增强人们的自我效能感，使他们觉得自己有能力应对紧急情况并做出正确的决策。

总之，紧迫感与决策行为之间存在着密切的关系。它可以通过提高决策速度、影响决策质量和情感反应影响人们的决策行为。在紧急情况下，人们需要迅速做出决策，因此紧迫感可以帮助人们更好地应对挑战并实现目标。

二、限时下单策略

限时下单策略是一种通过制造紧迫感促使用户尽快下单购买产品或服务的营销策略。该策略通过设置特定的时间限制，如"限时折扣""今日特价"等，促使用户在有限的时间内尽快下单购买。

实施限时下单策略时，可以采取以下措施。

（1）明确时间限制：明确告知用户在特定时间内下单可以享受优惠或折扣，以引起用户的紧迫感。

（2）提醒用户：通过短信、电子邮件、社交媒体通知等方式提醒用户限时优惠活动的时间即将结束，促使他们尽快下单购买。

（3）限制数量：如果产品或服务数量有限，可以告知用户数量有限，先到先得，以增强购买的紧迫感。

（4）强调优惠的独特性：强调此次优惠的独特性和特殊性，让用户感到错过此次机会将带来遗憾。

需要注意的是，在实施该策略时，需要确保活动真实有效，避免虚假宣传和欺诈行为。

三、限量下单策略

限量下单策略是一种通过强调产品或服务的稀缺性促使用户尽快下单购买，以增加销售量和提升销售额的营销策略。该策略通常通过宣传产品或服务的限制数量，突出强调一旦售罄将不再供应，从而激发用户的抢购欲望。

实施限量下单策略时，可以采取以下措施。

（1）明确限量供应：在产品或服务的描述中明确告知用户数量有限，并在销售页面中突出显示剩余数量，以引起用户的紧迫感。

（2）限量库存管理：建立库存管理系统，实时监测库存数量，并在库存接近限量时及时通知用户，以增加下单的机会。

（3）优化供应链：确保供应链的稳定性和效率，以便在短时间内处理订单并发货，缩短用户的等待时间。

（4）提供快捷的支付和配送方式：如在线支付、货到付款等，方便用户快速下单购买。

需要注意的是，限量供应并不适用于所有产品或服务，需要根据实际情况和目标受众选择合适的策略。

【实用案例】

唯品会"品牌特卖日"限时限量发售

唯品会，作为中国知名的折扣电商平台，经常采用限时限量的发售策略吸引用户，提升平台活跃度与销售额。其中，"品牌特卖日"活动就是一个非常成功的案例。

唯品会宣布某个特定日期为"品牌特卖日"，如每月的10号。在这一天，平台会推出多个知名品牌的深度折扣商品，但折扣时间有限，通常只持续24小时。用户需要在这个时间段内下单购买，否则就会错过优惠价格。这种限时下单的机制增强了用户的紧迫感，促使他们尽快做出购买决策。

除了限时发售，唯品会还对每个品牌的折扣商品设置数量上限。即使在限时范围内，一旦商品售罄也无法购买。这种限量策略进一步加剧了商品的稀缺性，使用户更加珍惜购买机会，并有可能因为担心错过而提前下单。

通过"品牌特卖日"的限时限量发售策略，唯品会成功吸引了大量用户的关注，并在活动当天实现了销售额的爆发式增长。许多用户为了购买心仪的品牌折扣商品，提前关注活动信息，并在活动开始后立即下单。这种抢购的热潮不仅提升了唯品会的品牌知名度，还进一步巩固了其在折扣电商市场的领先地位。

此外，这种发售策略还为唯品会带来了其他的好处。它提升了用户对平台的忠诚度和黏性，因为用户能够在唯品会上以优惠的价格购买到心仪的品牌商品。同时，这种策略也为唯品会提供了市场反馈和用户洞察，帮助平台更好地了解用户的购买偏好和需求，从而优化商品策略和营销活动。

综上所述，唯品会"品牌特卖日"的限时限量发售策略是一种非常成功的营销手段。它不仅提升了平台的知名度和影响力，还为用户带来了独特的购买体验和实惠的购物享受。这一策略进一步巩固了唯品会在折扣电商市场的领先地位，并为其他电商平台提供了有益的借鉴和启示。

【任务实施】

一、任务背景

儿童科技读本是一种寓教于乐的儿童读物，将科技知识与趣味故事相结合，旨在激发儿童的好奇心，培养儿童的探索精神。当前，儿童科技读本产品的销售面临市场竞争激烈、用户需求多样化等问题。由于产品的特殊性，它可能受到时间、销售渠道、目标受众等因素的影响。因此，制定一种限时限量下单的直播策略有助于提高产品的知名度和销售量。

二、任务分析

该任务的目标是制定一种有效的销售策略，推广儿童科技读本，以吸引更多潜在用户并提高转化率。任务的关键在于制定具有创新性和吸引力的销售策略，以制造紧迫感并促使尽快下单购买。具体而言，需要明确时间限制和限量供应，吸引用户的注意力，增强购买意愿并提高转化率。

三、任务操作

（1）时间限制：设定一个时间段，如节假日、寒暑假等，将其作为购买儿童科技读本的优惠期。在此期间购买可享受一定的折扣或获得赠品，过期则恢复原价或取消优惠。

（2）数量限制：限定一定数量的儿童科技读本，特价销售，先到先得，售完为止。这可以促使用户尽快下单，以免错过优惠。

（3）组合优惠：推出组合优惠套餐，包括儿童科技读本和其他相关产品，如科学实验套装、学习机等。购买套餐可享受额外折扣或获得赠品，增强购买的吸引力。

（4）口碑营销：鼓励已购买的用户分享阅读体验，通过口碑传播吸引更多潜在用户。可以设立分享奖励机制，如推荐购买可获得积分或礼品，激励用户进行口碑传播。

（5）限时秒杀：在特定时间段内开展限时秒杀活动，用户可以在规定时间内抢购特价儿童科技读本。通过营造紧张刺激的抢购氛围，增强购买的紧迫感。

（6）新品预售：在发布儿童科技读本新品时，开展预售活动。用户可提前预订并支付定金，享受新品上市时的特别优惠。这可以提前锁定订单，确保销售量。

（7）节假日促销：在节假日期间开展促销活动，如圣诞节、春节等。推出节日主题的包装和赠品，强化购买的仪式感和纪念意义，增强用户的购买意愿。

根据以上内容及场景策略和互动策略，继续完善直播脚本，在直播实操过程中，合理利用时间、产品数量、优惠等因素，通过合理的限制和激励措施促使用户尽快下单。

四、任务思考

（1）如何确定最佳的优惠时间段？是否应针对不同节假日或学期制定差异化的时间策略？

（2）如何在直播中合理利用时间、产品数量和优惠等因素来制造紧迫感？

五、任务总结

在制定儿童科技读本产品的限时限量下单直播策略时，需要综合考虑时间限制、数量限制、组合优惠、口碑营销及直播实操中的互动策略等多个方面。通过合理设定优惠时间段和限量销售数量，制造紧迫感并促使用户尽快下单。同时，推出具有吸引力的组合优惠并设置分享奖励机制，可以进一步增加产品的吸引力并扩大用户群体。在直播实操过程中，应充分利用时间、产品数量和优惠等因素，通过合理的限制和激励措施引导用户尽快下单。此外，还应注重与用户的互动，提高用户参与度并增强用户的购买意愿。通过综合运用这些策略，可以有效提高儿童科技读本产品的知名度和销售量。

【拓展阅读】

限时限量的冲动

有专家研究发现，70%的购物决定都是一时冲动的结果。也就是说，用户最终做出购买的决定往往是出于感情上的冲动，并不是出于理性的分析。所以在销售过程中，销售人员如果能够激发用户的情感冲动，那销售效果比单纯的理性说教好得多。那么，在何种情况下用户更容易冲动？给用户营造一种紧迫的氛围无疑是一个非常好的策略，在时间紧迫、情况紧急的情况下，人往往会容易冲动地做出决定。

1. 越买不到越有人买

心理学研究发现，人们会因害怕失去或得不到，对稀有的东西怀有一种本能的占有欲。通俗来讲，就是越买不到的就越想买，这种心理被称为"稀缺效应"。因此，在销售时，适当进行限量销售，可以在很大程度上刺激用户的购买欲望。

2. 越是涨价越有人买

买涨不买跌是人们普遍的心理。这种心理在房地产市场表现得最为突出，房价越涨，销售越火爆，然而一旦价格松动开始降价，反而买的人会减少。因为从心理学的角度说，人们都有占小便宜的心理，希望买的产品比别人的便宜，且能够升值。所以在销售产品时，我们可以利用这一心理，适当采取限时涨价的策略，如仅在某一时间段内购买可以享受优惠价，时间一过即涨价；也可以阶梯性地不断涨价，如每个月固定时间涨价十元。

3. 时间越紧越有人买

人们购买产品时，时间越是紧迫，越容易下单。例如，每年淘宝的"双11"之所以销售火爆，连年创新高，就是因为一年中只有一天的机会。企业不可能天天开展"双11"式促销活动,但是可以经常推出"限时秒杀"活动。"限时秒杀"的规则是仅在某一时间段内,推出固定数量的优惠产品。例如,推出 500 套 5 折特惠产品,且仅在 1 小时内购买有效。这种营销手段将限量、限时、优惠等几种因素汇合,若使用得当,效果将会非常显著,甚至产品可能在几分钟内就被抢购一空。

【知识与技能训练】

一、单选题

1. 麦当劳在推出忘形麦辣鸡翅时采用促销策略,用户出示其他品牌的鸡翅优惠券也可获得折扣优惠。这属于(　　)。
   A. 生活场景　　　B. 运动场景　　　C. 消费场景　　　D. 节日场景

2. 限时优惠、库存有限等营销手段可以促使用户更快做出决策。这是属于(　　)。
   A. 创造代入感　　　　　　　　B. 强化情感连接
   C. 呈现产品价值　　　　　　　D. 利用紧迫感

3. 社交媒体平台拥有庞大的用户群体,每个人都可以通过社交媒体与他人互动,分享观点和经验,进行平等沟通和对话,这是社交媒体互动的特点中的(　　)特点。
   A. 广泛参与　　　　　　　　B. 实时交流
   C. 多样化的互动方式　　　　D. 社交属性强

4. 鼓励用户在社交媒体平台上分享有趣的内容、图片、视频或链接,与其他用户进行互动和讨论。这属于社交媒体互动的(　　)类型。
   A. 问答互动　　　　　　　　B. 内容分享互动
   C. 用户生成内容(UGC)互动　　D. 品牌互动活动

5. 关于紧迫感与决策行为的关系,下列说法不正确的是(　　)。
   A. 紧迫感可以提高人们的决策速度　　　B. 紧迫感不能影响人们的决策质量
   C. 紧迫感可以影响人们的情感反应和态度　D. 紧迫感与决策行为的关系非常密切

二、多选题

1. 场景的模式有(　　)。
   A. 生活场景　　　　B. 运动场景　　　C. 消费场景
   D. 节日场景　　　　E. 娱乐场景

2. "社交媒体"是指允许人们(　　)的网站和技术,是彼此之间用来分享意见、见解、经验和观点的工具和平台。
   A. 撰写　　　　　　B. 分享　　　　　C. 评价
   D. 讨论　　　　　　E. 相互沟通

3. 直播互动的类型包括(　　)。
   A. 评论互动　　　　B. 礼物互动　　　C. 点赞互动
   D. 粉丝管理团队互动　E. 抽奖互动

4. 紧迫感如何在人们的心理中起作用（　　　）。
A. 提高人们的警觉性和注意力　　B. 激发人们的行动欲望
C. 促进决策和行动　　　　　　　D. 增强人们的动力和毅力
E. 相互沟通

5. 下列哪些属于限时策略（　　　）。
A. 限时折扣　　　　　　　　　　B. 今日特价
C. 强调优惠的独特性　　　　　　D. 销售页面中突出显示剩余库存
E. 库存接近限量时及时通知用户

三、判断题

1.（　　　）人们的记忆多由场景中的各种片段和细节组成，描绘场景中的细节或独特点，能够唤起情节性记忆，引发用户的联想。

2.（　　　）通过讲述与产品相关的感人故事、情感经历等，让用户从情感上产生共鸣，从而引导用户下单。

3.（　　　）通过与用户进行直播、在线问答、话题讨论等方式，开展实时的品牌互动活动，让用户和品牌代表进行实时对话，加强用户与品牌之间的联系。这属于社交媒体互动的内容分享互动类型。

4.（　　　）直播互动是双向的，用户和主播都可以发送信息和评论，进行互动和交流。

5.（　　　）在紧急情况下，人们往往更加关注当前的问题和需要，而忽略了其他潜在的风险和后果。

维护篇

项目七 评论策略

【知识目标】

1. 深入理解在线评论在互联网销售中的重要性及其对用户购买行为的影响。
2. 了解并学会运用评论策略引导用户留下正面评论，提升品牌形象和促进产品销售。
3. 熟悉规避和处理负面评论的技巧，以减少其对品牌形象的潜在损害。

【技能目标】

1. 有效运用营销和沟通技巧，鼓励并引导用户留下高质量的正面评论。
2. 迅速响应并妥善处理负面评论，转化负面情绪，维护品牌形象和提升用户满意度。

【思政目标】

1. 深刻理解诚信经营的重要性，认识到正面评论应基于真实的产品质量和服务，并非基于虚假宣传或诱导。
2. 培养社会责任感和商业道德观念，明白规避负面评论不仅仅是为了企业利益，更是对用户权益的尊重和保护。
3. 增强法律意识，了解国家关于网络评论、广告宣传等的相关法律法规，做到知法守法，不触碰法律红线。

【思维导图】

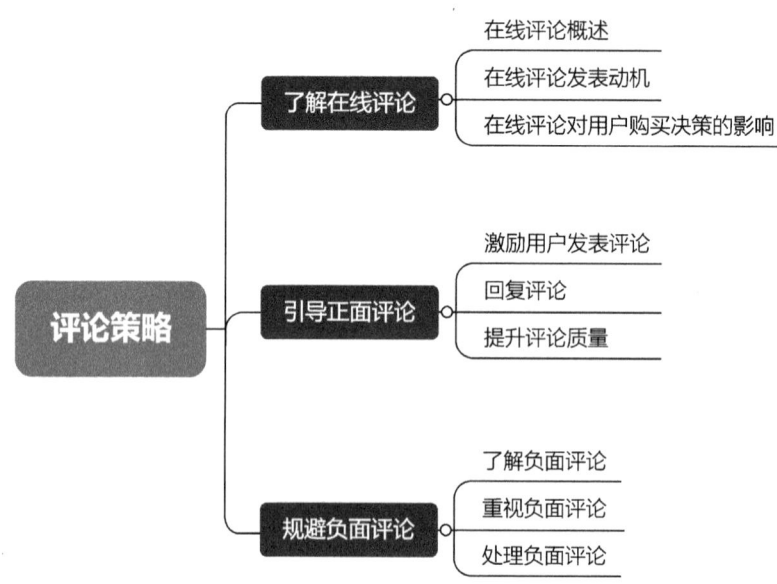

【引导案例】

海尔电器的在线评论策略

海尔电器，作为全球知名的家电品牌，深知在线评论在用户购买决策中的重要性。为了提升品牌形象，增强用户信任，并促进销售，海尔制定了一套详细的在线评论策略。

一、深入了解在线评论

海尔首先对市场上的在线评论进行全面的分析。他们发现，超过 90% 的用户在购买前会查看产品评论，其中 70% 的用户表示，正面评论会增强其购买意愿。同时，负面评论对用户购买决策的影响也不容忽视。因此，海尔将在线评论管理视为提升品牌形象和促进销售的关键环节。

二、积极引导正面评论

（1）提供优质产品：海尔始终坚持"产品质量为王"的原则，通过严格的生产工艺和质量把控，确保每一件产品都能满足用户的需求。

（2）卓越的售后服务：海尔提供全方位的售后服务，包括安装、维修、保养等，确保用户在使用过程中无后顾之忧。

（3）激励用户分享：海尔通过积分、优惠券、礼品等方式，鼓励用户在购买后分享使用心得，为产品留下正面评论。

通过实施这些策略，海尔的正面评论率有了显著提升。相关数据显示，某款热门冰箱的正面评论率从实施策略前的 80% 提升至 95%，销售额也随之增长 30%。

三、有效规避负面评论

（1）快速响应投诉：海尔成立专业的用户服务团队，对用户的投诉进行快速响应和处理，防止问题升级。

（2）主动解决问题：对于可能出现的问题，海尔会主动联系用户，提供解决方案，减少用户的不满情绪。

（3）持续改进产品：海尔会根据用户的反馈，不断优化产品设计和服务流程，提高用户满意度。

这些措施有效减少了海尔产品的负面评论。据统计，在实施策略后，该款热门冰箱的负面评论率从 5% 下降至 1%，这进一步提升了海尔的品牌形象和市场竞争力。

通过深入了解在线评论的重要性，并制定针对性的策略，海尔电器成功地引导正面评论并规避负面评论。这不仅提升了品牌形象，还促进了销售业绩的增长。

思考：

企业可以采取哪些激励措施鼓励用户分享正面评论？

任务一　了解在线评论

了解在线评论

【任务目标】

1. 了解在线评论的基本定义，理解其作为用户生成内容的一种形式，对产品和服务进行评价及反馈的功能。

2. 了解在线评论在用户购买决策中的重要性，以及它如何影响用户的选择和购买行为。

3. 学会正面评论的激励方法及如何处理负面评论。

【知识基础】

一、在线评论概述

在线评论（Online Consumer Review），又称为在线用户评论，是用户通过网络平台（如电商网站、购物平台、评论网站、论坛等）对已购买或已使用的产品或服务进行评价的一种形式。这些评价通常以文本、图片或视频的形式出现，包含用户对产品或服务的正面或负面看法及其使用体验和建议等。

在线评论对用户和商家都具有重要意义。对用户来说，通过阅读在线评论，可以获取关于产品或服务的详细信息，并了解其他用户的使用体验，从而做出更明智的购买决策。对商家来说，在线评论提供了宝贵的反馈，可以帮助其了解用户的需求和期望，改进产品或提升服务质量，提升用户满意度和忠诚度。

在线评论的数量和质量也会影响用户的购买行为。一般来说，评论数量越多，说明该产品或该服务受到了更多用户的关注和评价。而高质量的评论则提供了更详细、更可信的信息，对用户的购买决策影响更大。

【实用案例】

亚马逊的在线评论

1995年，亚马逊就开始为用户提供发布产品评论的功能，这是电子商务领域中的一项重要创新。通过允许用户在网站上公开发表对产品的看法和评价，亚马逊为用户提供了一个更加透明、更加公正的购物环境，同时也为商家提供了宝贵的用户反馈。

这项功能不仅增强了用户对亚马逊平台的信任感，还促进了产品的销售。用户可以根据其他用户的评论来判断产品的质量和性价比，从而做出更明智的购买决策。而商家则可以通过用户的评论了解用户的需求和期望，及时改进产品或服务，提升用户满意度。

如今，发布在线评论已经成为用户购物过程中的重要环节，而亚马逊作为电子商务领域的佼佼者，一直致力于为用户提供更加优质、更加便捷的购物体验。

二、在线评论发表动机

（一）帮助他人

许多用户都愿意分享购物体验，以帮助他人做出更好的购买决策。他们认为评论能帮助他人避免购买不合适的产品或服务。

（1）提供信息：用户认为使用经验或购买建议对他人是有价值的，因此愿意分享产品细节、使用心得或购买建议。

（2）避免他人受骗：如果用户对某个产品或服务感到不满，可能发表评论以劝阻其他潜在的买家。

（二）表达意见和情感

购物体验往往引发用户强烈的情感反应。发表在线评论为用户提供表达意见和情感的平台。

（1）正面情感的表达：当用户对购买产品或服务感到满意时，可能发表积极的评论表达自己的喜悦和满足。

（2）负面情感的宣泄：不满意的购物体验可能导致用户发表负面评论，并将此作为情感的宣泄口。

（三）获得社会认同

通过发表评论，用户可以展示意见和情感，从而获得他人的认同和尊重。

（1）树立专业形象：通过发表有深度和有见解的评论，用户可以在网络上建立专业形象，从而获得他人的尊重和认可。

（2）社区参与感：在线评论社区往往具有一定的社交功能，用户可以通过发表评论与他人进行互动，增强在社区中的存在感。

（四）获得奖励或积分

一些商家会提供奖励或积分鼓励用户发表评论。这些奖励可能包括优惠券、折扣、积分等，可以吸引更多人发表评论。

（1）经济激励：一些电商平台会采用积分、优惠券或现金奖励等经济激励措施，鼓励用户发表评论。

（2）会员等级提升：在某些电商平台，发表评论可能有助于提升会员等级，从而获得更多的会员权益。

这些动机并不是相互独立的，同一用户可能同时受到多个动机的驱动发表在线评论。此外，不同的用户群体和不同的购物情境也可能导致动机的差异。

三、在线评论对用户购买决策的影响

在线评论对用户购买决策的影响是多方面的，对电商平台和商家来说，重视并管理好在线评论至关重要。

（一）评论质量

评论质量是指评论内容的真实性、可靠性，内容与评价产品的相关性，以及内容为后续购买者提供大量有用的信息。由于网络市场的特殊性，也产生一些问题，一方面，商家可能冒充用户针对产品质量、商家信誉等方面发表虚假评论，这种评论非但不会对用户的购买决策产生帮助，反而会引导其做出错误的决策。另一方面，评论者受自身因素的影响，对产品专业知识的认知不同，其发表的评论质量也有差异，不同质量的评论对于后续购买者的购买决策的影响不同。

研究表明，用户主要从信息特征的角度衡量评论内容的质量，如相关性、易懂性、充足性、可信性、客观性等。

既往研究发现，如果评论内容与产品密切相关、评论内容真实可靠、评论观点比较中立且评论包含大量有用的信息，这样的评论对用户购买决策的影响较大。也就是说，用户更倾向于阅读高质量的评论，即客观、具体、逻辑性强且能够基于产品的具体特征给出推荐原因。因此，在线评论质量正向影响用户的购买决策。在其他条件相同的情况下，高质量评论较低质量评论对用户购买决策的影响大。

（二）评论数量

在线评论数量是指用户在互联网上发表的关于特定企业、特定产品或特定服务的评论信息的数量。目前，在许多购物网站上，用户可以根据产品受到的关注程度检索商品，关注程度越高的产品越有可能被其他用户看到。

在线评论的数量通常反映了产品或服务的受关注程度。在购物网站上，用户往往倾向于关注有大量评论的产品，因为这可以提供更多的信息和建议，帮助他们做出更明智的购买决策。

购物网站通常会根据产品的受关注程度、销量、评论数量和质量等因素对产品进行排序和推荐。因此产品受关注度越高，就越有可能被其他用户看到。

对商家来说，鼓励用户发表在线评论并积极回应评论是提高产品受关注程度和销量的有效手段。同时，商家也需要关注和管理在线评论，确保评论的真实性和客观性，维护品牌形象和用户信任。

在线评论数量反映受欢迎的程度，其更重要的作用是向其他用户传递信息，即有多少用户正在使用或已经购买该产品。这些信息会影响潜在用户的心理，促使正在考虑购买的用户关注该产品，还可能进一步引发潜在用户的从众心理，使其产生购买行为。因此，在线评论的数量对用户的购买决策有正向影响。

（三）评论效价

评论效价是在线评论情感倾向的衡量指标，它反映了用户对产品或服务的整体情感态度。正面评论通常传递出积极、满意的情感，而负面评论则表达出不满、失望或批评的情感。这两种评论效价对用户的购买决策和企业的品牌形象都有显著的影响。

正面评论对用户的购买决策起到正面影响，能提供有关产品或服务的正面信息，增强用户对品牌的信任感和好感度。当用户看到大量正面评论时，可能将该品牌视为可靠的选择。此外，正面评论还有助于树立并强化品牌在用户心中的正面形象，修正可能存在的负面印象。

负面评论对用户的购买决策起到负面影响可能引发用户的疑虑和不安，降低其对品牌的信任度和购买意愿。如果负面评论数量较多或内容较为严重，可能损害品牌的声誉和形象。因此，企业需要密切关注和管理负面评论，及时回应并解决问题，以减轻其对品牌形象和用户购买决策的不利影响。

【任务实施】

一、任务背景

某知名家电品牌，在互联网上拥有大量的用户评论。这些评论不仅反映了用户对该品牌产品的真实看法，还包含了宝贵的市场反馈和产品改进建议。为了更好地理解用户对该品牌产品的态度和需求，我们需要深入分析这些在线评论。

二、任务分析

在获取到主销产品的评论文本后，可通过词频、主题、情感等环节分析，掌握用户对产品的主要关注点及偏好等情况。

三、任务操作

（1）借助数据采集工具或平台工具，获取产品的评价内容，某品牌洗衣机部分评价内容如图 7-1 所示。

图 7-1　某品牌洗衣机部分评价内容

（2）利用分词软件对评价内容进行分词。由于通用的分词工具无法识别具有行业特色的词汇，因此需要结合分词结果动态添加自定义词库。例如，针对洗衣机的"双喷淋""听不到""智能投放""传动皮带""一级能效""洗净效果""防震动""除菌效果"等，去除"洗衣机""海尔""京东"等分析价值低的词汇，分词后的词汇及词频如图 7-2 所示。

	A	B	C
1	词汇	词性	次数/次
2	安装	动词	568
3	师傅	名词	335
4	容量	名词	298
5	很好	形容词	284
6	干净	形容词	247
7	功能	名词	229
8	使用	动词	207
9	不错	形容词	197
10	效果	名词	189
11	洗净效果	自定义词	179

图 7-2　分词后的词汇及词频

（3）筛选出前 100 个高频词并制作词云图，如图 7-3 所示，通过词云图可以初步了解到用户对该洗衣机的主要关注内容为安装和使用效果等。

图 7-3　词云图

（4）利用数据软件，分小组按照上述步骤进行实操，每组5~6人。

四、任务思考

在进行情感分析时，如何准确判断评论的情感倾向以避免误判？

五、任务总结

通过对某知名家电品牌在互联网平台上的用户评论进行深入分析，我们成功提炼出用户对产品的整体评价、满意度、具体需求及改进建议。这些分析结果对企业了解市场动态、优化产品设计和提升用户满意度具有重要意义。

【拓展阅读】

亚马逊平台评论的重要性与可信度维护

在亚马逊电商平台上，评论对产品的成功来说至关重要。然而，近年来亚马逊发现，一些获取评论的方式影响到平台上评论的可信度。为了维护评论的真实性和可信度，亚马逊在获取评论及提供激励方面进行了重大改革。

亚马逊致力于帮助商家合法获取评论和限制欺骗性评论之间找到平衡点。这一举措旨在确保用户能够信任平台评论，并据此做出明智的购买决策。

评论在电商平台上发挥着多重作用。首先，评论为产品增添了可信度，帮助用户判断产品的质量和价值。正面评论可以显著提高产品的销售额，甚至增强广告效果。

然而，评论数量并不是唯一的成功因素。评论数量取决于产品的竞争环境和特性。在竞争激烈的市场中，如手机壳等常见产品，商家可能需要更多更优质评论才能脱颖而出。相反，对一些独特或知名品牌的产品，少量的高质量评论可能就已足够。

除了评论数量，评论质量也至关重要。亚马逊强调评论的真实性和有用性，以确保用户能从中获得有价值的信息。为此，平台采取了一系列措施打击虚假和欺骗性评论，包括使用先进的算法和人工审核识别并删除不真实的评论。

此外，评论也是优化产品列表和搜索结果的关键因素。一个拥有积极评论和高评分的产品在搜索结果中的排名往往会更高，从而可以吸引更多的潜在用户。同时，用户还可以根据平均评分过滤搜索结果，这进一步凸显评论在购买决策中的重要性。

任务二　引导正面评论

【任务目标】

1.鼓励并引导用户在社交平台上发表正面评论，以提升品牌形象、用户信任度和市场竞争力。

2.在与用户的沟通中，传递积极向上的态度，鼓励用户分享正面的使用体验，形成良好的口碑传播。

3.引导用户发表具有深度和见解的正面评论，提升评论的可信度、增强评论区的说服力。

【知识基础】

一、激励用户发表评论

激励用户发表评论对企业和产品至关重要，评论不仅能够提供有价值的反馈，还能提升品牌的信誉度和用户社区的活跃度。

（一）提供明确的呼吁和指示

（1）呼吁语言：使用具有行动性的语言，如"分享您的体验并帮助他人做出更好的选择"或"您的声音对我们很重要，留下评论吧"。

（2）位置选择：在关键的用户接触点放置呼吁，如产品页面、购买确认页面、电子邮件通信或应用内的显眼位置等。

（3）评论指南：提供简短的评论指南，如"请保持评论真实、相关且有建设性"及字数限制或格式要求。

（二）实施奖励制度

（1）积分系统：为用户评论设置积分，累积到一定程度可兑换实物奖品、折扣券或特权。

（2）评论徽章：为用户颁发徽章或证书，以表彰其评论贡献，增强用户的荣誉感。

（3）抽奖活动：每月或每季度从评论者中抽取幸运用户，赠送与产品或品牌相关的奖品。

（三）开展社区互动

（1）评论点赞和踩：允许用户对其他用户的评论进行点赞或踩，增强评论的互动性、提升评论区的可信度。

（2）最佳评论：定期评选最佳评论，并在社区内或社交媒体上进行展示和表彰。

（3）话题讨论：创建特定的话题或讨论区，鼓励用户围绕这些话题发表评论和观点。

（四）个性化邀请和反馈

（1）个性化电子邮件：根据用户的购买历史、兴趣或活跃度，向其发送个性化的评论邀请电子邮件。

（2）感谢信：对于发表评论的用户，向其发送感谢信或电子邮件，表达对他们贡献的感激之情。

（3）评论回复：尽可能对每条评论进行回复，展现品牌对用户的关注和尊重。

（五）内容挑战和主题讨论

（1）评论挑战：设置评论挑战，如要求用户发表创意性的评论或使用特定的标签等。

（2）主题讨论周：每周设定一个与产品或行业相关的主题，鼓励用户围绕该主题发表评论。

（3）用户故事征集：邀请用户分享与产品相关的故事或经历，以评论的形式进行征集。

（六）提供方便的工具和平台

（1）优化评论框：确保评论框易于找到、填写和提交，降低用户的操作难度。

（2）社交媒体连接：允许用户通过社交媒体账号直接登录并发表评论，简化注册和登录流程。

（3）跨平台同步：确保用户的评论可以在多个平台（如网站、应用、社交媒体等）上同步展示。

（七）确保评论的可见性和反馈循环

（1）评论审核：设立评论审核机制，确保所有评论都符合社区准则和相关法律法规。

（2）评论展示：在页面上优先展示最新、最有价值的评论，让用户更容易看到其他用户的反馈。

（3）定期回顾：定期回顾和分析用户评论，了解用户的需求和反馈，以便进行产品改进和服务提升。同时，在社区内分享这些回顾结果，让用户感受到被重视和被回应。

【实用案例】

亚马逊的"早期评论人计划"激励用户发表评论

亚马逊作为全球最大的在线零售商之一，深知用户评论对企业和产品的重要性。为了激励用户发表更多有价值的评论，亚马逊推出了"早期评论人计划"。

亚马逊意识用户评论是购买决策过程中的重要参考因素，对潜在用户来说，具有极高的价值。同时，评论也是企业了解用户反馈、优化产品和服务的重要途径。因此，亚马逊希望通过"早期评论人计划"激励更多用户发表评论，从而提升产品的信誉度和用户社区的活跃度，并最终推动销售增长。

（1）选择符合条件的产品：亚马逊会筛选出新上市或销量较少的产品，这些产品通常缺乏足够的用户评论。

（2）邀请早期评论人：亚马逊会向经常发表评论且评论质量较高的用户发送邀请，邀请他们成为"早期评论人"，并对这些产品发表评论。

（3）提供奖励：为了激励用户参与该计划，亚马逊会为发表评论的"早期评论人"提供一定的奖励，如优惠券、折扣等。

（4）审核与展示评论：亚马逊会对用户发表的评论进行审核，确保评论的真实性和有价值性。审核通过后，评论将在产品页面展示，供其他用户参考。

通过"早期评论人计划"，亚马逊成功激励了大量用户发表有价值的评论。这些评论不仅为潜在用户提供了重要的购买参考，还帮助亚马逊了解了用户对产品的真实反馈。企业可以根据这些反馈优化产品和服务，提升用户体验。

同时，该计划也显著提升了亚马逊品牌的信誉度和用户社区的活跃度。更多用户愿意在亚马逊平台上发表评论和分享购物经验，形成了良好的用户互动氛围。这种互动不仅提升了用户的忠诚度，还吸引了更多新用户加入亚马逊社区。

综上所述，亚马逊的"早期评论人计划"是一个成功的激励用户发表评论的企业实际案例。通过该计划，亚马逊成功提升了产品的信誉度和用户社区的活跃度，并最终推动了销售增长。这一策略为其他企业提供了有益的借鉴和启示，即通过激励用户发表评论来优化产品和服务、提升品牌形象和市场竞争力。

二、回复评论

回复评论是社区管理和用户关系维护中的一项重要任务。

（一）及时性

（1）重要性：快速回复评论能够展现企业对用户的重视，同时，有助于解决用户的潜在问题或疑虑。

（2）详细策略：企业通过监控评论渠道，确保能够及时发现新评论；设置内部目标，如所有评论都应在24小时内得到初步回应；使用自动回复工具发送即时的确认消息，告知评论者已收到其反馈，并表示尽快处理。

（3）示例："您好，×××（评论者姓名），感谢您的反馈！我们已收到您的评论，并会尽快与您联系以解决问题。期待为您提供最佳服务。"

（二）个性化与人性化

（1）重要性：个性化回复能让评论者感到被重视，同时，人性化的语言有助于建立品牌与用户之间的情感联系。

（2）详细策略：企业在回复中使用评论者姓名；表达对其观点或感受的理解，避免使用模板化的回复；在可能的情况下，使用轻松友好的语气，但要保持专业性。

（3）示例："您好，×××（评论者姓名）！非常抱歉听到您在使用过程中遇到了问题。我明白这给您带来了不便，并真诚感谢您的反馈。我们会尽快调查并解决这个问题。"

（三）解决问题

（1）重要性：评论者通常期望其问题或疑虑能够得到迅速解决。

（2）详细策略：对能够直接解决的问题，提供具体的解决方案或补偿措施；对需要更多时间或信息才能解决的问题，说明情况并给出预期的解决时间；邀请评论者通过私信提供更多信息，以便更深入地了解问题并提供个性化的解决方案。

（3）示例："我们非常重视您的反馈，并已安排团队调查您提到的问题。我们将在2个工作日内通过私信与您联系以获取更多信息并提供解决方案。请您耐心等待。"

（四）保持专业

（1）重要性：专业的回复有助于维护品牌形象和建立用户信任。

（2）详细策略：避免使用攻击性、不礼貌或情绪化的语言；即使面对负面评论，也要保持冷静和礼貌，尽量以解决问题的态度进行回应。

对无法直接解决的问题或无理取闹的评论者，可以委婉地说明情况，并引导其通过其他渠道解决问题。

（3）示例："我们非常遗憾听到您的不满。我们会尽快调查此事并重视您的反馈。如果方便的话，请通过我们的用户服务渠道提供更多详细信息，以便我们更好地了解问题所在并提供解决方案。"

三、提升评论质量

提升评论质量是一个多方面的任务，需要从多个角度入手。

（一）评论指导

（1）提供清晰的评论准则：在用户发表评论的地方，提供明确的评论准则和要求。例如，"请确保您的评论与主题相关、有建设性，并避免使用不当语言。"

（2）示例："为了保持社区的健康和活跃，我们鼓励您发表真实、有帮助且尊重他人的评论。请避免发布广告、垃圾信息或攻击性内容。"

（二）激励措施

（1）实施奖励制度：为高质量评论设立奖励，如"最佳评论奖""每月之星"等，并公开表彰获奖者。

（2）示例："每月我们都会评选出最佳评论，并为作者提供特别奖励。期待您的精彩评论！"

（三）审核与管理

（1）设立审核机制：对评论进行人工或自动审核，确保发表的评论符合准则。

（2）及时处理低质量评论：对违反准则的评论，及时删除或标记，并向用户解释原因。

（3）示例："感谢您的参与，但您的评论包含不当内容，已被删除。请确保您的评论符合我们的社区准则。"

（四）互动与回应

（1）积极回应用户评论：对用户的高质量评论给予积极回应，如点赞、回复或置顶等。

（2）鼓励讨论：对能够引发深入讨论的话题，主动邀请用户发表观点，从而促进高质量的讨论。

（3）示例："@用户名，您的观点非常独特且有深度，感谢您的分享！我们很期待听到更多用户的想法。"

（五）教育与引导

（1）提供评论范例：展示一些高质量评论的范例，帮助用户理解评论是受欢迎的。

（2）引导用户参与：通过教程、FAQ或社区指南等方式，指导用户发表有价值的评论。

（3）示例："想要发表高质量的评论？看看这些优秀范例吧！它们都有明确的观点、有建设性的反馈和尊重他人的态度。"

（六）发掘资信度高的在线评论者

评论者的资信度与其所写评论对其他用户的购买决策的影响较大。评论者的可靠性和专业能力是构成其资信度的两个核心要素。

可靠性反映了评论者的诚信度。当评论者在社区中拥有较高的等级或社会知名度时，其评论更容易被用户视为可信评论，并将其作为购买决策的重要参考。这种信任是基于评论者行为、言论和与其他社区成员的互动而建立的。

专业能力则体现评论者关于特定领域或特定产品的知识和经验。用户往往倾向于寻求专业背景的评论者的意见，因为他们能够提供更深入、更准确的产品信息和评价。这种专业能力可以通过评论者的职业背景、教育水平、使用经验等方面体现。

意见领袖是在线评论中的重要角色，通常具有较高的资信度，并能够通过言论和行为影响他人的购买决策。这些意见领袖可能是知名的明星、行业专家或者在特定社区中享有高声誉的评论者。他们的评论往往能够引发广泛的关注和讨论，甚至引发从众效应，推动产品的销量增长。

因此，对商家来说，识别和培养高资信度的评论者非常重要。通过鼓励用户发表高质量的评论、建立专业的评论者社区、与意见领袖建立合作关系等方式，可以提升产品的在线声誉和销量。同时，商家需要关注和管理在线评论环境，确保评论的真实性和客观性，以维护品牌形象和建立用户信任。评论者的资信度越高，其在线评论对用户购买决策的影响越大。

【任务实施】

一、任务背景

随着市场竞争的日益激烈，品牌形象和用户口碑成为企业获得成功的重要因素。小米作为一家知名的科技公司，一直致力于提供优质的产品和服务。为了更好地了解用户对小米产品的积极评价和满意度，我们计划开展一项收集小米用户正面评论的任务。

二、任务分析

（1）目标明确：收集小米用户的正面评论，了解用户对产品的积极评价和满意度。

（2）内容丰富：正面评论可能涉及产品的多个方面，如性能、外观、使用体验、性价比等。我们需要全面收集这些评论，以更全面地了解用户的需求和偏好。

三、任务操作

（1）确定收集渠道：主要通过小米官网、电商平台、社交媒体等渠道收集用户的正面评论。

（2）筛选正面评论：通过阅读评论，筛选出对小米产品表示满意和发表积极评价的评论。

（3）分类整理：对筛选出的正面评论按照产品类型、评价内容等进行分类整理，以便后续分析。

（4）数据记录：详细记录每个正面评论的内容，包括评论者的描述、满意的产品特点和服务方面等。

（5）分析与总结：根据以上材料，以小组为单位通过小米官网、电商平台、社交媒体等渠道收集用户的正面评论，对收集到的正面评论进行统计分析，找出用户最满意的产品特点和服务方面，并撰写总结报告。

四、任务思考

什么样的评论可以被定义为正面评论？正面评论是否仅包含积极的词汇和表述？

五、任务总结

本次任务旨在收集小米用户的正面评论，以了解用户对小米产品的积极评价和满意度。通过小米官网、电商平台、社交媒体等渠道，收集大量正面评论，并按照产品类型、评价内容等进行分类整理。在收集过程中，注重评论的真实性验证和筛选标准的制定，确保评论的质量和准确性。通过对收集到的正面评论进行深入分析和总结，找出用户最满意的产品特点和服务方面，为小米未来的产品改进和市场策略提供有价值的参考。

【拓展阅读】

实名评价对增强评价真实性有多方面的具体作用

（1）责任感增强：当用户以真实身份进行评价时，其责任感会更强烈。因为名字或身份与评价关联，所以用户更可能提供真实、客观和有价值的反馈。

（2）信任度提升：实名认证提升了评价的可信度。其他用户、商家或平台可以相信这些评价来自真实的用户。

（3）减少虚假评价：实名认证可以作为一种筛选机制，降低虚假评价的可能性。

（4）增强评价的针对性：实名认证的评价者更有可能针对具体的产品或服务特点进行详细反馈。

（5）便于后续沟通：如果商家或平台需要进一步了解评价的具体情况或有任何疑问，实名认证使其与评价者进行后续沟通。

（6）建立用户信用体系：实名认证可以作为构建用户信用体系的一部分，与用户的历史评价、购买记录等行为数据综合考量，形成信用评分，进一步保障评价的真实性。

（7）法律约束：在某些情形下，实名认证意味着用户需要对自身评价承担相应的法律责任，能够促使他们提供更真实可靠的评价。

综上所述，实名评价具有增强用户责任感、提升评价真实性与针对性、提高用户信任度等多方面作用，这对于商家了解用户需求、改进产品或服务，以及帮助用户做出购买决策都具有重要意义。

任务三　规避负面评论

【任务目标】

1.建立有效的监控机制，及时发现用户在使用产品或服务的过程中可能产生的负面情绪，从而迅速采取措施进行干预和解决。

2.通过积极主动解决用户的问题和投诉，以及不断优化产品和服务，提升用户的满意度，进而减少负面评论。

【知识基础】

一、了解负面评论

（一）负面评论的定义

负面评论是指用户对产品或服务持消极态度，并对其进行负面评价的信息。这类评论通常表达用户的不满、对产品或服务的投诉，甚至劝说其他潜在的用户不要购买该产品或该服务。负面评论可能从多个方面对商家和用户产生影响，如损害品牌形象、降低用户信任度等。因此，商家需要密切关注负面评论，并及时采取措施进行回应和处理。

（二）影响负面评论的因素

1. 产品或服务质量

这是最直接也是最重要的因素。如果产品或服务的质量不达标，用户很容易产生不满并发表负面评论。例如，产品存在设计缺陷、性能不稳定、易损坏等问题或服务态度差、响应速度慢等都可能导致用户的负面评论。

2. 用户期望与实际体验的差距

当用户对产品或服务有较高期望时，而实际体验未能满足这些期望，他们可能感到失望并发表负面评论。这种差距可能源于商家的过度宣传、误导性信息或用户对产品的误解。

3. 价格因素

价格是影响用户购买决策的重要因素之一。如果用户认为产品或服务的价格过高或性价比低，可能产生不满情绪并发表负面评论。

4. 用户个人因素

用户的个人因素，如情绪状态、购买经验、文化背景等，也可能影响其对产品或服务的评价。例如，处于愤怒或沮丧情绪中的用户可能更容易发表负面评论。

5. 售后服务

商家售后服务不到位，如退换货流程烦琐、客服响应不及时等，也可能导致用户不满并发表负面评论。

为了降低负面评论的影响，商家应该关注以上因素，努力提升产品或服务的质量，合理定价，提供优质的售后服务并加强与用户的沟通，了解其需求和期望。同时，商家也应该积极回应和处理负面评论，以展示其对用户服务的重视和解决问题的能力。

二、重视负面评论

（一）对负面评论予以足够重视

负面评论对用户的购买和传播意愿有显著的影响，这主要源于负面信息在心理的突出性和人们对风险规避的本能。当面对负面评论时，用户可能产生疑虑、不安或对产品和服务失去信任，这些情绪反应会直接影响他们的购买决策。同时，负面评论的传播速度和传播范围可能较正面评论更快和更广，因为负面评论往往能引起人们的关注和讨论。

因此，企业应高度重视负面评论的管理。首先，企业需要建立专业的团队或机构负责监测、分析和回应负面评论。团队成员应具备专业知识和良好的沟通能力，以便及时、准确地处理负面评论带来的问题。其次，企业应投入足够的资源提升产品和服务质量，从根源减少负面评论，包括改进产品设计、提升服务质量、优化用户体验等方面。最后，企业在管理负面评论时，还应结合其他经营活动，运用整合营销传播的思路。企业不仅要在产品和服务上做出改进，还要对品牌形象、公关策略、用户关系管理等方面进行全面优化。通过多渠道、多方式的传播和互动，企业可以更积极地与用户建立联系，提升品牌认知度和美誉度，从而降低负面评论对用户购买意愿和再传播的影响。

总之，负面评论的管理是企业经营活动中不可或缺的一部分。通过有效的管理和应对策略，企业不仅可以减少负面评论带来的损失，还能提升品牌形象和市场竞争力。

（二）构建与用户沟通的网络平台

提供合适的网络沟通平台是企业减少负面评论传播并维护用户关系的关键。

1. 设立用户反馈区域

在企业官方网站上设立用户反馈或用户服务区域，为用户提供一个集中、便捷的渠道表达意见和问题。确保该区域易于访问、导航清晰并提供多种联系方式（如电子邮件、在线聊天、电话等），以满足不同用户的需求。

2. 及时响应和解答用户问题

用户服务团队负责监控和回应用户反馈区域中的评论和问题；设定明确的响应时间，并确保团队能够迅速、专业地处理用户的问题和投诉。

3. 增强网络平台的权威性和专业性

企业定期发布与产品相关内容，如行业报告、产品教程或用户指南等，以增强平台的权威性、提升平台的可信度。企业应邀请行业专家或意见领袖参与平台讨论或撰写专栏文章，增强平台的专业性和影响力。

4. 监测和分析在线评论信息

监测和分析在线评论信息是一个复杂的过程，主要包括数据收集、整理、分析和解读等环节。以下是一个简化的流程及每个环节的关键点。

（1）数据收集：明确需要监测的平台，如社交媒体、电商平台、论坛等。使用爬虫技术，通过自动化脚本抓取目标平台上的评论数据。在收集数据时，要确保遵守相关法律法规和平台规定。

（2）数据整理：去除重复、无关或错误的信息，确保数据的准确性和有效性。根据需要，对评论进行情感倾向、主题等标注。

（3）数据分析：通过关键词提取等技术，发现评论中的关键信息和观点。利用自然语言处理技术判断评论的情感倾向，如正面、负面或中立评论。分析评论者之间的关系和互动模式，识别意见领袖和影响者。

（4）数据解读与应用：通过分析评论数量和情感倾向，了解公众对某一事件或话题的态度。评估公众对品牌或产品的评价和反馈，及时调整市场策略。及时发现潜在的危机和问题，作出有效回应，管理舆情。根据用户的反馈和建议，优化产品或服务。

5. 采取应对措施降低负面影响

对于负面评论，企业应及时回应并解决问题，同时向受影响的用户表示歉意并予以适当补偿。如果问题普遍存在或影响较大，企业可以考虑通过官方渠道发布公开声明或解释，以减轻负面影响并恢复用户信任。通过构建专业、权威且用户友好的网络沟通平台，企业不仅可以更有效地管理负面评论和口碑信息，还能加强与用户之间的关系，提升品牌形象并促进产品销售。

三、处理负面评论

（一）主动回应负面评论信息

在线评论很容易被保存和复制，因此用户往往会接触较多类似的在线评论信息。在线评论的数量越多,对用户购买决策的影响越大。

若想减少负面评论的数量,首先企业应在第一时间主动作出反应。否则,时间越长,负面评论就会越多。负面评论信息的快速传播,一方面是因为负面评论信息本身的吸引力会引起用户的高度关注;另一方面是用户希望以此引起企业的重视,并期待得到满意的答复。因此,企业应对负面评论信息进行正确的分析,采取负责任的态度,给予用户满意的答复。

(二)找出负面评论信息的原因并给予解释

用户在接触负面评论信息时,往往会探究其原因。用户的不同归因结果,对于行为意愿有调节作用。当用户的归因侧重于企业时,负面评论信息对其行为意愿的影响较大,而当用户的归因侧重于传播者个体时,负面评论信息对其行为意愿的影响较小。因此,企业应对负面评论信息进行细致的分析,找准原因并给予解释,以正确引导舆论。

针对具有谣言性质的负面评论信息,企业要及时澄清事实,以减少相应的损失。同时,企业应借助事件被高度关注的契机,向用户传播正面信息,以进一步扩大市场。

针对用户原因(如对产品不了解、操作不当、对服务项目产生误解等原因)导致的负面评论信息,企业应首先澄清问题所在,以防更多的用户误解。该负面评论信息的传播也表明,有一定比例的用户对企业的认识不全面,或者对于企业产品的使用不当。因此,企业可以通过传播正确选购和使用产品,丰富用户的相关知识,从而树立企业负责任的社会形象。

针对企业原因导致的负面评论,企业应积极承认错误,并尽力弥补用户的损失。切忌掩盖、逃避、转嫁责任,否则只会欲盖弥彰。企业更不应强制删除不利的负面评论信息,正确的处理方法是积极承担责任,化解矛盾,让该负面评论信息失去吸引力和再传播的价值。

(三)加强对用户的品牌印象和产品涉入程度的管理

用户的品牌印象和产品涉入度会影响其行为意愿。用户先前对企业品牌和产品的认识,会左右其对负面评论的接受程度。企业应注重加强对用户品牌印象和产品涉入度提升的管理,防患于未然。当用户对企业拥有正面的品牌印象或产品涉入度较高时,往往能对负面评论信息作出更为理性的判断。

企业加强对用户品牌印象和产品涉入度提升的管理,本质上属于整合营销问题,且是一个长期持续的过程。这不仅需要企业投入资源,保障内部各部门协调运作,还需要拓展宣传渠道,企业可整合多种媒介资源,全面传播品牌信息,树立统一的品牌形象。在此过程中,既要注重维护老用户的关系,培育用户忠诚度,也要注重潜在用户的开发,保障市场长期需求。

此外,企业应该认识到负面口碑的传播对社会公众产生的影响。即使部分用户不购买企业的产品,他们传播的口碑信息也可能影响其他用户的消费行为。因此,企业进行品牌印象和产品涉入度的相关营销工作时,应将所有可能参与在线口碑传播的群体纳为目标用户。

【实用案例】

××公司应对负面评论的举措

××公司,作为全球知名的智能手机和智能硬件制造商,一直以来都面临着市场竞争和用户反馈的双重压力。在快速发展的过程中,××也难免会遇到负面评论,这些评论可能涉及产品质量、售后服务、营销策略等多个方面。

假设近期××公司在其社交媒体平台和电商销售渠道收到一系列负面评论,主要集中在某款新发布的智能手机的摄像头性能不佳、系统稳定性问题及售后服务响应速度慢等方面。这些负面评论迅速在网络上扩散，引起了用户的广泛关注和讨论，对××的品牌形象和产品销售造成了一定的影响。

××公司迅速通过官方社交媒体账号对负面评论进行回应，表示对用户反馈的高度重视，并承诺将尽快查明问题原因并给出解决方案。同时，××还开通了专门的客服通道，以便用户能够更方便地反馈问题和获取帮助。

××公司成立了专项小组，对负面评论中提到的问题进行了深入的调查与核实。他们收集了用户反馈的具体案例，与相关部门进行了对接，并进行了技术分析和测试。

在调查核实后，××公司通过官方渠道公开了处理结果。对于确实存在的问题，××承认了错误，并详细说明了改进措施和改进时间。例如，针对摄像头性能不佳的问题，××承诺将通过软件更新来优化算法；针对系统稳定性问题，××表示将优化测试流程，确保后续版本更加稳定。

同时，××还公开了对于受到影响的用户的补偿方案，如提供免费的维修服务或换机服务等，以表示对用户的歉意和关怀。

在处理完负面评论后，××公司进一步加强了产品质量控制和服务体系建设。他们优化了供应链管理、提高了生产标准、加强了质量检测等；同时，也完善了售后服务流程、提升了客服人员的专业素质和响应速度。

××公司还积极与用户进行互动和沟通，通过社交媒体、论坛等渠道收集用户意见和建议，并及时给予反馈和回应。他们还通过举办线上线下活动、传播用户故事等方式来展示品牌形象和产品优势，引导用户形成积极的品牌认知。

通过以上措施的实施，××公司成功解决了这一系列负面评论带来的问题。他们不仅平息了用户的不满情绪，还恢复了用户对品牌的信任。同时，××还根据用户的反馈和意见对产品和服务进行了改进和优化，提升了用户体验和满意度。最终，××公司的品牌形象得到了修复和提升，产品销售也逐渐恢复了增长势头。

【任务实施】

一、任务背景

评论是了解用户感受、偏好和需求的直接渠道，反映了用户对产品和服务的真实体验。某品牌家电企业通过分析评论，发现产品的缺点，从而有针对性地优化产品设计、完善功能和提升服务质量，以更好地满足用户需求。

二、任务分析

某品牌家电企业获取到主销产品的评论文本后，可通过词频、主题、情感等环节分析，掌握用户对产品的主要关注点及偏好等情况，重点找出负面评论。

三、任务操作

（1）利用无监督机器学习算法，即LDA模型，对评论文本主题进行分类。

（2）根据主题分类效果，确定评论文本主题对应"容量""外形外观""质量""师傅"和"洗衣"五项，并覆盖平台评论的框架点。

（3）重点关注各主题中的负面评价文本。

针对"容量"，部分用户认为容量仍不够大。"容量"主题负面评价如图7-4所示。

负面	-1	1	15	[负面词:够了] 容量 大小：10公斤家用够了
负面	-1	3	29	[正面词:足够] [负面词:没有,问题] [程度词:都] 容量 大小:容量够大了，家用足够了，洗窗帘什么的都没有问题
负面	-1	1	12	[负面词:不够] 容量 大小：感觉容量不够大

图7-4 "容量"主题负面评价

针对"质量"，部分用户认为有味道、顽固污渍无法洗净等。"质量"主题负面评价如图7-5所示。

负面	-8	8	78	[正面词:极好佃,可以离谱] [负面词:没有,问题,蟑螂,所谓,无语] 洗衣机挺好的，洗衣服没有任何问题。唯一的遗憾是所谓的烘干功能让人感到无语！我想象中的烘干是衣服烘干后就可以直接穿了，可是烘干后衣服还是湿的，还是需要晾晒！
负面	-6	7	61	[正面词:迅速,慢悦哈] [负面词:不会,不大,苦IP毛病] [程度词:毛] 发货很迅速，第二天就送到了，安装师傅根快就到了。新机有点气味，洗几遍就会会不会味道散去吧。声音不大，暂时挑不出毛病哈！！！
负面	-4	5	34	[正面词:永远] [负面词:噪音,不大,脏不了] [程度词:非常] 噪音不大，功能很全，不过非常脏的衣服，还是洗不干净，手洗永远替代不了

图7-5 "质量"主题负面评价

针对"师傅"，部分用户认为师傅上门收费未提前告知。"师傅"主题负面评价如图7-6所示。

| 负面 | 0 | 2 | 52 | [正面词:值得信赖] [负面词:缺点]
海尔大品牌 值得信赖，一直有客服 跟进 安装进度，唯一一点就是 安装师傅，安装收费物品 时不提前 告知客户！唯一 缺点 |

图7-6 "师傅"主题负面评价

（4）利用数据软件进行实操练习。

四、任务思考

是否需要对评论文本进行分词处理，以便更好地进行词频分析和主题分析？

五、任务总结

本次任务通过对某品牌家电企业的评论文本进行分析，成功掌握用户对产品的主要关注点及偏好等情况，并重点找出负面评论。在任务执行过程中，进行数据预处理、词频分析、主题分析和情感分析等多个环节，确保了分析的准确性和有效性。

【拓展阅读】

××平台酒店差评深度分析：用户声音的反映与酒店服务质量的镜子

根据××平台公布的2023年财报，××平台在2023年里取得了显著的业绩。全年净营业收入达到445亿元，同比增长了122%。这一增长表明，××平台在2023年实现了强劲的复苏和增长。

在××平台上，酒店的差评往往承载着用户的不满与期望。这些负面评论，不仅仅是用户对某一次住宿体验的不满意，更多的是对酒店服务质量、设施条件、卫生状况等多方面问题的直接反馈。××平台酒店差评如图7-7所示。

图7-7 ××平台酒店差评

通过分析××平台5079条酒店差评数据，可揭示出酒店服务行业中存在的问题及面临的挑战。这些差评既来自中国的2585家酒店，也覆盖全球范围内除中国外的2494家酒店，提供了一个全面审视酒店服务质量的视角。

在评论者的信息中，评论者的等级、发布评论的总数及评论被点击的有效次数可以帮助平台识别高质量评论用户。同时观察评论者上传的图片总数、旅行足迹及点评过的酒店总数等。

针对单条差评，可以通过每条评论的文字数量、被点击的有效次数、附带的图片数量及对酒店的具体评分等细化的数据更精确地了解用户的反馈。

综上所述，差评主要集中在服务态度、设施状况、卫生问题、噪声和安全等方面。其中，服务态度不佳、设施老化或损坏、卫生不达标及噪声干扰是用户最为关注的问题。这些问题严重影响了用户的住宿体验，甚至可能对酒店的声誉和业务造成长期的不利影响。

针对以上问题，酒店从业者认真对待负面评论，将其作为改进服务和提升质量的契机。通过积极回应用户的不满，加强内部管理和培训，酒店可以逐步提升服务质量，重塑品牌形象。同时，××平台作为平台方，也应继续加强监管，确保酒店提供的服务符合用户的期望和需求。

【知识与技能训练】

一、单选题

1. 用户可能认为其使用经验或购买建议对他人是有价值的，因此愿意分享具体的产品细节、使用心得或购买建议。这是用户发表在线评论的（　　）动机。

A. 帮助他人　　　　　　　　　　B. 表达意见和情感

C. 获得社会认同　　　　　　　　D. 获得奖励或积分

2. （　　）是在线评论中的重要角色，通常具有较高的资信度，并能够通过自身言论和行为影响他人的购买决策。

　　A. 知名的明星　　　　　　　　　　B. 意见领袖
　　C. 行业专家　　　　　　　　　　　D. 在特定社区中享有高声誉的评论者

3. 提升评论质量是一个多方面的任务，需要从多个角度入手。例如，"为了保持社区的健康和活跃，我们鼓励您发表真实、有帮助且尊重他人的评论。请避免发布广告、垃圾信息或攻击性内容。"这属于（　　）。

　　A. 教育与引导　　　　　　　　　　B. 审核与管理
　　C. 互动与回应　　　　　　　　　　D. 评论指导

4. 回复评论是社区管理和用户关系维护中的一项重要任务。"您好，×××（评论者姓名），感谢您的反馈！我们已收到您的评论，并会尽快与您联系以解决问题。期待为您提供最佳服务。"以上内容属于回复评论的（　　）。

　　A. 个性化与人性化　　　　　　　　B. 及时性
　　C. 解决问题　　　　　　　　　　　D. 保持专业

5. 关于评论的效价，下列哪一项说法是错误的（　　）。

　　A. 评论的效价是在线评论情感倾向的衡量指标，它反映了用户对产品或服务的整体情感态度
　　B. 正面评论通常传递出积极、满意的情感，而负面评论则表达出不满、失望或批评的情感
　　C. 企业需要密切关注和管理正面评论，及时回应并解决问题，以减轻其对品牌形象和用户购买决策的不利影响
　　D. 负面评论对购买决策起到负面影响。它们可能引发用户的疑虑和不安，降低其对品牌的信任度和购买意愿

二、多选题

1. 在线评论又称为在线用户评论，是用户通过网络平台对已购买或已使用的产品或服务进行评价的一种形式。这些评价通常以（　　）的形式出现，包含了用户对产品或服务的正面或负面看法及他们的使用体验和建议等。

　　A. 文本　　　　　　B. 图片　　　　　　C. 正面评论
　　D. 负面评论　　　　E. 视频

2. 以下说法哪些是正确的（　　）。

　　A. 当用户对购买的产品或服务感到满意时，他们可能发表积极的评论来表达喜悦和满足
　　B. 不满意的购物体验可能导致用户发表负面评论，并将此作为情感的宣泄口
　　C. 在线评论社区往往具有一定的社交功能，用户可以通过发表评论与其他用户进行互动，增强自己在社区中的存在感
　　D. 如果用户对某个产品或服务感到不满，他们可能发表评论劝阻其他潜在用户
　　E. 用户可能觉得其使用经验或购买建议对他人是有价值的，因此愿意分享具体的产品细节、使用心得或购买建议

3. 评论的质量指（　　）。

　　A. 评论内容的真实性　　　　　　　B. 评论内容的可靠性

C. 内容与其所评价的产品的相关性　　D. 是否为后续购买者提供了有用信息

E. 对竞争产品的态度

4. 评论者的（　　）是构成其资信度的两个核心要素。

A. 可靠性　　　　　　　　B. 资信度　　　　　　　　C. 专业能力

D. 意见领袖　　　　　　　E. 诚信度

5. 影响负面评论的因素有很多，下列哪些属于用户的个人因素（　　）。

A. 误导性信息　　　　　　B. 服务态度差　　　　　　C. 情绪状态

D. 购买经验　　　　　　　E. 文化背景

三、判断题

1. (　　) 在线评论的数量和质量会影响用户的购买行为。一般来说，评论数量越多，说明该商品或该服务提供了更详细、更可信的信息，对用户的购买决策影响更大。

2. (　　) 通过发表有深度和有见解的评论，用户可以在网络上建立专业形象，从而获得他人的尊重和认可。

3. (　　) 意见领袖是在线评论中的重要角色，他们通常具有较高的资信度，并能够通过自己的言论和行为影响其他人的购买决策。

4. (　　) 当用户对产品或服务有较高期望时，如果实际体验未能满足这些期望，用户可能感到失望并发表负面评论。这种差距可能源于产品存在设计缺陷、性能不稳定、易损坏等问题。

5. (　　) 负面评论信息的快速传播，一方面是因为负面评论信息本身的吸引力会引起用户的高度关注；另一方面是用户希望以此引起企业的重视，并期待得到满意的答复。

项目八　用户关系维护

【知识目标】

1. 了解用户信息收集的渠道。
2. 熟悉用户分级管理方法。
3. 了解用户满意度管理。
4. 了解用户忠诚度管理。

【技能目标】

1. 能够使用数据处理工具对用户信息进行分类梳理。
2. 能够运用数据分析工具对用户进行准确的分级，并为不同等级的用户提供差异化的服务和权益。
3. 提升用户满意度和忠诚度，能够通过个性化服务、提升用户体验等方式，提升用户忠诚度，提高用户回头率和加快口碑传播。

【思政目标】

1. 深刻理解"用户至上"的服务理念，认识到维护良好的用户关系是企业持续发展的重要基石。
2. 了解用户信息的重要性，掌握合法、合规地收集、存储和使用用户信息的方法。强化对用户信息安全的保护意识，增强处理用户信息时的责任心和警惕性。
3. 理解用户分级管理的意义，强调在分级管理过程中要保持公平公正，避免歧视和偏见，确保每个用户都能得到应有的尊重，享受应有的服务。
4. 强化社会责任意识。将社会责任意识融入日常工作和学习中，以实际行动践行"用户至上"的服务理念。

【思维导图】

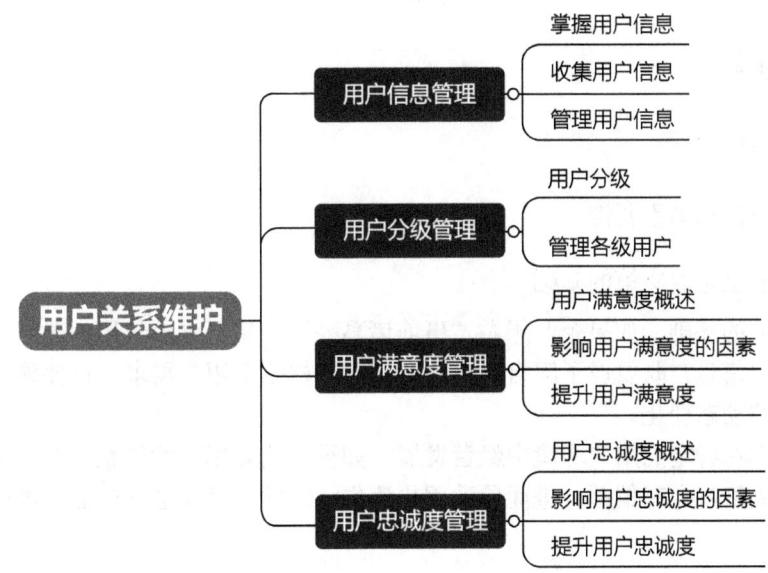

【引导案例】

小红书通过精心设计包装来提升用户体验

小玲是一位热爱时尚和美妆的 90 后女性，经常在小红书上浏览和购买各种潮流新品。对她来说，购物不仅仅是为了满足实际需求，更是一种享受。她特别注重商品的包装，认为精美的包装能为购物体验增添不少乐趣。

最近，小玲在小红书上购买了一款新推出的限量版口红。当她收到快递时，第一眼被精美的包装盒所吸引。包装盒采用优雅的粉色系设计，印有精致的花纹和小红书的 Logo，打开盒子，里面是一层柔软的丝绸包裹着口红，整个包装充满了仪式感。

小玲迫不及待地打开丝绸取出口红。她发现口红，不但颜色饱满，而且使用起来非常顺滑。她兴奋地拿出手机，拍下口红和包装盒的照片，并分享到社交媒体上，引来众多好友的点赞和评论。

小玲对这次购物非常满意，她认为小红书不仅对产品质量精益求精，更在包装设计上展现了极致的追求和品位。她表示，以后会更愿意在小红书上购买产品，也会向身边的朋友推荐小红书的优质产品和服务。

通过这个案例，我们可以看到，精心的包装设计能够显著提升用户的购物体验，也能提升用户对品牌的认知和好感度。对小红书来说，不断优化包装设计，不仅是提升用户体验的重要手段，也是塑造品牌形象和增强市场竞争力的重要途径。

思考：

除了精美的包装设计，小红书还采取了哪些措施来提升用户体验？

任务一　用户信息管理

【任务目标】

1. 了解用户信息的重要性。
2. 掌握用户信息数据库的重要指标。
3. 学会用数据处理工具 Excel 对用户信息进行分类梳理。

【知识基础】

一、掌握用户信息

（一）用户信息的重要性

1. 用户信息是企业决策的基础

信息是决策的基础，如果企业想做"事前诸葛亮"，想要维护与用户建立的关系，就必须充分掌握用户信息，既要像了解自身产品或服务那样了解用户需求，也要像了解库存变化那样了解用户的动态变化。

任何企业都在特定的用户环境中经营发展，如果企业对用户的信息掌握不全、不准，判断就会失误，决策就会有偏差，进而导致用户流失。因此，企业必须全面、准确、及时地掌握用户信息。

2. 用户信息是对用户分级的基础

企业只有全面收集用户信息，尤其是用户与企业的交易信息，才能明确自身用户群体，明确用户创造的价值，识别优质与劣质用户，区分其贡献大小并据此对用户进行分级管理。

3. 用户信息是与用户沟通的基础

随着市场竞争日益激烈，用户信息愈显珍贵，拥有准确、完整的用户信息，既有利于了解用户、接近用户、说服用户，也有利于与用户沟通。如果企业能掌握详尽的用户信息，就能实现"因人而异"的精准沟通。

4. 用户信息是用户满意的基础

企业必须全面掌握用户的需求特征、交易习惯、行为偏好和预期愿望等信息。

如果企业全面掌握用户信息，就可以有针对性地为用户提供个性化的产品或服务，满足用户的需求，从而提升用户满意度。如果企业能够及时掌握用户对企业的产品或服务的负面信息，就可以迅速派遣专业人员妥善处理，从而消除用户的负面情绪。

如果企业掌握用户的纪念日信息，可在当日送适当的礼物，如折扣券、贺卡或电影票等；当了解用户受到失眠困扰时，可以寄相关资料给用户，这些都会给用户带来意外的惊喜，从而增强用户对企业的依赖感。如果企业能够及时发现用户的订货量持续减少，就可以赶在竞争对手之前主动拜访用户，并采取针对性的补救措施，从而降低用户流失风险。

总而言之，用户信息是企业决策的基础，是对用户进行分级管理的基础，是与用户沟通的基础，也是让用户满意的基础，因此，企业应重视和掌握用户的信息，这对维持良好的用户关系、实现用户忠诚，在市场竞争中赢得优势。

（二）应当掌握的用户信息

1. 个人用户的信息

（1）基本信息：包括姓名、身高、体重、年龄、电子邮箱、手机号码等。

（2）消费情况：包括消费金额、消费频率、消费档次、消费偏好、购买渠道与购买方式偏好、消费高峰时点、消费低峰时点、最近一次消费时间等。

（3）生活情况：是否喝酒（种类、数量）、对喝酒的看法，是否吸烟（种类、数量）、对吸烟的看法，喜欢在何处用餐、喜欢吃什么菜、对生活的态度、座右铭是什么、休闲习惯是什么、度假习惯是什么、喜欢哪种运动、喜欢聊的话题是什么、最喜欢哪类媒体等。

（4）个性情况：包括曾参加的俱乐部或社团、目前所在的俱乐部或社团、喜欢看哪些类型的书、忌讳哪些事、重视哪些事、是否固执、重视别人的意见、待人处事的风格等。

例如，房地产企业在收集用户信息时，通常关注用户目前拥有房地产的数量、品牌、购买时间等，将这些结合家庭人口、职业、年龄和收入等数据进行分析，往往能够得出该用户是否存在购买或持续购买的需求、购买的时间和数量、购买的档次等结论。

2. 企业用户的信息

企业用户的信息应当包括以下几个方面的内容。

（1）基本信息：包括企业的名称、地址、电话、创立时间、组织方式、资产规模等。

（2）用户特征：包括服务区域、经营观念、经营方向、经营特点、企业形象、声誉等。

（3）业务状况：包括销售能力、销售业绩、发展潜力与优势、存在的问题及未来的对策等。

（4）交易状况：包括订单记录、交易条件、信用状况及出现过的信用问题、与用户的关系及合作态度、用户的评价与意见等。

（5）负责人信息：包括法定代表人、经营管理者及其姓名、年龄、学历、个性、兴趣、爱好、能力、素质等。

二、收集用户信息

收集用户的信息可通过直接渠道和间接渠道来完成。

（一）直接渠道

直接渠道主要是指用户与企业直接接触的各种场景，如从用户购买前的咨询到售后服务，包括处理投诉或退换产品等，都属于收集用户信息的直接渠道。具体来说，收集用户信息的直接渠道如下。

1. 在服务过程中获取用户信息

服务用户的过程是企业深入了解用户、联系用户、收集用户信息的最佳时机。在服务过程中，用户通常能够直接讲述对产品的看法和预期、对服务的评价和要求及对竞争对手的认识，其信息量大、准确性高，是在其他条件下难以实现的。企业通过服务记录、用户服务部的热线电话记录及其他用户服务系统能够收集到用户信息。此外，用户投诉也是企业收集用户信息的重要渠道，企业可对用户的投诉意见进行分析整理，同时建立用户投诉的档案资料，从而为优化服务、开发新产品提供基础数据资料。

2. 在其他渠道中获取用户信息

用户拨打客服电话后，呼叫中心可以将用户来电自动记录在计算机数据库内。此外，信息技术及互联网技术的广泛应用为企业开拓新的获取用户信息的渠道，例如，网站注册、网上留言、电子邮箱、微信公众平台等都已成为企业收集用户信息的重要渠道。

（二）间接渠道

收集用户信息的间接渠道通常不直接从用户处获取，而是通过技术手段、第三方数据源或公开信息进行分析。

1. 各种媒介

在用户信息收集的间接渠道中，国内外权威媒体、图书、通讯社、互联网及电视台等公开平台常成为重要信息来源。这些渠道通过新闻报道、行业分析、市场调研报告或出版物（如白皮书）等途径，可能间接涉及用户群体的特征或行为数据。例如，财经媒体报道中可能包含企业用户规模统计，通讯社发布的区域经济数据可关联特定人群消费习惯，而互联网公开的行业报告（如市场分析、人口统计）常通过聚合数据推断用户画像。需注意的是，此类信息收集需严格遵循国内外法律规范（如中国的《中华人民共和国个人信息保护法》和欧盟的《通用数据保护条例》），确保不侵犯个人隐私，仅利用已脱敏或合法公开的宏观数据进行分析。

2. 公共记录和公开数据

公共记录和公开数据涵盖多个来源，包括政府公开的各类信息（如人口普查数据、房产登记记录、企业注册信息）、法院及信用机构提供的法律诉讼记录、破产信息与个人或企业的信用评分，以及通过 WHOIS 数据库可查询的网站域名注册者联系信息。除此之外，学术研究与行业报告中整合的公开数据（如市场分析、人口统计趋势等）也能用于推断特定用户群体的行为特征或社会属性，为决策提供数据支持。这些多元化的数据共同构成了解个人、企业及社会动态的重要基础。

三、管理用户信息

（一）用户数据库

你的用户有多少？你的用户是谁？你的重要用户是谁？主要用户又是谁？他们买了多少产品或服务？每隔多长时间购买一次？他们怎样购买？他们去哪里购买？他们通过什么途径了解你的企业？他们对你的产品或者服务有什么意见或建议？他们想要你提供什么样的产品或服务……要回答这些问题，企业需要花费大量时间、精力和财力调查，但结果往往不尽如人意。即使调查方式是科学的，但只经过一两次调查得到的结论往往也会存在偏差。

数据库是信息的中心存储库，由一条条记录构成，每条记录记载着一组相互关联的信息，众多记录连在一起形成基本的数据库。数据库是面向主题、经过数据集成、相对稳定且具有时间序列特性的数据集合，数据库能够及时反映市场的实际状况，是企业了解市场的重要工具。

用户数据库是企业运用数据库技术，收集现有用户、目标用户的综合数据资料，通过掌握用户的需求和偏好，并进行深入统计、分析，助力企业营销工作。用户数据库是企业维护用户关系、获取竞争优势的重要手段和有效工具。

（二）用户数据库中的重要指标

1. 最近一次消费

最近一次消费是指用户上一次消费的时间，是维系用户的一个重要指标，可以反映用户的忠诚度。一般来说，上一次消费时间越近越理想，因为用户有可能再次购买该产品。吸引一位几个月前购买本企业产品或服务的用户，较吸引一位几年前购买本企业产品或服务的用户要容易得多。如果最近一次消费时间距今较远，说明用户长期未光顾企业，此时企业需要调查该用户是否已经流失。最近一次消费还可用于监测企业当前业务的进展情况，即如果最近一次消费的用户数量增加，表明企业发展良好；如果最近一次消费的用户数量减少，表明企业业绩可能下滑。

2. 消费频率

消费频率是指用户在限定时间内购买企业产品或服务的次数。一般来说，频繁购买的用户，可能是满意度高、忠诚度高的用户，也可能是较有价值的用户。

3. 消费金额

消费金额是指用户购买企业产品或服务总额。通过对比用户在一定期限内购买企业产品或服务的数量，可以了解用户购买态度的变化，如果出现购买量下降或消费金额减少的情况，企业就要予以重视。

综合分析上述指标可帮助企业识别有价值的用户、忠诚的用户和即将流失的用户。将最近一次消费、消费频率结合分析，可判断用户下次交易的时间。将消费频率、消费金额结合分析，可计算出在一段时间内用户为企业创造的利润，从而帮助企业明确最有价值的用户。当用户最近一次消费时间久远且消费频率或消费金额也显著减少时，表明这些用户可能即将流失或已经流失。此时，企业应采取相应的对策，如重点拜访或主动联系用户等。

【实用案例】

某咖啡连锁品牌用户行为分析与策略应对

某咖啡连锁品牌，拥有大量的门店和忠实的用户群体。然而，在市场竞争日益激烈的环境下，该品牌意识到需要更深入了解用户行为，以制定更精准的营销策略和提升用户忠诚度。因此，该品牌决定对用户的消费行为进行深入分析，特别关注用户最近一次消费时间、消费频率和消费金额三个关键指标。

该咖啡连锁品牌通过其会员系统收集用户的消费记录，包括消费时间、消费频率（即购买次数）和消费金额。数据被整理结构化格式，并进行清洗和去重，以确保分析的准确性。根据用户的最近一次消费时间、消费频率和消费金额，品牌使用数据分析工具将用户分为不同群体。例如，一群用户是"最近消费、高频购买、高消费金额"的忠实用户，另一群用户可能是"长时间未消费、低频购买、低消费金额"的潜在流失用户。

品牌通过分析不同用户群体的行为模式，发现了一些有趣的趋势。忠实用户群体通常在工作日的上午和下午有两个消费高峰，且更倾向于购买高价位的咖啡和甜品；潜在流失用户群体则表现出消费频率下降、消费金额减少的趋势，且最近一次消费时间通常距离现在较远。

该品牌决定对忠实用户提供更多的优惠和个性化的服务，以进一步提升其忠诚度和购买频率。例如，提供专属的会员日折扣、生日优惠、免费的咖啡升级等。同时，品牌计划让忠实用户常去的门店提供定制化咖啡的选择，以满足其个性化需求。对那些长时间未消费、低频购买、低消费金额的潜在流失用户，品牌决定采取一系列措施挽回他们。例如，通过电子邮件或短信向他们发送个性化的优惠信息，邀请其回到门店并尝试新的咖啡品种或甜品。品牌还计划对这些用户进行电话访问或实地拜访，以了解流失原因并解决问题。如提供改进后的咖啡口味、更便捷的支付方式或更舒适的门店环境等。

通过实施上述策略，该咖啡连锁品牌成功提升用户的留存率和企业的盈利能力。忠实用户群体得到进一步巩固和扩大，其消费频率和消费金额都有所提升。同时，潜在流失用户群体也得到有效的挽回，其消费频率和消费金额开始逐渐恢复。整体而言，品牌的用户满意度和销售额都得到显著提升。

（三）用户数据库在用户关系管理中的运用

1. 运用用户数据库可以深入分析用户的消费行为

用户数据库是企业经过长时间对用户信息（用户的基本资料和历史交易行为）的积累和跟踪建立起来的。通过用户数据库对用户既往购买行为和习惯进行分析，企业还可以了解用户是被产品所吸引还是被服务吸引，或者被价格吸引，从而有根据、有针对性地开发新产品或者向用户推荐相应的服务或者调整价格。

2. 运用用户数据库可以对用户开展精准营销

用户数据库是企业内部最容易收集营销信息的渠道。企业通过对用户基础信息和交易信息进行加工、提炼、挖掘、分析、处理和对比,可以从海量数据中提取用户现有及潜在的需求、模式、机会,直接针对目标用户精准营销,无须借助大众宣传的方式,从而降低竞争对手对自身的关注度,有效避免"促销战""价格战"等公开的对抗行为。正如营销专家所说,"没有数据库,就像在沙漠中迷失了方向一样会付出惨痛的代价。"

3. 运用用户数据库可以实现用户服务及管理的自动化

用户数据库能提升企业服务的能力,使用户享受更快捷和更细致的服务,从而有利于企业更好地维系用户。例如,企业通过对用户历史交易行为的监控、分析,当某一用户购买价值累计达到一定金额后,用户数据库可以提示企业向该用户提供优惠或个性化服务。此外,企业建立用户数据库后,业务员能在其他业务员工作成果的基础上,持续发展与用户的亲密关系,而不会出现由于某一业务员的离职造成业务中断的情况。

4. 运用用户数据库可以实现对用户的动态管理

运用用户数据库,企业不仅可以了解和掌握用户需求及其变化,还能预测到哪些用户何时更换产品。

由于用户的情况处于持续变化中,用户资料也应相应调整。如果企业拥有良好的用户数据库,就可以对用户进行长期跟踪,及时剔除陈旧或已变更的资料,并补充新资料,从而实现对用户的动态管理。

5. 用户数据库的管理

用户数据库是企业最宝贵的"资产",也是企业的"命脉",用户信息的泄露势必影响企业的生存。因此,企业对用户数据库的管理要慎之又慎。

用户数据库的管理应由专人负责,并且要选择在企业工作时间长、对企业满意度高、归属感强、忠诚度高、有一定的调查分析能力的老员工作为用户数据库的管理人员,避免临时人员做这方面的工作。此外,企业必须抱着对用户负责的态度,对用户的信息严格保密,避免用户信息外泄。

【任务实施】

一、任务背景

Excel 软件是一款用于数据处理的工具,其应用多样,版式简单明了。通过 Excel 软件对用户信息进行分类整理,可方便客服人员在离线状态时查看用户信息,提高用户管理效率。

二、任务分析

Excel 软件能及时完善和更新用户最新信息,确保提供给用户最好的服务。

三、任务操作

利用 Excel 软件对同一用户的消费金额进行分类汇总。

(1) 打开用户资料的 Excel 表,选中所要统计的项目并进行排序,如图 8-1 所示。

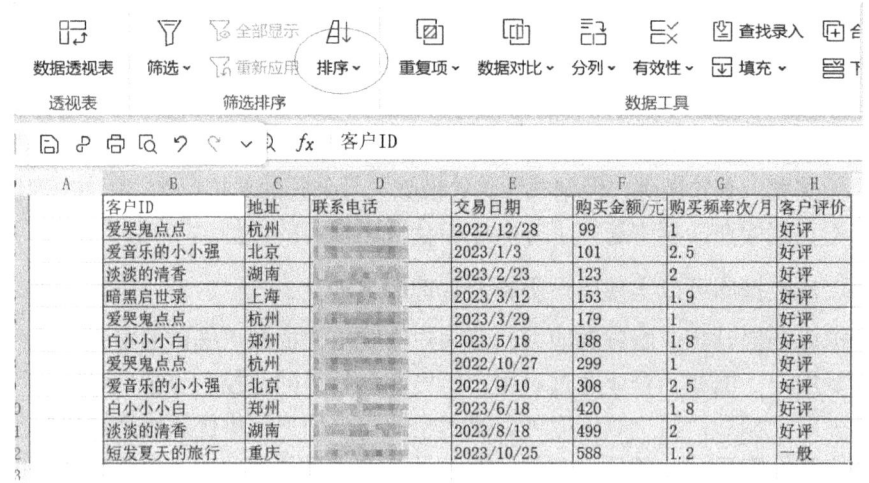

图 8-1 排序

（2）按需求设置排序条件，如图 8-2 所示，如选中【客户 ID】【数值】【升序】选项，并单击【确定】按钮后得到排序结果，如图 8-3 所示。

图 8-2 设置排序条件

客户ID	地址	联系电话	交易日期	购买金额/元	购买频率次/月	客户评价
爱哭鬼点点	杭州		2022/12/28	99	1	好评
爱哭鬼点点	杭州		2023/3/29	179	1	好评
爱哭鬼点点	杭州		2022/10/27	299	1	好评
爱音乐的小小强	北京		2023/1/3	101	2.5	好评
爱音乐的小小强	北京		2022/9/10	308	2.5	好评
暗黑启世录	上海		2023/3/12	153	1.9	好评
白小小小白	郑州		2023/5/18	188	1.8	好评
白小小小白	郑州		2023/6/18	420	1.8	好评
淡淡的清香	湖南		2023/2/23	123	2	好评
淡淡的清香	湖南		2023/8/18	499	2	好评
短发夏天的旅行	重庆		2023/10/25	588	1.2	一般

图 8-3 排序结果

（3）单击【分类汇总】按钮，分类字段选择【客户 ID】选项，汇总方式选择【求和】选项，并勾选汇总额项中的【购买金额】复选框，如图 8-4 所示，单击【确定】按钮，得到分类结果，如图 8-5 所示。

项目八 用户关系维护

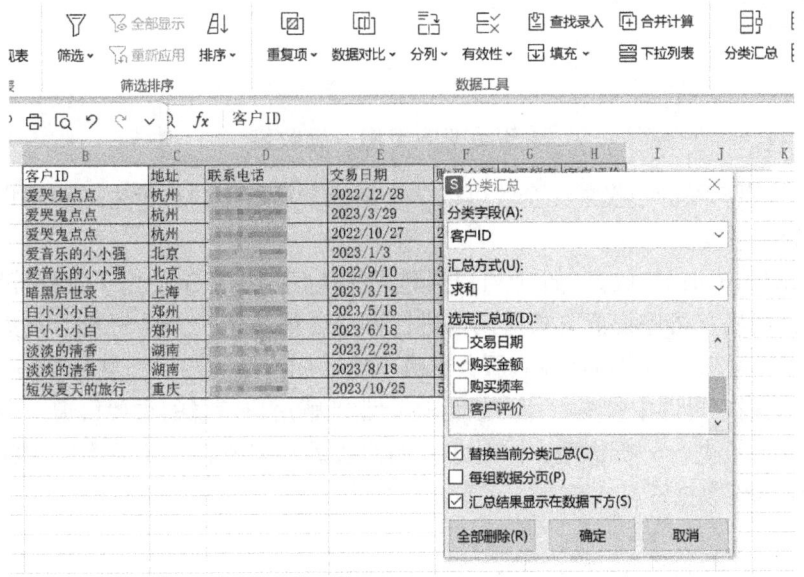

图 8-4 分类汇总

B	C	D	E	F	G	H
客户ID	地址	联系电话	交易日期	购买金额/元	购买频率次/月	客户评价
爱哭鬼点点	杭州		2022/12/28	99	1	好评
爱哭鬼点点	杭州		2023/3/29	179	1	好评
爱哭鬼点点	杭州		2022/10/27	299	1	好评
爱哭鬼点点 汇总				577		
爱音乐的小小强	北京		2023/1/3	101	2.5	好评
爱音乐的小小强	北京		2022/9/10	308	2.5	好评
爱音乐的小小强 汇总				409		
暗黑启世录	上海		2023/3/12	153	1.9	好评
暗黑启世录 汇总				153		
白小小小白	郑州		2023/5/18	188	1.8	好评
白小小小白	郑州		2023/6/18	420	1.8	好评
白小小小白 汇总				608		
淡淡的清香	湖南		2023/2/23	123	2	好评
淡淡的清香	湖南		2023/8/18	499	2	好评
淡淡的清香 汇总				622		
短发夏天的旅行	重庆		2023/10/25	588	1.2	一般
短发夏天的旅行 汇总				588		
总计				2957		

图 8-5 分类结果

（4）以小组为单位，每组 5~6 人，按照以上操作步骤进行实操练习。

四、任务思考

（1）可以通过哪些方式收集用户信息？
（2）若用户信息发生变化，应该如何操作？

五、任务总结

本次任务主要围绕 Excel 软件在用户信息管理中的应用展开，旨在利用 Excel 软件对同一用户的消费金额进行分类汇总，以提高用户管理效率。

【拓展阅读】

活动后期的用户信息收集

（1）从用户评价中收集：企业可以从交易成功后的用户评价中了解用户对企业产品和服务的满意度。

（2）从用户回访中收集：企业可以通过阿里旺旺、腾讯QQ、电子邮件等线上平台，以及电话、现场拜访等线下方式对用户进行回访，通过用户回访资料，收集用户的购买倾向、用户需求、用户对产品和服务的满意度、用户新的建议和意见等信息。

（3）从用户投诉中收集：用户投诉是企业了解用户信息的重要渠道，企业可以将用户的投诉意见进行分析整理，同时建立用户投诉档案资料，从而为优化服务、开发新产品提供基础数据资料。

任务二　用户分级管理

【任务目标】

了解用户分级对各级用户的管理。

【知识基础】

一、用户分级

（一）为什么要对用户分级

对电商用户进行分级的原因有很多，包括用户管理效率、资源配置、销售策略制定、提供个性化服务等方面。以下是对电商用户进行分级的几个主要原因。

1. 用户管理效率

企业可以将用户分为不同的类别，如根据购买频率、购买金额、购买偏好等因素进行分类。这有助于企业更有效地管理用户，并针对不同类别的用户提供更精确的服务和营销策略。

2. 资源配置

通过对用户进行分级，企业可以根据用户的价值和需求分配资源。例如，对高价值用户，企业可以投入更多的资源和精力，提供更高质量的服务和更好的购物体验。这有助于确保资源得到合理利用，提高用户的满意度和忠诚度。

3. 销售策略制定

用户分级有助于企业制定更精确的销售策略。通过对不同级别的用户采取不同的销售策略，企业可以更有效地促进销售和增加收入。例如，对高价值用户，企业可以采取更积极的销售策略，如提供更多的优惠和折扣，以吸引其进行购买。

4. 提供个性化服务

用户分级使企业能够根据不同用户的需求和偏好为其提供个性化的服务。通过了解用户的购买历史、喜好等信息，企业可以为其推荐更合适的产品和服务，提高用户满意度和忠诚度。

总之，对电商用户进行分级有助于企业提高用户管理效率、优化资源配置、制定销售策略和提供个性化服务，从而提高用户满意度和忠诚度，增加企业的收入和扩大市场份额。

（二）怎样对用户分级

电商用户分级可以根据不同的维度和标准进行，以下是一些常见的用户分级方法。

1. 根据购买行为分级

根据用户的购买频率、购买金额、购买次数等进行分级。例如，可以将用户分为高价值用户、一般价值用户和潜在价值用户。高价值用户通常是购买频率高、购买金额大的用户，企业需要给予其更多的关注和资源投入；一般价值用户是购买频率和购买金额处于中等水平的用户，企业可以通过提供优惠和促销活动来刺激其购买意愿；潜在价值用户是购买频率和购买金额较低的用户，企业需要利用营销策略来提高其购买意愿和忠诚度。

2. 根据用户属性分级

根据用户的属性，如年龄、性别、职业、地域等进行分级。这种方法可以帮助企业更好地了解用户群体，并为不同类型的用户提供更加个性化的产品和服务。例如，针对年轻用户，可以提供更加时尚、更加潮流的产品；针对中老年用户，可以提供更加实用、性价比高的产品。

3. 根据用户价值分级

根据用户对企业的贡献程度和价值大小分级。企业需要综合考虑用户的购买行为、购买金额、用户忠诚度、口碑传播等多方面。高价值用户通常是那些对企业贡献多、口碑好的用户，企业需要给予其更多的关注和回报；对价值较低的用户，企业则需要通过提升服务和产品的质量提高其满意度和忠诚度。

在对用户分级的过程中，需要注意以下几点。分级标准要合理、客观，能够真实反映用户的价值和需求；分级结果需要及时更新，随着用户购买行为和属性的变化，用户的级别也需要作相应调整；针对不同级别的用户，需要制定不同的服务策略和营销策略，确保资源得到合理利用，提高用户满意度和忠诚度。

总之，电商用户分级是一个复杂而又必要的过程，需要根据企业的实际情况和用户需求制定合适的分级标准和方法。通过合理的用户分级，企业可以更加有效地管理用户、提高销售效率和用户满意度，实现可持续发展。

二、管理各级用户

管理各级用户需要根据用户的价值、需求和行为制定不同的策略，以确保提供个性化的产品和服务，满足用户的期望，同时实现企业的业务目标。

（一）高价值用户（VIP用户）

（1）专属服务团队：为高价值用户提供专属的用户服务团队，确保他们的需求和问题能够得到及时、专业的响应和解决。

（2）个性化服务体验：企业应根据高价值用户的喜好、需求和行为，为其提供个性化的产品推荐、定制化的服务方案及专属的优惠和促销活动。

（3）定期沟通与回访：企业应定期与高价值用户进行沟通，了解其反馈和建议，及时改进产品和服务。同时，通过回访了解用户的满意度和忠诚度，以便及时发现问题并采取相应措施。

（4）建立长期合作关系：企业应与高价值用户建立长期稳定的合作关系，通过提供持续的价值和创新服务，提高用户的满意度和忠诚度。

（二）一般价值用户（普通用户）

（1）优化服务流程：企业应提供稳定、可靠的产品和服务，确保一般价值用户的购物体验顺畅。

（2）提供引导和支持：针对一般价值用户的需求和问题，企业应提供清晰的使用指南、帮助文档和用户服务支持，帮助他们更好地使用产品和享受服务。

（3）定期互动与举行活动：通过社交媒体、电子邮件等渠道与一般价值用户保持互动，企业应提供有趣的活动和较大的优惠，吸引他们更积极地参与互动。

（三）低价值用户（潜在用户）

（1）激活与转化：企业应针对低价值用户制定激活和转化策略，如提供试用机会、免费体验等，以吸引他们进一步了解并购买产品。

（2）提供引导和教育：企业应通过提供教育性内容、产品演示等方式，帮助低价值用户了解产品的价值和优势，培养他们的购买兴趣和习惯。

（3）建立信任与口碑传播：企业应提供高质量的产品和服务，以建立低价值用户对企业的信任。同时，鼓励他们分享购物体验和评价，以吸引更多潜在用户。

在管理各级用户时，还需要注意以下几点。

（1）保持服务标准一致：无论用户级别如何，企业都应确保提供一致、高品质的服务体验。

（2）定期评估和调整策略：企业应定期评估用户分级管理策略的有效性，并根据市场变化和用户需求及时调整策略。

（3）利用数据分析优化管理：企业应运用数据分析工具，深入了解用户的行为和需求，为制定更精准的管理策略提供支持。

通过有效的用户分级管理，企业可以更好地满足用户需求，提高用户满意度和忠诚度，从而实现业务的可持续增长。同时，企业也可以根据不同的用户级别制定不同的营销策略和资源分配计划，以提升营销效果和资源利用效率。

【实用案例】

安踏的用户分级管理与业务增长

安踏的用户分级管理

安踏作为国内知名的体育用品品牌，近年来不断扩展市场，不仅在国内市场占据重要地位，在国际市场上也逐渐崭露头角。随着用户需求的多样化和市场竞争的加剧，安踏意识到需要更加精细化地管理用户，以更好地满足他们的需求，提高用户满意度和忠诚度，从而实现业务的可持续增长。为此，安踏决定实施用户分级管理策略。

首先安踏通过其线上电商平台、线下门店及社交媒体等渠道收集用户的购买记录、浏览行为、偏好等多维度数据。通过对这些数据的深入分析，安踏将用户分为不同的级别，如高价值会员、忠实粉丝、偶尔购买者和潜在用户。

对于高价值会员，安踏提供了更多的个性化推荐、专属优惠、限量版产品及优先用户服务，以进一步提高他们的品牌忠诚度和购买频率。对于忠实粉丝，安踏则通过定期的会员活动、积分兑换、生日优惠等方式刺激消费。

对于偶尔购买者，安踏主要关注提升他们的购物体验，通过发放优惠券、满减活动等方式引导他们进行更多的消费。对于潜在用户，安踏则通过广告投放、社交媒体营销等方式吸引他们关注品牌，并尝试将其转化为实际购买者。

根据用户级别，安踏也制订了不同的资源分配计划。例如，更多的营销预算和产品研发资源被分配给高价值会员和忠实粉丝，以确保他们能够享受到更优质的服务。同时，安踏也投入资源来优化针对偶尔购买者和潜在用户的营销策略，以提高他们的转化率和品牌认知度。

通过实施用户分级管理策略，安踏取得了显著的效果。

（1）用户满意度和忠诚度提升：高价值会员和忠实粉丝感受到了安踏的关怀和重视，他们的满意度和忠诚度得到显著提升；通过个性化的营销策略和优化的购物体验，偶尔购买者和潜在用户也增加了对安踏的信任和兴趣。

（2）业务增长：由于更好地满足了用户需求，安踏的销售额和市场份额都得到显著提升。同时，通过精细化的资源分配，安踏的营销效果和资源利用效率也得到显著提升，进一步推动业务的增长。

（3）品牌影响力提升：通过针对不同用户级别的个性化营销策略，安踏的品牌形象更加鲜明，品牌影响力也得到显著提升。更多的用户开始关注安踏，并愿意尝试购买其产品，这进一步提升了品牌的市场地位。

综上所述，安踏通过实施用户分级管理策略，成功地提升了用户满意度和忠诚度，实现了业务的可持续增长，并进一步提升了品牌影响力。

【任务实施】

一、任务背景

随着理发行业的竞争日益激烈，理发店开始意识到对用户进行分级管理的重要性。通过分级管理，理发店可以更好地满足不同用户群体的需求，提升用户体验，增加用户黏性，并有效促进业务增长。本次任务旨在调研某理发店的用户分级管理的现状、策略及效果，以期为其他理发店提供借鉴和参考。

二、任务分析

（1）用户分级标准：了解理发店如何定义和划分用户等级，如消费金额、消费频率、会员等级、服务套餐选择等。

（2）分级服务策略：分析理发店针对不同用户等级提供服务的差异，包括优惠政策、专属服务、定制发型设计、优先预约权等。

（3）用户沟通与反馈：考察理发店如何与不同等级的用户进行沟通及收集和处理用户反馈的机制，包括用户满意度调查、投诉处理等。

（4）技术与工具应用：调研理发店在用户分级管理过程中使用的技术工具，如预约管理系统、客户关系管理系统（CRM）、数据分析平台等。

三、任务操作

（1）资料收集：通过理发店官方网站、社交媒体、用户评价等渠道收集关于用户分级管理的信息。

（2）现场观察：实地访问理发店，观察其对不同等级用户的接待流程和服务细节，如等待时间、服务环境、员工态度等。

（3）深度访谈：与理发店管理人员、发型师进行深度访谈，了解用户分级管理的具体实施情况和背后的逻辑，以及他们在执行过程中需要注意的事项和面临的挑战。

（4）用户调研：随机选取不同等级的用户对其进行问卷调查或访谈，收集他们对分级服务的感受、满意度和改进建议。

（5）数据分析：整理收集到的数据，分析用户分级管理策略的有效性和存在的问题，包括用户满意度、消费频率、消费金额等关键指标的变化。

（6）根据上述要求，分组完成实地调研并形成调研报告，每组5~6人。

四、任务思考

在用户分级管理过程中，用户感知性和策略灵活性应该如何体现？

五、任务总结

本次任务通过实地调研和数据分析，深入了解了某理发店在用户分级管理方面的现状、策略及效果。同时，也对用户感知性和策略的灵活性进行了深入思考并为理发店提供了有益的借鉴和参考。

【拓展阅读】

用户价值矩阵

用户价值矩阵是一种基于用户购买行为的用户细分方法。它通过分析用户的当前价值和增值潜力，将用户划分为不同的群体，并针对不同群体采取不同的管理策略。用户价值矩阵如图8-6所示。

对于"优质型用户"，企业要全力维护，因为他们是企业获取利润的基础。

对于"消费型用户"和"高频型用户"，他们是企业发展壮大的保证，企业应该想办法提高"消费型用户"的消费频次，同时通过交叉购买和增量购买提高"高频型用户"的平均消费金额。

对于"不确定型用户"，企业需要从中找出有价值的用户，并促使其向另外三类用户转化。

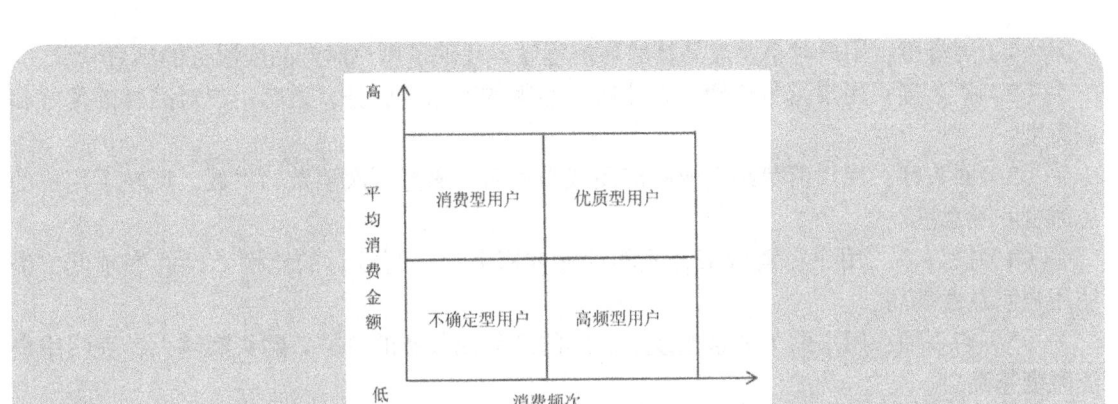

图 8-6　用户价值矩阵

任务三　用户满意度管理

【任务目标】

1. 了解用户满意度的概念。
2. 了解用户满意度的影响因素。
3. 能够通过用户满意度调查和用户反馈机制，了解用户需求，持续优化服务质量，提升用户满意度。

【知识基础】

一、用户满意度概述

（一）用户满意度的概念

用户满意度是企业在提供产品或服务中追求的核心目标之一。它反映了用户对产品或服务的整体感知和期望是否得到满意的程度。当用户对产品或服务的性能、质量、价格、外观、使用体验等方面感到满意时，更有可能成为忠诚的用户，并为企业带来持续的业务增长和良好的口碑效应。

用户满意度的提升需要企业深入了解用户需求，关注用户体验，并持续改进产品和服务。这包括提供符合用户需求的功能和设计，确保产品的质量和可靠性，提供及时有效的售后服务及与用户保持持续的沟通和互动。

用户满意度不仅影响用户的购买决策和忠诚度，还直接关系到企业的品牌形象和市场竞争力。满意的用户更有可能向他人推荐产品或服务，并在社交媒体上分享其购物体验。这种正面的口碑传播有助于企业吸引更多的潜在用户并扩大市场份额。

因此，企业应重视用户满意度，将其作为衡量产品和服务的质量的重要指标。通过定期收集用户反馈、分析用户行为和需求，企业可以及时发现并解决潜在问题，不断提升产品和服务的质量，从而提高用户满意度和忠诚度。

（二）用户满意度的判断标准

对于用户是否满意，一般可以根据以下几个指标判断。

（1）美誉度：用户对企业或品牌的褒扬程度，反映了用户对产品或服务的满意状况。

（2）指名度：用户指名消费某企业或某品牌的产品或服务，表明用户对品牌的偏好和满意度。

（3）回头率：用户消费某企业的产品或服务后，愿意再次消费的次数，反映了用户的忠诚度和满意度。

（4）投诉率：用户在消费某企业的产品或服务后进行投诉的比例，投诉率越低，说明用户满意度越高。

（5）购买额：用户购买某企业或某品牌的产品或服务的总额，购买额越大，表明用户满意度越高。

（6）对价格的敏感度：用户对某企业或某品牌的产品或服务的价格的敏感度，也可以反映用户对某企业或某品牌的满意度。

二、影响用户满意度的因素

（一）用户感知价值

用户感知价值是指用户在使用产品或享受服务的过程中，对其所获得的权益与所付出的成本进行权衡后，对产品或服务的总体评价。它反映了用户对产品或服务的满意度。

用户感知价值的高低直接影响用户的购买决策、使用意愿及忠诚度。当用户感知价值高于所付出的成本时，会感到满意，甚至愿意为产品或服务支付更高的价格。相反，如果用户感知价值低于所付出的成本，可能感到不满，甚至选择其他替代品。

用户感知价值受到多种因素的影响，包括产品或服务的质量、功能、性能、价格、品牌形象、用户口碑等。此外，用户的个人需求、期望、偏好及文化背景等也会对感知价值产生影响。

（二）用户预期

用户预期是指用户在使用产品或享受服务前，根据其经验、需求和期望，对产品或服务的功能、性能、外观、使用体验等方面持有的预期和期望。用户预期通常来源于用户经验、口碑传播、广告宣传等因素，以及用户的个人需求和期望。

用户预期会对产品或服务的满意度产生重要影响。当用户实际体验到的产品或服务符合或超过其预期时，感到满意或惊喜；相反，如果实际体验与预期相差甚远，用户可能感到失望或不满。因此，理解和管理用户预期是提升用户满意度和忠诚度的关键。

为了有效管理用户预期，企业可以采取以下措施。

（1）深入了解用户需求：企业通过市场调研、用户访谈等方式，深入了解用户的需求和期望，从而更准确地把握用户预期。

（2）设定合理的期望范围：在产品设计、宣传和推广过程中，企业应确保传达的信息真实、准确并设定合理的期望范围，避免过度承诺或误导用户。

（3）提供试用或体验机会：企业提供试用装、体验产品及服务，让用户在实际使用过程中感受产品或服务，从而更准确地把握用户预期。

（4）及时回应用户反馈：当用户反馈实际体验与预期不符时，企业应积极回应并采取措施进行改进，以满足用户的期望和需求。

通过有效管理用户预期，企业可以提高产品或服务的满意度和忠诚度、增强竞争力并实现可持续增长。同时，这也有助于企业树立良好的口碑和品牌形象，吸引更多潜在用户并拓展市场份额。

三、提升用户满意度

（一）把握用户预期

把握用户预期是提升用户满意度和忠诚度的关键，因为当用户的实际体验符合或超过预期时，更有可能提升用户满意度和忠诚度。

（二）让用户感知价值超越用户预期

如果企业善于把握用户预期并为用户提供超预期的感知价值，就能够使用户满意。为实现这一目标，企业应致力于使产品价值、服务价值、人员价值、形象价值等高于用户预期，使货币成本、时间成本、精神成本、体力成本等低于用户预期。

1. 产品价值超预期

产品价值是提升用户感知价值和用户满意度的基础，企业要严格把控产品来源，选择有信誉的品牌和商家，保证产品的质量和功能、包装等。例如，小红书为了将用户体验做到最佳，对产品包装进行多方面的精心设计。

2. 服务价值超预期

随着购买力的提升，用户对服务的要求也越来越高，给用户提供优质的服务已经成为提升用户感知价值和用户满意度的重要因素。这就要求企业站在用户的角度，想用户之所想，在服务内容、服务质量、服务水平等方面提高，从而提升用户感知价值，进而提高用户满意度。

此外，售前、售中、售后的服务也是提升用户感知价值的重要环节。在售前及时向用户提供充分的关于产品的性能、质量、价格、使用方法和效果的信息；在售中向用户提供准确的咨询服务；在售后重视追踪调查和信息反馈，及时处理用户反馈的问题并给予答复，主动为用户退换有质量问题的产品，针对故障迅速提供维修服务或采取措施排除故障。

3. 人员价值超预期

企业的工作人员，尤其是客服人员，是企业的化身，其行为、素质和形象都代表着企业，肩负着给用户留下良好印象的重任。用户喜欢热情积极、善于倾听、愿意且能够高效解决问题的客服人员。当用户同友好和善、技能娴熟的客服人员沟通时，用户会获得信心和安全感。

4. 形象价值超预期

企业是产品与服务的提供者，其规模、品牌、公众舆论等内部或外部的表现都会影响用户的判断。良好的企业形象能够形成有利的社会舆论，为经营发展创造良好环境，同时提升用户对企业的感知价值，提高用户满意度。因此企业应高度重视自身形象的塑造。

企业可通过形象广告、公益广告、新闻宣传、赞助活动、庆典活动、展览活动等方式提升自身形象。

5. 货币成本低于预期

合理地制定产品价格也是提升用户感知价值和用户满意度的重要手段。因此，企业定价时应以用户满意度为出发点,并考虑市场形势、竞争程度和用户的接受能力,尽可能按用户的"预期价格"定价,坚决摒弃追求暴利的短期行为,这样才能提升用户的感知价值和满意度。

6. 时间成本低于预期

在保证产品与服务的质量的前提下,企业应加强管理并使用现代化的工具、设备、系统和流程提高服务效率,尽可能减少用户的时间支出,从而提升用户的感知价值和满意度。

此外,企业可以预先发布高峰时段及预计等待时间,提醒用户避开高峰期,选择非高峰期来接受服务,以减少拥挤和等待时间。

7. 精神成本低于预期

降低用户精神成本最常见的做法是给予承诺与保证。例如,汽车企业承诺永远公平对待每一位用户,保证在同一月份价格统一,让用户无须担忧购车后价格波动。

服务承诺是由企业提供的一种契约,是企业以用户满意度为导向,对服务全过程作出的承诺,目的是赢得用户的好感和兴趣,促进用户消费。服务承诺通过降低用户的心理压力和风险,增强其安全感,让用户放心地接受服务。企业敢于作出承诺,体现了自身的气魄、信心与精神风貌,有助于树立或改善企业形象,形成良好的口碑效应。

8. 体力成本低于预期

如果企业能够通过多种渠道为用户提供劳务服务,就可以降低用户在购买产品或服务过程中的体力成本,从而提升用户的感知价值和满意度。例如,对装卸和搬运困难、安装复杂的产品,企业如果能为用户提供完善的售后服务,如送货上门、安装调试、定期维修、供应零配件等,就会降低用户耗费的体力成本,从而提升用户的感知价值和满意度。

【实用案例】

华为的用户满意度提升与业务增长

华为如何在市场中保持领先

华为作为全球领先的通信技术解决方案提供商,深知用户满意度对企业发展的重要性。多年来,华为致力于深入了解用户需求,关注用户体验,并持续改进其产品和服务,以提升用户满意度,实现业务的可持续增长。

1. 深入了解用户需求

华为通过市场调研、用户反馈、社交媒体等多种渠道收集用户需求信息。华为还成立了用户研究团队,专注于分析用户的行为和使用习惯,以更准确地把握用户需求。

2. 关注用户体验

华为在产品设计和开发过程中,始终将用户体验放在首位。华为投入大量资源进行用户体验测试,确保产品的功能、外观、使用体验等方面都能满足用户期望。

3. 持续改进产品和服务

华为不断对产品和服务进行迭代升级,以提供更好的性能和更高的质量。华为还建立了严格的质量控制体系,确保每一款产品都能达到高标准的质量要求。

4. 提供及时有效的售后服务

华为建立了完善的售后服务体系,为用户提供及时、专业的技术支持和维修服务。华为还通过在线客服、电话热线等多种渠道为用户提供服务,确保用户能够随时获得帮助。

5. 与用户保持沟通和互动

华为通过社交媒体、用户论坛等渠道与用户保持密切的沟通和互动。华为还定期举办用户活动,邀请用户参与产品体验和改进建议的讨论,以增强用户的参与感、提升用户的忠诚度。

通过实施上述策略,华为在用户满意度提升方面取得显著成效。首先,华为的产品和服务在用户满意度调查中获得了高度评价。用户对华为产品的性能、质量、外观和使用体验等方面都表示满意。其次,由于用户满意度的提升,华为的市场份额和销售额都得到显著增长。忠诚用户的增加也为华为带来了持续的业务增长和良好的口碑效应。最后,华为通过关注用户需求和提升用户体验,成功塑造了积极、专业的品牌形象。更多的用户开始关注并选择华为的产品和服务,这进一步提升了品牌的市场地位。

综上所述,华为通过深入了解用户需求、关注用户体验、持续改进产品和服务、提供及时有效的售后服务及与用户保持沟通和互动等策略,成功提升了用户满意度,实现了业务的可持续增长和品牌形象提升。

【任务实施】

一、任务背景

在当前竞争激烈的市场环境中,用户满意度是衡量企业是否成功的关键指标之一。为了解某企业当前的用户满意度状况,并探索提升满意度及促进业务增长的有效策略,特开展本次调研。本次调研旨在深入了解用户对该企业产品或服务的评价,识别存在的问题与不足并提出针对性的改进建议,以期为企业实现用户满意度提升和业务增长提供有力支持。

二、任务分析

(1)用户满意度现状:企业通过问卷调查、深度访谈等方式,收集用户对企业产品或服务的满意度数据,包括产品质量、服务态度、售后支持等多个维度。

(2)问题与挑战识别:分析用户反馈,识别企业在提供产品或服务的过程中存在的主要问题,如产品缺陷、服务响应速度慢等。

(3)竞争对手分析:调研同行业竞争对手的用户满意度状况,对比找出企业在用户满意度方面的优势与劣势。

(4)满意度提升策略:基于用户反馈和竞争对手分析,企业应提出具体的用户满意度提升策略,如改进产品质量、优化服务流程、完善售后服务等。

三、任务操作

(1)设计调研工具:企业应制定用户满意度调查问卷,设计深度访谈指南,确保能够全面、客观地收集用户意见。

(2)数据收集:企业通过线上问卷、电话访谈、面对面访谈等多种方式,广泛收集用户对企业产品或服务的满意度数据。

(3)数据分析:企业对收集到的数据进行整理和分析,识别用户满意度的高低点,挖掘潜在的问题。

（4）报告撰写：以小组形式将调研结果、策略分析和实施建议整理成报告，供企业决策层参考，每组 5~6 人。

四、任务思考

企业如何利用新技术，如人工智能、大数据分析等，来提升用户体验和满意度并为业务增长注入新动力？

五、任务总结

本次调研不仅了解了企业当前的用户满意度状况，还为企业如何利用新技术提升用户体验和满意度、促进业务增长提供了有益的参考和建议。未来，企业应继续加强新技术的应用和创新，不断提升产品和服务的质量与效率，以满足用户日益增长的个性化需求。

【拓展阅读】

比亚迪企业的用户满意度

比亚迪企业的用户满意度整体较高，在产品质量、销售服务和车型表现等方面均得到用户的广泛认可。未来，比亚迪有望继续保持这一良好势头，不断创新和发展，为新能源汽车行业的发展作出更大的贡献。

一、用户满意度总体概览

比亚迪作为新能源汽车行业的领军企业，其用户满意度整体表现较好。这一成就的取得离不开比亚迪在产品质量、技术创新及市场服务等多个方面的持续努力。比亚迪始终致力于通过不断的技术创新和产品升级，满足用户对于新能源汽车的多样化需求，从而赢得用户广泛认可与好评。

二、具体满意度表现分析

（一）产品质量满意度

比亚迪的新能源汽车产品在市场上享有极高的声誉，其在电池技术、驱动系统等方面的卓越表现均获得用户的一致好评。比亚迪对于产品质量的严格把控，确保每一辆出厂车辆都能达到甚至超越行业的高标准要求，为用户提供可靠、安全、高效的出行体验。

（二）销售服务满意度

根据中国质量协会发布的 2023 年中国新能源汽车行业用户满意度指数（NEV-CACSI）测评结果，比亚迪在"销售服务（自主品牌）"的评比中荣获并列第一名的佳绩。这一荣誉充分展示比亚迪在销售领域的卓越实力，以及用户对该公司销售服务的极高满意度。比亚迪的销售团队以专业、热情、周到的服务赢得用户的信赖与好评。

（三）车型满意度

比亚迪的旗舰车型汉 EV 在"纯电动中大型轿车"的评比中也荣获并列第一名的佳绩。这一殊荣进一步证明比亚迪在新能源汽车领域的强大实力，以及用户对汉 EV 这款明星车型的喜爱与认可。汉 EV 凭借其出色的性能、豪华的配置和卓越的品质，赢得用户的广泛赞誉，成为比亚迪品牌的一张亮丽名片。

三、用户反馈与持续改进

比亚迪始终高度重视用户的反馈和需求，通过不断优化产品和服务提升用户满意度。为了确保用户在使用过程中能够得到及时、专业的支持，比亚迪在售后服务方面建立了完善的网络体系。同时，比亚迪还积极倾听用户的意见和建议，不断优化产品设计和生产流程，以满足用户日益增长的需求和期望。这种以用户为中心的发展理念，为比亚迪赢得了更多的忠实用户和良好的口碑。

四、未来展望与发展策略

随着新能源汽车市场的不断发展壮大，比亚迪将继续秉承"技术为王、创新为本"的发展理念，不断推出更多高品质、高性能的新能源汽车产品。比亚迪将加大在新能源汽车技术领域的研发投入，不断提升产品的核心竞争力。同时，比亚迪还将进一步加强品牌建设和扩大市场推广力度，提升品牌知名度和美誉度。通过不断创新和优化，比亚迪可以为更多用户提供优质的汽车产品和服务，并推动新能源汽车行业的持续发展。

任务四　用户忠诚度管理

【任务目标】

1. 了解用户忠诚度的定义。
2. 能够通过提供个性化服务、提升用户体验等方式，提升用户忠诚度，提高用户复购率并促进口碑传播。

【知识基础】

一、用户忠诚度概述

（一）用户忠诚度的概念

用户忠诚度是指用户对产品或服务产生的行为追捧和心理依赖。当用户对产品或服务产生强烈的信任和依赖，愿意反复购买和长期使用，价格敏感度降低，且愿意为高质量的产品或服务支付更高的费用。这种忠诚不仅体现在反复购买行为上，还可能表现为向他人推荐产品或服务，以及主动传播相关正面信息。

用户忠诚度的形成是一个长期的过程，需要企业在产品质量、运营内容和活动、价格、服务等多方面作出努力，以赢得用户的信任和依赖。提高用户忠诚度对企业至关重要，因为忠诚的用户能够带来稳定的收益和良好的口碑，从而帮助企业在竞争激烈的市场中脱颖而出。

在互联网行业中,"以用户为中心"的理念日益凸显,用户忠诚度也被企业视为获取成功的关键因素之一。因此,了解用户忠诚的含义、形成机制及提升用户忠诚的方法,对企业在市场竞争中取得优势具有重要意义。

（二）用户忠诚度的判断标准

用户忠诚度可以从多方面进行判断,以下是一些常见的判断标准。

1. 重复购买行为

忠诚的用户通常会在一定时间内多次购买同一产品或服务,且购买频率较高。他们对该产品或服务有高度信任和深度依赖,愿意长期维持稳定的购买关系。

2. 购买时间

忠诚的用户在购买产品或服务时,通常不会花费大量时间去挑选和比较。他们对喜欢的品牌或产品非常熟悉,能够迅速做出购买决策。

3. 对价格的敏感度

忠诚的用户通常对价格敏感度较低,愿意为高质量的产品或服务支付更高的费用。他们更看重产品或服务的品质和价值,而不是仅仅追求低价。

4. 对产品或服务的态度

忠诚的用户通常对产品或服务持有积极的态度,愿意向他人推荐并在社交媒体上分享使用体验。他们能够以包容和理解的态度对待产品或服务出现的问题。

5. 对竞争产品的态度

忠诚的用户通常对竞争产品持有排斥态度,不愿意尝试其他品牌或产品。他们对现有品牌或产品具有较高的忠诚度和依赖度,难以被其他品牌或产品吸引。

（三）提高用户忠诚度的意义

1. 确保长久收益

忠诚的用户会长期购买产品或服务,为企业带来稳定的收益流。这种稳定的收益流是企业可持续发展的基础,有助于企业进行长期规划和扩张。

2. 降低成本

忠诚的用户能够降低企业的用户开发成本,因为他们已经对企业的产品或服务产生信任,企业不需要再投入大量资源进行市场推广。此外,忠诚用户还可以降低企业的交易和服务成本。

3. 促进收入增长

忠诚的用户通常会购买更多的产品或服务,增加企业的收益。此外,他们还可能接受企业推出的新产品或新服务,为企业带来更多的增长收益。

4. 降低经营风险

忠诚的用户对企业有较高的信任度,即使在市场波动或竞争对手出现时,他们仍会坚定地选择企业的产品或服务。这有助于降低企业的经营风险,保持市场份额。

5. 口碑效应

忠诚的用户会向他人推荐企业的产品或服务,形成良好的口碑效应。这种口碑传播可以吸引更多的潜在用户,扩大企业的市场份额。

6. 用户数量增长

随着忠诚用户的推荐和传播，企业的用户数量持续增长为企业的持续发展提供有力支持。

7. 良性循环

忠诚的用户会促进企业的良性循环。他们的持续购买和推荐行为会吸引更多新用户，新用户在购买后可能成为忠诚用户，进一步推动企业的发展。

总之，用户忠诚度对企业而言具有重要意义，它不仅是企业稳定收益的来源，更是企业持续发展和壮大的关键驱动力。因此，企业应该重视用户忠诚度的培养和维护，不断提升产品和服务质量，以满足用户的需求和期望。

【实用案例】

阿里巴巴的用户忠诚度提升与市场竞争优势

阿里巴巴作为全球领先的电子商务平台，深知用户忠诚度对企业长期发展的重要性。在互联网行业，"以用户为中心"的理念日益凸显，而用户忠诚度则被视为企业获取成功的关键因素之一。阿里巴巴一直致力于在产品质量、运营内容、价格、服务等多方面作出努力，以提升用户忠诚度并在市场竞争中取得优势。

1. 提升产品质量与用户体验

阿里巴巴不断推动研发和技术创新，以提升其平台的产品质量和用户体验。通过大数据和人工智能技术，阿里巴巴为用户提供了更加个性化、更加精准的推荐和服务，提升了用户的购物体验和满意度。

2. 丰富运营内容与活动

阿里巴巴定期举办各种促销活动和节日庆典，并开发了大量的互动游戏，以吸引用户参与并提升平台活跃度。通过与品牌商、供应商的合作，阿里巴巴为用户提供了丰富多样的商品选择和高品质的购物体验。

3. 合理定价与优惠策略

阿里巴巴利用大数据分析用户需求和市场趋势并制定合理的价格策略，以吸引和留住用户。平台还提供各种优惠券、积分兑换等优惠措施，以降低用户购物成本，提升用户忠诚度。

4. 完善用户服务体系

阿里巴巴建立完善的用户服务体系，包括在线客服、电话热线、售后保障等，以确保用户在使用过程中能够得到及时、专业的帮助和支持。平台还注重用户反馈和建议的收集与分析，不断优化服务流程和提升服务质量。

通过实施上述策略，阿里巴巴在用户忠诚度提升方面取得了显著成效。首先，阿里巴巴的用户忠诚度在行业中处于领先地位，用户对平台的信任和依赖程度较高。用户愿意长期、反复在平台上购物，且对价格的敏感度较低，愿意为高质量产品和服务支付更高的价格。其次，由于用户忠诚度的提升，阿里巴巴在电子商务市场中的竞争优势得到进一步巩固。忠诚用户的口碑传播和推荐效应也为阿里巴巴带来更多的新用户和业务增长机会。最后，阿里巴巴通过关注用户需求，提升用户体验和用户忠诚度，成功塑造积极、专业的品牌形象。平台的品牌价值和市场地位也得到进一步提升，这为企业的长期发展奠定了坚实的基础。

综上所述，阿里巴巴通过提升产品质量与用户体验，丰富运营内容与活动，合理定价与优惠策略及完善用户服务体系等策略，成功提升了用户忠诚度，并在市场竞争中取得了显著优势。这一案例充分说明了用户忠诚度对企业长期发展和市场竞争的重要性。

二、影响用户忠诚度的因素

影响用户忠诚度的因素有很多，主要包括以下六种。

（一）产品质量

高质量的产品是建立用户忠诚度的基石。产品的性能、可靠性、耐用性和创新性等因素都会影响用户的满意度和忠诚度。如果产品不能满足用户的需求或期望，用户忠诚度就会受到影响。

（二）服务质量

优质的服务能够提升用户的忠诚度。服务内容包括售前咨询、售后服务、退换货政策等方面。如果企业在服务方面存在不足，即使产品质量过硬，用户忠诚度也会受到影响。

（三）价格

价格是影响用户忠诚度的重要因素之一。企业定价过高或过低，都可能导致用户流失。过高的价格会让用户觉得不值得购买，而过低的价格则可能让用户怀疑产品的质量。

（四）品牌形象

品牌形象包括企业的声誉、口碑、形象等方面。如果企业品牌形象良好，用户会更倾向于选择该企业的产品或服务，从而提升用户忠诚度。

（五）用户体验

用户体验是用户在使用产品或享受服务过程中的体验。如果用户体验不佳，用户忠诚度就会受到影响。因此，企业需要关注用户的使用体验，不断优化产品或服务。

（六）用户关系管理

企业与用户之间的关系管理是影响用户忠诚度的重要因素。企业需要与用户建立长期稳定的关系，通过沟通、互动、回馈等方式提升用户忠诚度。

总而言之，不同行业、不同产品或不同服务的特点，会使影响用户忠诚度的因素存在差异。因此，在实际运营中，需要根据具体情况综合考量多种因素对用户忠诚度的影响。同时，企业还需根据市场和用户需求的变化，不断调整和优化产品或服务，以保持提升用户的忠诚度。

三、提升用户忠诚度

企业应尽可能消除影响用户忠诚度的不利因素，巩固和优化有利于提升用户忠诚度的因素，从而形成用户"不想走""不能走"的局面，以此提升用户忠诚度。

（一）奖励忠诚用户

奖励忠诚用户是提升用户满意度、促进用户持续购买并推动口碑传播的重要手段。常用的方法包括以下七种。

1. 积分制度

企业应设置积分系统，让用户每次购买或参与特定活动都能获得积分，积分可以兑换商品、折扣或特殊服务，设置不同级别的积分门槛，以激励用户达到更高的消费额度。

2. 会员制度

企业应设置会员制度，并划分为不同等级（如银卡、金卡、钻石卡等），每个等级享有不同的特权和优惠，会员可以通过消费或特定行为（如推荐新用户）升级会员等级，提供会员专属的活动、礼品或服务。

3. 优惠活动

企业应定期推出针对忠诚用户的优惠活动，如折扣、买一赠一、满减等；为长期用户提供特别优惠，如长期合作折扣、老用户回馈等。

4. 个性化服务

企业应根据用户的购买历史和偏好，提供个性化的推荐和服务；为忠诚用户提供专属客服或 VIP 服务通道，让其更快获得响应和解决方案。

5. 礼品赠送

企业应在特定节日、用户生日或特殊场合赠送礼品或贺卡，表示关怀和感谢；根据用户的消费额度或购买频率赠送小礼品或纪念品。

6. 积分兑换活动

企业应举办积分兑换活动，让用户可以用积分兑换限量版商品、体验活动或参与抽奖等。

7. 用户推荐计划

企业应鼓励忠诚用户推荐产品或服务给他人，并为推荐成功的用户提供奖励，如额外积分、优惠券或现金奖励等。

奖励忠诚用户不仅可以增强用户的购买意愿、提升用户的满意度，还能激发用户的口碑传播，吸引更多新用户。在实施奖励计划时，企业需要确保奖励的公平性和透明性，同时根据用户需求和市场变化不断调整和优化奖励策略。

（二）增强用户的信任并加深其感情

1. 增强用户的信任

企业要不断增强用户的信任，才能赢得用户忠诚度。

第一，要牢固树立"用户至上"的观念，想用户之所想，急用户之所急，解用户之所难，帮用户之所需，确保提供的产品或服务满足用户的需要。第二，提供全面可靠的信息（包括广告），当用户认识到这些信息是值得信赖易于接受时，企业与用户之间的信任就会逐步建立并深化。第三，针对用户可能遇到的风险，企业应作出保证或承诺并切实履行，以消除用户顾虑，赢得用户信任。第四，企业应尊重和保护用户的隐私，让用户获得安全感，进而产生信任。第五，认真处理用户投诉，如果企业能够及时、妥善地处理用户的投诉，就能够赢得用户的信任。

2. 加深用户的感情

联邦快递的创始人弗雷德·史密斯有一句名言："想称霸市场，首先要让用户的心跟着你走，然后让用户的腰包跟着你走。"因此，企业在与用户建立关系后，还要致力于拓展交易之外关系，例如，加强与用户的情感交流并加大感情投入，这样才能巩固和强化企业与用户的关系。

（三）建立用户组织

建立用户组织可使企业与用户的关系正式化、稳固化，使用户感到有价值、受欢迎、被重视，进而产生归属感。用户组织促使企业与用户之间由短期关系变为长期关系，由松散关系变为紧密关系，由偶然关系变为必然关系，进而有利于企业与用户之间建立超出交易之外的关系。

（四）加强用户对企业的依赖

1. 加强业务联系

加强业务联系是指企业深度融入用户业务流程中，与用户达成紧密合作，构建长期稳定的战略伙伴关系。例如，企业能够向用户提供更多的服务，如为用户提供生产、销售、调研、管理、资金、技术、培训等方面的服务，就能与用户建立紧密的联系，进而提高用户忠诚度。

2. 增强不可替代性

例如，企业凭借自身的人才、经验、技术、专利、秘方、品牌、资源、历史、文化、关系、背景等为用户提供独特的、不可替代的产品或服务，就能有效增强用户对企业的依赖性，进而提高用户忠诚度。

（五）加强对员工忠诚度的管理

只有忠诚度较高且工作态度积极的员工，才能熟练且热情地为用户提供满意的产品或服务，从而提高用户忠诚度。员工流失会影响用户忠诚度。因此，一方面，企业要注重培养员工的忠诚度；另一方面，企业要完善制度，避免员工流失，进而避免用户流失。

【任务实施】

一、任务背景

用户忠诚度是衡量企业竞争力和可持续发展能力的重要指标之一。为了深入了解某企业的用户忠诚度状况，识别影响忠诚度的关键因素，并提出相应的提升策略，特开展本次用户忠诚度市场调研。本次调研旨在通过科学的方法收集和分析数据，为企业制订有效的用户忠诚度提升计划提供有力支持。

二、任务分析

本次调研的主要目的包括评估用户对企业的忠诚度，识别影响忠诚度的关键因素，了解用户对产品或服务的具体需求和期望等。根据调研目标，设计合理的调研问卷或访谈大纲，确保能够全面、客观地收集用户意见和反馈。同时，选择合适的调研样本和调研方法，确保调研结果的准确性及具有代表性。

三、任务操作

（一）准备阶段

以小组为单位，确定团队和分工，明确各自的职责和任务。设计调研问卷，确保问题的针对性、全面性和客观性。确定调研方法，如在线问卷、电话访谈、面对面访谈等。

（二）实施阶段

按照调研方案，组织并实施调研活动。对参与调研的用户进行筛选和邀请，确保样本的多样性及具有代表性。在调研过程中，与用户保持良好沟通，并记录用户的意见和建议。

（三）分析阶段

对收集到的调研数据进行整理和分析，从中提取有价值的信息和结论，分析用户忠诚度的现状和潜在问题，识别影响忠诚度的关键因素。

（四）撰写报告阶段

根据数据分析结果，撰写详细的调研报告。报告应包括调研背景、调研方法、调研结果、问题分析与对策建议等内容。

四、任务思考

企业如何及时了解用户忠诚度的变化趋势和潜在问题，确保企业能够持续提升用户忠诚度并实现可持续发展？

五、任务总结

本次任务全面了解用户对企业的忠诚度，识别影响用户忠诚度的关键因素，为企业提供了针对性的改进方向。未来，企业应继续加强对用户忠诚度的调研和分析，不断优化产品和服务，提升用户体验和满意度，实现可持续发展。

【拓展阅读】

客服在培养用户忠诚方面可以发挥的作用

1. 提供卓越的用户服务

（1）快速响应：确保客服在第一时间对用户的问题和需求作出回应，展现专业和高效的服务态度。

（2）专业解答：客服应提供准确、详细和有用的信息，解决用户的疑虑和问题。

（3）个性化服务：客服应根据用户的需求和偏好，提供个性化的服务方案，让用户感受到被关怀和被重视。

2. 建立信任与加强沟通

（1）诚信为本：客服应始终坚守诚信原则，对用户坦诚相待。

（2）透明沟通：客服应与用户保持开放、透明的沟通，让用户了解整个服务过程和结果。

（3）主动反馈：客服应定期向用户反馈服务进展和结果，让用户感受到客服团队的责任感和主动性。

3. 关注用户需求与反馈

（1）主动了解：客服应积极询问用户的需求和建议，不断改进和优化服务方案。

（2）倾听反馈：客服应认真倾听用户的反馈和意见，及时改进不足之处，提升用户满意度。

（3）跟踪解决：客服应对用户的反馈和投诉进行跟踪处理，确保问题得到妥善解决。

4. 提供额外价值

（1）增值服务：客服应为用户提供一些额外的服务或优惠，如会员特权、积分兑换等，提升用户黏性和忠诚度。

（2）关怀与问候：客服应在用户生日、节日等特殊时刻，发送祝福和关怀信息，让用户感受到客服团队的温暖和关怀。

5. 持续学习与改进

（1）培训与提升：客服应定期对客服团队进行培训，提升团队成员的专业技能和服务水平。

（2）收集用户意见：客服应通过调查问卷、用户反馈等方式，收集用户对客服团队的意见和建议，不断改进和优化服务流程。

综上所述，客服团队在培养用户忠诚方面需要注重提供卓越的用户服务、建立信任与加强沟通、关注用户需求与反馈、提供额外价值及持续学习与改进。通过这些努力，客服团队可以为用户提供更好的购物体验，从而培养用户的忠诚度。

【知识与技能训练】

一、单选题

1. 以下不属于个人用户基本信息的是（　　）。
A. 消费偏好　　　B. 姓名　　　C. 电子邮箱　　　D. 体重

2. 经营管理者及其姓名、年龄、学历、个性、兴趣、爱好、家庭、能力、素质等，是企业用户的（　　）信息。
A. 负责人信息　　B. 基本信息　　C. 用户特征　　D. 业务信息

3. 用户曾参加的俱乐部或社团、目前所在的俱乐部或社团、喜欢看哪些类型的书、忌讳哪些事、重视哪些事，是否固执、重视别人的意见，待人处事的风格等。以上属于个人用户信息的（　　）。
A. 基本信息　　　B. 个性情况　　C. 生活情况　　D. 人际情况

4. 用户对企业或品牌的褒扬程度，反映用户对产品或服务的满意状况，这属于用户满意度的判断标准中的（　　）。
A. 回头率　　　　B. 购买额　　　C. 指名度　　　D. 美誉度

5. 下列哪项不属于收集用户信息的间接渠道（　　）。
A. 各种媒介　　　　　　　　　　B. 市场管理部门及驻外机构
C. 国内外金融机构及其分支机构　　D. 微信公众号

二、多选题

1. 电商用户分级可以根据不同的维度和标准进行，根据用户价值分级要考虑（　　）。
A. 购买行为　　　B. 购买金额　　　C. 用户忠诚度
D. 口碑传播　　　E. 购买频率

2. 用户数据库中的重要指标包括（　　）。
A. 最近一次消费　　B. 消费频率　　C. 目标用户的综合数据资料
D. 用户的需求和偏好　　　　　　　E. 消费金额

3. 用户忠诚度可以从下列（　　）方面进行判断。
A. 重复购买次数及购买频率　　B. 购买时的挑选时间　　C. 对价格的敏感度
D. 对产品或服务的态度　　　　E. 对竞争产品的态度

4. 在管理各级用户时，对于潜在用户，可以采取哪些策略（　　）。
A. 针对低价值用户制定激活和转化策略，如提供试用机会、免费体验等，以吸引其进一步了解并购买产品
B. 通过提供教育性内容、产品演示等方式，帮助低价值用户了解产品的价值和优势，培养其购买兴趣和习惯
C. 提供高质量的产品和服务，以建立低价值用户对企业的信任。同时，鼓励他们分享购物体验和评价，以吸引更多潜在用户
D. 提供稳定、可靠的产品和服务，确保一般价值用户的购物体验顺畅
E. 通过社交媒体、电子邮件等渠道与一般价值用户保持互动，提供有趣的活动和优惠，吸引其更积极地参与和互动

5. 电商用户分级可以根据不同的维度和标准进行，其中可以根据（　　）对购买行为进行分级。
A. 口碑传播　　　　　　B. 职业　　　　　　C. 购买频率
D. 购买金额　　　　　　E. 购买次数

三、判断题

1.（　　）通过对用户信息的收集，企业可以根据用户的价值和需求来分配资源。

2.（　　）最近一次消费是指用户上一次购买的时间，它是维系用户的一个重要指标，可以反映用户忠诚度。

3.（　　）根据用户对企业的贡献程度和价值大小来分级，可以帮助企业更好地了解用户群体，为不同类型的用户提供更加个性化的服务和产品。

4.（　　）美誉度是用户消费或购买某企业或品牌的产品或服务的程度，表明用户对品牌的偏好和满意度。

5.（　　）通过比较用户在一定期限内购买本企业的产品或服务的数量，可以了解用户购买态度的变化。如果购买量下降，企业就要予以重视。

参考文献

[1] 于丽娟. 网页设计与制作 [M]. 北京：高等教育出版社，2018.
[2] 何晓兵. 网络营销基础与实务 [M]. 北京：人民邮电出版社，2024.
[3] 赵溪，苏钰，石云. 客服域人工智能训练师 [M]. 北京：清华大学出版社，2023.
[4] 范小军. 全渠道营销——后电商时代新常态 [M]. 北京：清华大学出版社，2022.
[5] 苏朝晖. 电商客户关系管理 [M]. 北京：人民邮电出版社，2021.
[6] 林圣武. 互联网销售十四讲 [M]. 北京：清华大学出版社，2021.
[7] 陶杰. 网店客服销售技巧——让客户黏上你的秘诀 [M]. 浙江：浙江大学出版社，2019.